地域城乡历史文化聚落实践案例

国家自然科学基金资助项目（项目批准号：51708235，51578256）
武汉华中科大城市规划设计研究院资助出版

沁河流域
古村镇集群
保护规划方法

何依 邓巍 李锦生 著

http://www.hustp.com

中国·武汉

图书在版编目(CIP)数据

沁河流域古村镇集群保护规划方法/何依,邓巍,李锦生著. — 武汉:华中科技大学出版社,2020.11
(地域城乡历史文化聚落实践案例)
ISBN 978-7-5680-1872-2

Ⅰ.①沁… Ⅱ.①何… ②邓… ③李… Ⅲ.①沁河-流域-村落-文化遗产-保护-研究 Ⅳ.①K928.5

中国版本图书馆CIP数据核字(2019)第287945号

沁河流域古村镇集群保护规划方法
QINHE LIUYU GUCUNZHEN JIQUN BAOHU GUIHUA FANGFA

何依 邓巍 李锦生 著

出版发行:华中科技大学出版社(中国·武汉)	电话:(027)81321913
地 址:武汉市东湖新技术开发区华工科技园	邮编:430223
出 版 人:阮海洪	

责任编辑:易彩萍	责任监印:朱 玢
责任校对:周怡露	封面设计:何 依

印　刷:武汉市金港彩印有限公司
开　本:787 mm×1092 mm　1/16
印　张:17
字　数:473千字
版　次:2020年11月第1版第1次印刷
定　价:98.00元

投稿热线:(010)64155588-8000
本书若有印装质量问题,请向出版社营销中心调换
全国免费服务热线:400-6679-118 竭诚为您服务
版权所有 侵权必究

沁河流域古村镇集群保护规划探索

古村镇是一定地域空间范围内人文发展的表现，它的起源、形成和发展都与特定的历史环境密切关联，既是地理环境的适应产物，也是区域历史的物化形式，因此，呈现出不同的区域特征。

纵观国际建筑遗产保护的发展，经历了从建筑到街区，再到城镇的整体化过程，1964年发表的《威尼斯宪章》明确说明："历史古迹的要领不仅包括单个建筑物，而且包括能够从中找出一种独特的文明、一种有意义的发展或一个历史事件见证的城市或乡村环境。"2011年联合国教科文组织颁布了《关于历史性城镇景观（HUL）的建议书》，再一次把城乡遗产的视野拓展到更广阔的地理环境和区域社会之中，将在历史上与城镇相关的自然和文化因素纳入城镇保护与发展框架之中。近年来，我们发挥城市规划专业的优势，从有界的镇村空间跨越到地理单元，从单一的聚落保护关联到区域发展，探索了一种"域"层面的城乡聚落保护方法。试图在区域背景中发现聚落形成与演化的历史脉络，提出整体、系统、可持续的保护与发展对策，并形成了一系列规划成果，其中"沁河流域古村镇保护与发展规划"是最早进行探索的项目。

山西历来被称为"表里河山，四塞之区"，在国防格局中有着突出的战略地位，尤其是在明清两代，开中籴边，铁绸行商，使山西成为中国早期经济开放的"特区"，古村镇正是在"防守"与"流通"的区域社会背景下发展到一个鼎峰，形成了完整的空间体系。现存古村镇中包括长城沿线的军屯边堡、汾河盆地的商家大院、沁河流域的堡寨聚落等特色集群，并在黄河沿岸和太行八陉形成渡口型和关隘型村镇等特色类型，全方位承载了明清两代山西的社会记忆。然而，现阶段的古村镇保护却局限在"以村为单元""以院为重点"的通式中，反映古村镇地域特色、阶段特色、类型特色的特殊性没能得到充分认识，忽略了区域历史背景对古村镇的介入，造成了山西古村镇"千村一院"的错觉。

本书的研究以沁河流域为载体，从古村镇形成与演化的历史环境和区域发展出发，提出"古村镇集群"的概念及保护方法，即将历史上因某种共同的机制，使得文化相关、特征相似、地域相近的古村镇称为古村镇集群。沁河发源于山西省沁源县西北太岳山东麓的二郎神沟，向南经安泽、沁水、阳城、泽州，切穿太行山，流入河南省济源县，在武陟县汇入黄河，全长458千米，流域面积1.29万平方千米。沁河流域的上游与下游因地形陡峭，历史上鲜有人居，古村镇集群特指沁河中游，集中在晋城市域范围内，流域总长度163千米，涉及泽州、阳城、沁水3县的14个乡镇，包括30个古村镇。明末的起义和匪祸，使这一地区的宅院和聚落建设具有明显的防御特征，形成了以御楼为标志的独特景观，这类聚落有学者称为"堡寨"。气势恢弘的堡寨群背后有着一个共同的历史事件，进入史学视野后，"事件"就是一个历史地理单位，同一历史主题活动的兴起、变化和发展的过程，形成了某个历史时期"区域"的概念，也是"沁河流域古村镇集群"形成的重要动力机制之一。古村镇集群规划则是一个体系建构问题，从历史成因和自然环境出发，也结合当前社会经济的发展态势，以沁河流域古村镇保护与发展规划为例，关于古村镇集群的概念包括以下几点。

首先，古村镇集群中包含了若干个层次，一个区域空间的集群体系中，应该存在多个集群。沁河流域是晋东南集群体系的一个大集群，流域总长度为163千米，涉及泽州、阳城、沁水3县的14个乡镇，包括30个古村镇，在这个大集群中，根据历史渊源、空间关系和区域发展又建构出若干个子集群，也是一个个文化旅游单元。"庄河三庄"河街集群，沿庄河支流从上到下分布着上庄、中庄、下庄三个村庄和润城镇，庄河便是集群形成的动力机制，历史上三庄以河道为街，洪水来了行水，洪水去了开集，形成了一组罕见的"北方河街"。"樊河双堡"为古堡集群，在樊河支流两岸耸立着两座规模宏大的古堡，南侧的黄城村（现称皇城相府）是陈氏家族的"族堡"，因祖上的一代名相陈廷敬而光耀乡里，北侧的郭峪村是在商镇基础上形成的"村堡"，历史上有"北方第一城"之说，樊河一线还有王街军堡、尧沟街堡，共同表达了"明末匪患"这一沁河流域的重大历史事件。"端嘉四村"集群沿沁河首尾相接，在"金郭壁、银豆庄、花花曲堤、乱坪上"的民谣中四个村建构出一个次集群。此外，还有古道相连、两岸相望的"双伏长街"集群，集群将上伏村与下伏村的三里龙街、官津古渡、古寨、大庙等关联在一起。

其次，古村镇集群的文化内涵来自不同的外部作用，干预为"集"，结构成"群"。并且，作用力越大，村镇关联性越强，类型特色越突出。沁河流域古村镇在明朝"开中制"这一政策主导下，建设了四通八达的商道体系，形成了星罗棋布的商镇街市，成就了众多的商贾巨富，构筑了防御为主的聚落，在古村镇特色中分别表现为商道市镇型、家族大院型、防御堡寨型。并且，以古道与河流为载体，以商镇与码头为节点，构建出一处处相互关联的整体。

最后，需要指出的是古村镇集群是一定历史阶段的产物，是区域社会整体形态的一个缩影。外部干预通常在一个特定的时段内发生，随着形成集群的作用机制消失，相关要素失去了明确的逻辑关系，集群逐渐解构。随着外部环境的快速变化，集群零散化成为当代普遍现象。重构集群并不完全是回到历史，而是立足当下，建立"古村镇联盟"的保护与发展机制，将各自为政的古村镇重新集结为一个整体，参与到地区城镇化建设和文化旅游发展中。

本书的研究以"流域—集群—村镇"为层次，分为三大部分：第一部分从沁河流域历史文化入手，解析沁河流域古村镇类型特征，疏理沁河流域乡村遗产系列，评估沁河流域古村镇保护价值，形成沁河流域古村镇保护体系；第二部分建构沁河流域古村镇集群，包括七个集群的历史渊源、保护价值与集群特征；第三部分全面介绍沁河流域古村镇，由一个古村镇保护案例和二十七个古村镇保护名录组成。

何 依

2020年11月

目 录

第一章　沁河流域文化　1
第一节　沁河流域自然环境　2
第二节　沁河流域历史脉络　5
第三节　沁河流域产业特色　11
第四节　沁河流域文化组成　17
第五节　沁河流域保护价值　23

第二章　沁河流域古村镇　25
第一节　沁河流域古村镇历史探源　26
第二节　沁河流域古村镇社会结构　29
第三节　沁河流域古村镇环境分析　31
第四节　沁河流域古村镇形态分析　35
第五节　沁河流域古村镇类型特征　43

第三章　沁河流域遗产系列　45
第一节　沁河流域古堡　46
第二节　沁河流域古街　58
第三节　沁河流域古庙　70
第四节　沁河流域古宅　91

第四章　沁河流域古村镇评估　99
第一节　沁河流域古村镇保护价值　100
第二节　沁河流域古村镇风貌特色　107
第三节　沁河流域古村镇遗存分析　108

第五章　沁河流域古村镇保护体系　111
第一节　沁河流域古村镇保护理念　112
第二节　沁河流域古村镇保护目标　112
第三节　沁河流域古村镇保护体系　113

第六章　沁河流域古村镇集群建构　119
第一节　沁河流域古村镇集群因子　120
第二节　沁河流域古村镇集群体系　125

第七章　沁河流域古村镇集群规划　133
第一节　端嘉集群：四村共建　134
第二节　嘉润—峪河集群：两河一体　140
第三节　润城集群：两岸关联　145
第四节　庄河—樊河集群：一河三庄、一河双堡　150
第五节　长河集群：一镇带两村　154
第六节　芦苇河集群：一镇连三村　158
第七节　获泽河集群：双村互动　160

第八章　润城古镇研究案例　163
第一节　润城古镇历史格局　164
第二节　润城古镇历史遗存　170
第三节　润城古镇人文环境　176
第四节　润城古镇特色与价值　179
第五节　润城古镇保护规划　182
第六节　砥洎城古堡保护研究　189

第九章　沁河流域古村镇名录　　201

第一节　郭峪村　　202

第二节　湘峪村　　205

第三节　郭壁村　　208

第四节　窦庄村　　211

第五节　上庄村　　214

第六节　上伏村　　216

第七节　周村镇　　220

第八节　皇城村　　223

第九节　洪上村　　225

第十节　南安阳村　　227

第十一节　中庄村　　229

第十二节　石淙头村　　231

第十三节　陟椒村　　233

第十四节　屯城村　　235

第十五节　尧沟村　　238

第十六节　町店镇（杨腰村）　　239

第十七节　坪上村　　241

第十八节　端氏镇　　243

第十九节　曲堤村　　245

第二十节　半峪村　　246

第二十一节　尉迟村　　249

第二十二节　武安村　　251

第二十三节　下伏村　　253

第二十四节　刘善堡　　254

第二十五节　王村堡　　256

第二十六节　蒿峪村　　258

第二十七节　崇上村　　260

后记　　263

第一章 沁河流域文化

- 沁河流域自然环境
- 沁河流域历史脉络
- 沁河流域产业特色
- 沁河流域文化组成
- 沁河流域保护价值

第一节 沁河流域自然环境

沁河又名沁水，古称洎水，是黄河三门峡至花园口区间两大支流之一，发源于山西省沁源县西北太岳山东麓的二郎神沟[1]，向南经安泽、沁水、阳城、泽州，切穿太行山，流入河南省济源市，在武陟县汇入黄河[2]，全长458千米，流域面积为1.29万平方千米，在山西省境内全长为363千米[3]。沁河流域地形呈阔叶状，北高南低，海拔高程北部为1100～2000米，南部为700～1000米，五龙口以下冲积平原为100～150米。流域内大部分地区为山区，河道两岸峰峦重叠、沟壑交错[4]。在支流丹河的高平、晋城一带为泽州盆地，是流域内工农业生产和经济文化集中区[5]。

关于沁河的最早记载见于战国初年至汉代初年成书的地理著作《山海经》[6]，《山海经·北山经》记："曰谒戾之山……沁水出焉，南流注于河"[7]。班固的《汉书·地理志》记："沁水所出，东南至荥阳入河。"[8]《水经注》记："沁水出上党涅县谒戾山……又南出山，过沁水县（今济源市）北……又东过野王县（今沁阳市）北……又东过州县（今温县武德镇）北……又东过怀县（今武陟县土城村）之北……又东过武德县（今武陟县大城村）南，又东南至荥阳市北（今武陟县詹店镇附近），东入于河。"[9]《明史·地理志》记载，沁源"北有绵山，沁水出焉，经县东，下流至河南修武县入大河，行九百七十余里"[10]。清康熙《武陟县志》载："沁水，源出沁州锦山，穿太行，达济源，合丹水，绕武陟城北，由东而南入于黄河。然性善变，迁往由詹家店，东入河后陟由本店西南入河，去县四十余里。"清道光《武陟县志·山川》记："沁水故道在县东南。旧志云，自城子村（今武陟县大城村）、宝家湾（今武陟县宝村）迤逦而东，为沁水故道，废堤尚存。"[11]

沁河中游所在的晋城市区域，在地理位置上位于太行山高山盆地，黄河流域的中游；范围为东经111°55′～113°37′、北纬35°11′～36°04′。西面及北面与运城、临汾、长治接壤，据守山西省东南门户，东面及南面与河南省的安阳、新乡、焦作、洛阳为邻[12]，控扼晋豫咽喉，俯视千里中原[13]。境内地形复杂，山地居多，以沁河为界，东属太行，西南为中条，西北为太岳[14]。全境四周高山环绕，尤以东部及南部山岭更为陡峻，为古代进入中原的主要关隘。沁河中游地形错杂，山川沟壑纵横，四面分别被太行山南麓、太岳山、王屋山、中条山所环抱，其地势如同周边一圈高垒的堡寨，易守难攻[15]。清康熙《泽州府志》（图1-1）

---

1 冯平, 韩瑞光, 丁志宏. 河流之间径流变化关系不确定性的多时间尺度SPA研究[J]. 应用基础与工程科学学报, 2009, 17(5): 716-724.
2 闫书广. 晋城旅游[M]. 郑州：郑州大学出版社, 2006.
3 涂放. 沁河中游古村镇保护与发展策略研究[D]. 武汉：华中科技大学, 2007.
4 马克骞. 山西省水电资源开发分析[J]. 中国农村水电及电气化, 2006(1): 34-39.
5 燕荷叶. 解决沁河流域缺水问题的有效途径[J]. 水利科技与经济, 2007(2): 117-118.
6 李瑞. 明代堡寨聚落郭峪村历史景观保护研究[D]. 武汉：华中科技大学, 2012.
7 佚名. 山海经[M]. 郭璞, 注. 上海：上海古籍出版社, 1989.
8 班固. 汉书[M]. 北京：中华书局, 1962.
9 郦道元. 水经注疏[M]. 南京：江苏古籍出版社, 1989.
10 张廷玉, 等. 明史[M]. 北京：中华书局, 1974.
11 王荣陛, 方履篯. 武陟县志[M]. 刻本. [出版地不详]：[出版者不详], 1829.
12 刘广兵. 晋城市大气污染物总量控制研究[D]. 南京：南京理工大学, 2005.
13 韩非. 晋城市8年SO_2污染动态及对策[D]. 太原：山西大学, 2009.
14 田九玲. 城市土地可持续利用评价系统及应用——以山西省十个地级市为例[D]. 太原：太原理工大学, 2007.
15 李志新. 沁河中游古村镇基础设施调查研究[D]. 北京：北京交通大学, 2011.

图1-1 沁河流域古地图
（来源：清康熙《泽州府志》）

第六卷《山川卷》述："太行山川有极佳者，大率万山中得一平旷有水处，便立州县。泽之郡县，皆在万山中，而川之大者，曰沁，曰丹，曰获泽，咸奔赴汶、济为渠，为浸灌输民田。"[1] 山川错综交杂也带来了隽秀的风景，自古为人称道，《泽州府志》称其"地络包孕，气厚势完，绵延中原千里，不绝直上，应东西河汉，灵奇秀拔，随地结脉。"

沁河是山西省内仅次于汾河的第二大河流，如图1-2所示，除主河道外，还有县河、山泽河（林村河）、端氏河（固县河）、芦苇河、郑村河、东河、长河等若干支流[2]，是水资源相对丰富的河流。清光绪《沁水县志》载，沁水、阳城"支分太行之秀，气联王屋之奇，龟蛇呈形，金水结聚，群山环拱，众壑潆洄，险出于天成，胜概收其精气"[3]。变化复杂的地形在这简短的几句话内凝练而充分地表达出来，山川如龟蛇缠绕交杂，沁河婉转潆洄，结聚天地灵气。险要的地理位置和俊秀的自然环境孕育出传统的聚落文化，山川的围合为村落提供了保护屏障，沁河水酿造了湿润温和的气候环境，并在山川中形成一系列冲积河谷及河滩，带来肥沃的冲积土，以及一条沟通南北的天然交通要道沁河谷，为村民提供了最基本的生产及生存保障，但总体上山多地少，农业维艰。清康熙《沁水县志》记载："沁邑处深岩邃谷中，山多地隘，气候沍寒，即盛夏大热，不过二十余日，田禾长甚迟。若端氏、郭壁以往，气候稍暖。"[3] 清同治版《阳城县乡土志》记载："阳城山县，僻处陬隅之所，生既无珍异奇瑰足号于天下，且地多高岩深谷，少平畴沃野以资播艺，即稼穑之利民尤难之。"[4]

---

1 朱樟.泽州府志[M].太原：山西古籍出版社,2001.
2 焦战兵.绿道运动对沁河生态景观廊道规划的启示[J].山西建筑,2011,37(35):191-192.
3 沁水县地方志编纂委员会.沁水县志(1986—2003)[M].北京：方志出版社,2006.
4 杨念先.阳城县乡土志[M].台北：成文出版社,1968.

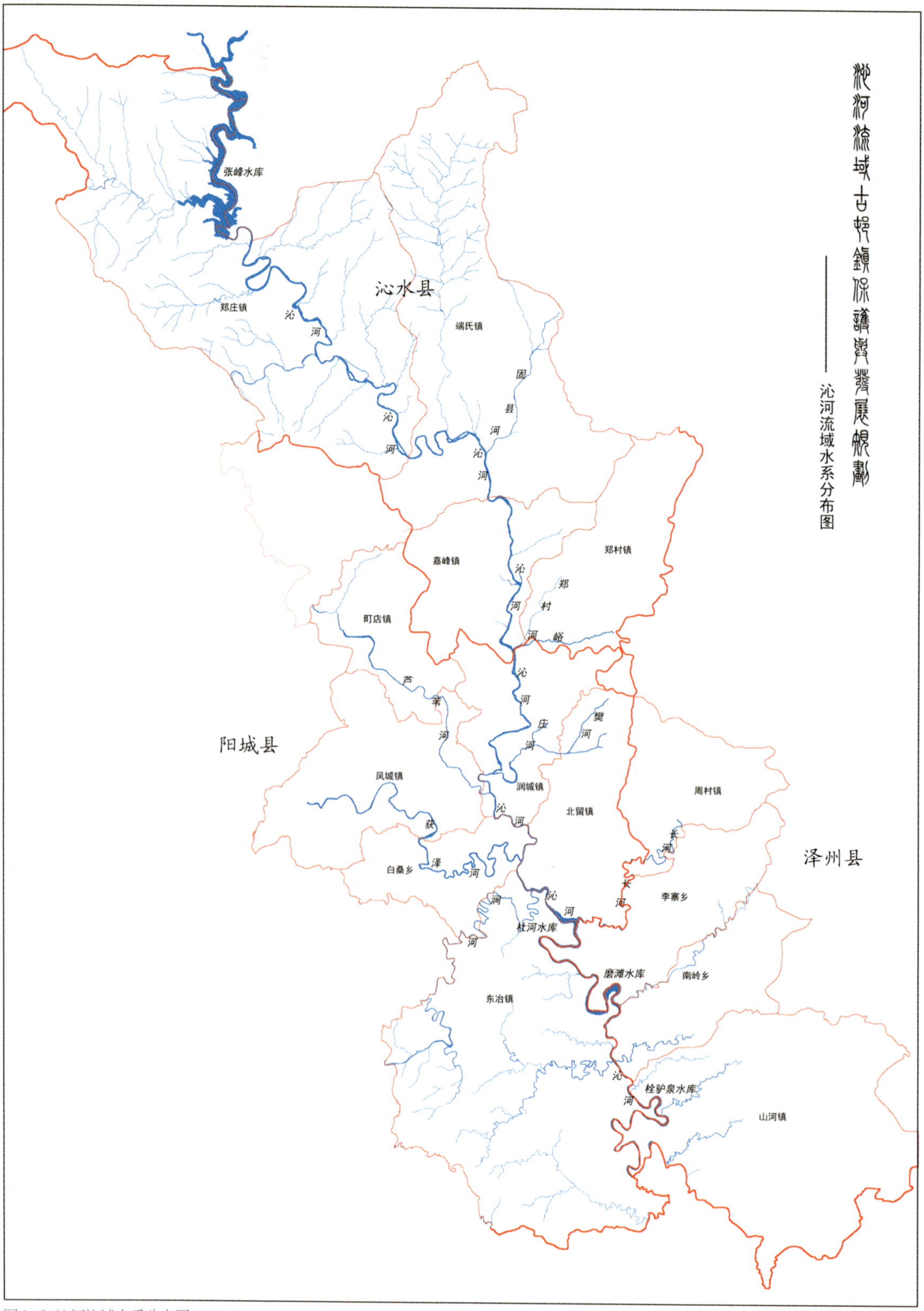

图1-2 沁河流域水系分布图

沁河按照地貌特征在晋城段分为三段。

张峰水库至端氏镇区为上段，此段为丘陵起伏、盆地相间的河谷地形，宽200～2000米，山坡平缓，滩地较多，河水径流量相对丰富[1]。

端氏镇区至润城镇区为中段，此段河谷宽阔，谷底宽700～1200米。

润城镇区至拴驴泉为下段，此段河谷较深，谷底宽仅100～180米，含沙量小，支流较多。本段泉水资源非常丰富，有延河泉、下河泉、磨滩泉、晋讫坨泉、赵良泉、黑水泉等众多泉水，由此下游河道常年水流不断，并形成著名的峡谷山水景观，为晋城市境内沁河干流的出境段[1]。该区段也是太行山国家级峡谷地质公园的西南段景区。如图1-3所示，该区河道蛇曲特征明显，径流穿行在山地和台地间，岸壁陡立，水流湍急，植被条件好，是保存完整的峡谷地貌景观区。

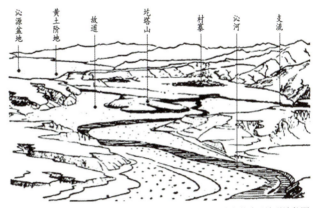

图1-3 沁河流域中游地区地形地貌图
（来源：陈述彭，吕人伟，滕俊．沁河流域的地貌[J]．地理学报，1956(2):159-183.）

第二节 沁河流域历史脉络

一、远古时期

沁河流域历史悠久，文化遗产丰厚，是华夏文明的发祥地之一。相传女娲氏、神农氏、九黎部落首领蚩尤及尧、舜、禹等都曾在这里活动过。女娲补天、神农播种、禹凿石门、愚公移山、精卫填海等历史传说相传都发生在这里。古书《墨子》中有"舜耕于历山"（今垣曲县境内有历山舜王坪），"渔于获泽"[2]（今阳城县城东有获泽河）的记载。

流域范围内有许多旧石器时代（沁水的下川遗址，阳城的固隆遗址、索泉岭遗址和嶕峣山遗址等）和新石器时代（八里坪遗址、郑庄遗址、神腰遗址、走马岭遗址、大沟遗址、南王观遗址、小坡沟遗址、枣棋遗址、海会寺遗址）的古文化遗址（图1-4）。在随后的几千年里，沁河流域聚落的先民们依水而居，与我国其他传统的农耕经济下的古村镇聚落一样，日出而作，日落而息，在这片土地上繁衍生息[1]。

图1-4 沁河流域古遗址分布

---

1 邓巍．古村镇"集群"保护方法研究——以山西省沁河中游地区古村镇为例[D]．武汉：华中科技大学，2012．
2 墨子．墨子[M]．方勇，译注．北京：中华书局，2011．

二、先秦时期

相传我国古代分天下为九州,在唐尧、虞舜及夏商之时,本境属冀州,且临尧都平阳(今临汾),舜都蒲坂(今永济),禹都安邑(今夏县),故本境又属"帝都畿内",是华夏文明的核心地带。

周成王九年(公元前 1107 年),封其弟叔虞于唐,叔虞之子更号为晋,春秋时属晋;周安王二十六年(公元前 376 年),赵、韩、魏三分晋国,置晋君于高都,迁晋静公于端氏(今沁水),晋城因晋君分于此地而得名。本境大部分属韩、部分属魏,三晋文化由此开端,本境由此成为三晋文化的交汇地段。

周赧王五十三年(公元前 262 年),秦伐韩,上党郡守举 17 城入赵。

周赧王五十五年(公元前 260 年),长平之战中秦将白起大败赵军,坑杀 40 万降卒,拔上党诸城。秦军大胜之后,士气大涨,从此也开启了秦伐六国的步伐,如图 1-5 及图 1-6 所示,沁河流域内的武安和屯城就是当初为伐齐而建的[1]。

图 1-5 长平之战军事路线图　　　　　　　图 1-6 长平之战秦、赵军事分布示意图

三、秦汉至金元时期

秦汉以后,历经三国、晋、南北朝、隋、唐、五代、宋直到元代,近 1000 年间,虽然每个时期都有辉煌、鼎盛与安宁,但是朝代兴衰也导致了许多的农民战争(表 1-1),虽然不是每次农民战争都发生在沁河流域,但是由于沁河流域特殊的地理位置,该区大多处于战乱的边缘地带。

1. 长期处于行政变更的边界

汉代濩泽(今阳城)和端氏(今沁水)属河东郡,后汉于濩泽置侯国,端氏属并州。

三国时期(220—280 年)本境属魏。

晋代(265—420 年)本境属平阳郡(今临汾)。

东晋时期(317—420 年)本境属西燕。

南北朝时期(420—589 年),本境属北朝。先属北魏,后属北齐,又归北周。

北魏时期(386—534 年)端氏和濩泽属安平郡,沁水属河内郡。

---

1 邓巍. 古村镇"集群"保护方法研究——以山西省沁河中游地区古村镇为例[D]. 华中科技大学, 2012.

表1-1 历次农民战争沁河区位图

战争名称	时间	与沁河流域的关系	见证
长平之战	公元前260年	在沁河流域发生	武安寨、屯城
陈胜吴广起义	公元前209年	沁河流域在边缘	—
项羽刘邦楚汉之争	公元前206—前202年	处于刘邦进军路线之中	陟椒
西汉七国之乱	公元前154年	范围之内	—
绿林赤眉起义	17—23年	沁河流域南端在内	—
东汉时期羌汉人民反抗斗争	111年	沁河流域在内	—
黄巾起义	184年	沁河流域在边缘	—
西晋末年流民起义	296—315年	沁河流域南端在内	周村周处墓，长桥葬地
北魏末年起义	523—528年	沁河流域周边	—
隋末农民起义	611—624年	沁河流域在边缘	—
唐末农民战争	859—884年	沁河流域南端在内	—
抗金战争	南宋	沁河流域在内	梁兴筑寨、周村城墙、町店义城山寨、马寨、孔寨
元末农民战争	1351—1367年	沁河流域在内	沁河流域成为避难地
明末农民起义	1627—1644年	沁河流域在内	堡寨院落的兴起

隋代本境属唐。

五代十国（907—960年）时，后梁与晋相争，本境部分属后梁、部分属晋，后唐灭梁，遂属后唐。后晋灭后唐，又属后晋。后汉灭后晋，属后汉。后周灭后汉，又属后周。

宋金时期，先属北宋，后属金。

元朝时期本境属元。

2. 从未摆脱农民战争的困扰

尽管沁河流域掩藏在群山之内，但是本身也处于黄河之畔、太行之径，且离历朝古都西安和洛阳沿线并不遥远，历朝围绕西安和洛阳的战争都无可避免地波及沁河流域，某些起义"擦身而过"，有的却正当其中。屯城、武安就是长平之战时期的产物，中庄的磐石寨据说是三国时期的军寨，抗金时期周村梁兴筑寨响应，町店上有马寨、下有孔寨、中有义城山寨。元代，有大量流民进入沁河流域，如上庄、中庄、下庄等。明代李自成起义时期，沁河流域是主要起义地，大量堡寨在此时修建，堡寨遗址如图1-7所示。

① 长平之战——沁河流域遭遇的规模最大的一次战争[1]。

公元前260年，秦赵两国的百万大军对峙于长平，秦军沿沁河设置的防线，由沁水县的王离城直抵沁水、阳城交界的武安、屯城[2]。我们稍加留意就会发现：在秦军这条当时长八十千米的防线中，端氏镇至屯城村的这三十千米正是沁河古堡群的主要分布区域，而对战局起到决定性作用的那支两万五千人的奇兵，也是由今天端氏镇所在的位置出发去截断赵军后路的[3]。

阳城县的屯城村，因秦军在此屯粮而得名，古堡遗址至今犹存。沁水县的武安村，因秦军主帅武

---

1 张习孔. 中国古代战争故事[M]. 北京：中国少年儿童出版社，1978.
2 宋毅飞. 屯城古村聚落形态研究[D]. 太原：太原理工大学，2016.
3 张菁. 沁河中游古村镇空间构成解析——沁河中游古村镇系列研究之二[D]. 武汉：华中科技大学，2007.

图1-7 沁河流域的李寨风光

安君白起在此筑寨屯兵而得名,这里的一条古地道据说就是当年由秦军所修。此外,由秦军修建的营垒在沁水还有因秦将王离筑城据守而得名的王离城,以及秦军筑城牧马而得名的马邑城[1]。

② 明末农民起义——对沁河流域村落影响最大的事件。

崇祯元年(1628年),明末深重的社会危机全面爆发,陕北的王嘉胤等率先揭竿而起,攻城略地,转战于陕西、山西一带。崇祯四年(1631年)五月,农民军由河曲进入沁水,围攻窦庄,六月,王嘉胤被部下杀害于阳城。此后,王自用取而代之,农民军数年间几度进出于沁水、阳城,先后劫掠坪上、郭峪、下伏、上伏、润城等地,沁河两岸富庶的村镇,大多难于幸免[2]。李自成进军路线如图1-8所示。

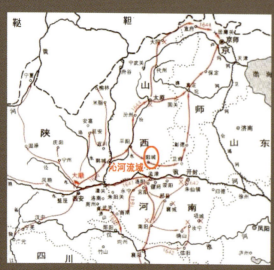

图1-8 李自成进军路线图

战乱给当地的经济发展和社会秩序造成的严重破坏是毋庸置疑的,屯城人张慎言在《同阁记后序》中,曾详细地记叙了屠戮与劫掠带给百姓的创伤与痛苦。负责剿寇的明军将领曹文诏、张道浚一时无力彻底平定战乱,流寇暂时离去了,但是谁也不知道他们什么时候还会回来,渴求平安的士绅百姓需

1 邓巍. 古村镇"集群"保护方法研究——以山西省沁河中游地区古村镇为例[D]. 武汉: 华中科技大学, 2012.
2 张苒. 沁河中游古村镇空间构成解析——沁河中游古村镇系列研究之二[D]. 武汉: 华中科技大学, 2007.

要保护相濡以沫的亲人,保卫世代耕读的家园[1]。在遭受战火蹂躏的乡村中,张道浚的家乡窦庄是一个例外,他的祖父张五典预感到社会动荡行将来临,因而早在天启年间就修筑了城堡。几年后,窦庄堡三次成功击退了流寇的进攻,成为自保家园的典范。在张道浚的倡导下,沁河两岸先后修筑起五十四座军事与民用相结合的城堡,形成了一个密集的古堡群[2]。

四、明清时期

明清时期,长距离商业贸易活动兴盛,在旧有历史交通线路的基础上,扩展形成了驿路商线,如图1-9所示,伴随商贸活动的兴起在商道沿线滋生了众多商贸服务型村镇。此时山西省内驿道分为"大驿""次冲""偏僻"三级,晋城域内扩展原有三条古道[3],形成一条"次冲"(即太原经长治、高平至晋城下洛阳路段)、两条"偏僻"(即晋城至翼城、晋城至陵川道)。除了驿道,晋商主要活动的交通线路还有大道,清朝晋城地区分布着著名的清化一大道、二大道。大道为青石路面,供人行和骡马驮运。这些大道多为民间集资修建,大都有修路碑记。大量晋商通过贩运经营煤炭铁器制品,从贫民跻身于商贾名流之列,促进本地域商业文化的繁荣。商人兴家之后又各自择地选址,修建了当时乡土一级奢华的大型宅院群,如阳城南安阳村大院群、洪上村范家十三院等,部分村镇也因经营货物而出名,如经营铁器钢针的大阳镇、经营丝绸染织的高平边家沟村等[4]。

清代阳城商业贸易场所除县城外,主要集中在四大镇(润城、董封、东冶、刘村)、八小镇(河北口、侯井、横河、台头、固隆、驾岭、八甲口、西冶),而润城镇仍是清代阳城最具代表性的商业重镇,它不仅是阳城煤、铁、磺、瓷、丝、药等重要商品的集散地,更是"南北通衢",作为连接甘、陕、豫、晋的商品集散和运转中心,清中叶时,全镇的人口达到八千人,商业贸易额超过县城。从商人员不仅有本地人,还有来自潞城、翼城、禹州、江苏徐州、河南怀庆等地的商家,一年四季马帮、驼队络绎不绝。"居民稠密,商贾辐辏,生意兴隆,夜不闭市",正是当年润城商业兴旺景象的真实写照。即使是在荒年,往来贸易亦十分频繁。雍正二年(1724年)《贝坡凶荒碑》记载了康熙末年旱灾时润城集市的情况:"……清化粮食往西边搬运者如水索一般。太行山昼夜不断人行,小城(即润城)河集市大兴,每一日有两三千牲口往来贩卖,斗行三十多名,每一名外合十多个伙计。自朝自暮,轰轰若市。扫集儿童三四百有余,抓集群众不计其数。行炉锅厂改作过客店房者十有八九,大街小巷卖饭食火烧者直至三更……"[5]此时虽是荒年,但交易情景犹如盛世,图1-10为上伏古街商铺分布图。全县除润城外,董封、东冶、刘村、八甲口、侯井等交通要道所在集镇也起到了商品集散、交易的重要作用。

除一些大型商业集市外,在商业路线的焦点上相继出现一些中小集市,如嘉峰、上伏和北留等,至今上伏村内还保留着当时的古街和古渡口。

交通服务型村镇分布于驿路商线上,彼此联系密切,形成一套线路组织结构网络。由于交通区位重要和地势险要,此类村镇也有堡寨、关隘等。所谓交通服务型村镇主要是依照其发展因素和村镇主要功能来定义的。明以前,主要道路由政府组织修建,专门用于为政府传递信件和军队行军,又称"官道",沿路设施配置较

---

1 张军翎.阳城人性格的正面解读[J].晋城职业技术学院学报,2015,8(06):1-4+18.
2 丁可人,邓巍.区域史视野下的沁河流域古村镇特色研究[J].华中建筑,2017,35(12):72-75.
3 张慧芝.明清时期汾河流域经济发展与环境变迁研究[D].西安:陕西师范大学,2005.
4 李志新.沁河中游古村镇基础设施调查研究[D].北京:北京交通大学,2011.
5 晋城市地方志丛书编委会.晋城金石志[M].北京:海潮出版社,1995.

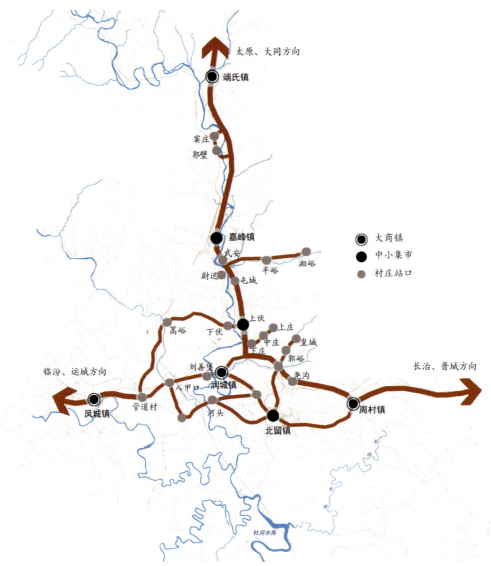

图1-9 沁河流域的古商道示意

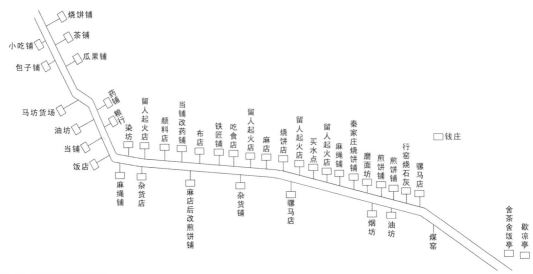

图1-10 上伏古街商铺分布图

好,一般村镇之间每十余里(一里为五百米)设一"铺"作为驿站。明清时期,政府雇用商人协助军队运送粮食给养,官道逐渐转为以商运为主的商道,也促进了明清时期长距离的商贸交易活动发展。此类村镇通常选址于山谷河滩中或山岗平缓处,是区域地形中的交通线路必经之所,用于供商旅休息和集散货物。村镇内有着相似的布局组织规律,交通商道穿村而过,村内组织主要沿商道布置,呈长带状。穿村而过的商道通常会在村内形成一条商业大街,是村内的核心骨架组织,各条小街巷多与之相交,街巷形如蜈蚣,又称蜈蚣巷,典型村镇有上伏村、拦车村、天井关村等。

第三节 沁河流域产业特色

一、采煤业

阳城煤炭开采大约始于东汉,且历代不衰[1]。当时,阳城东部地区煤炭露头多、埋藏浅,为采煤业的发展创造了有利条件。"民冒山险输矿炭,苦其役"[1],这句话是宋朝时李昭遘知泽州时对当时阳城煤炭业生产情形的记述。到明代,随着冶炼业的发展,采煤业迅速扩张,以适应冶铸和生活的需要。《阳城煤炭志》载:"明万历年间(1573—1620年),阳城成为山西省较大的采煤地区,从事采煤的人日渐增多,而且当时的采煤业中已有了分工,'有产煤之地,有做煤之人,有运煤之夫,有烧煤之家',采煤业已有了一定的规模。"[2] 明崇祯十三年(1640年),郭峪村豫楼墙碑《焕宇变中自记》中记载:"崇祯四年(1631年)四月间,陕西反贼王嘉胤在平阳府作乱……初八日,贼自大阳、马村由长河而来吾村。知贼将至,往炭窑躲避,见贼到岭上,男妇一拥入窑,窑口窄小,踏死九十三口。上佛、井则沟窑内亦如此,踏伤男妇五百余口……"[3] 此处关于郭峪、上佛、井则沟炭窑的记载,从侧面进一步印证了明朝时阳城煤炭业的历史,不仅说明郭峪、上佛、井则沟这几个距离很近的村在明代已有了煤炭业,更反映了当时煤炭业生产的密集程度。另据《蒿峪村志》记载,元末明初,村西窑坡古煤窑遗址坑道高宽仅一米,自然通风;明末清初时,村郑氏、郭氏先祖在村西瓦窑头合股开办煤窑,窑口用炼铁烧熟的坩埚浆砌,口大且有斜井和竖井。这些都可以印证明时阳城煤炭业的生产发展情况[4]。

二、冶铁铸造业

阳城冶铁业在北宋时因朝廷整饬河东铁钱而受大挫。金、元解禁后到明初逐步恢复,明中叶达到高峰,图 1-11 为潞泽地区铁业生产经营网络图。方炉坩埚炼铁是明代阳城炼铁的主要生产方式,图 1-12 为方炉坩锅炼铁遗存。朱绍候主编的《中国古代史》记载:"明中叶后……全国产铁地区共有一百余处。广东佛山、山西阳城、福建尤溪出现了规模较大的冶铁、铸铁业。"[5]《山西通志》也有明成化年间"铁……唯阳城尤广"[6]的明确记载。当时阳城的冶铁业集中在"两河"区域,即沁河、芦苇河沿岸的润城、三庄、刘善、蒿峪、上下孔、尹家沟及郭峪、安阳、东冶等地。产品有生铁、锅货、蒸笼、犁镜、壶、鏊等,如图 1-13 所示。其中冶铁生产最具代表的村镇为润城镇。

---

1 山西省政协《晋商史料全览》编辑委员会, 晋城市政协《晋商史料全览·晋城卷》编辑委员会. 晋商史料全览·晋城卷[M]. 太原:山西人民出版社, 2006.

2 刘伯伦, 王家胜. 阳城煤炭志[M]. 阳城:《阳城煤炭志》编纂委员会, 1999.

3 《古村郭峪碑文集》编辑委员会编. 古村郭峪碑文集[M]. 北京:中华书局, 2005.

4 邢昊, 马二阳. 蒿峪村志[M]. 晋城:晋城市文化新闻出版管理局, 2004.

5 朱绍候. 中国古代史[M]. 福州:福建人民出版社, 1979.

6 山西省史志研究院. 山西通志[M]. 北京:中华书局, 1999.

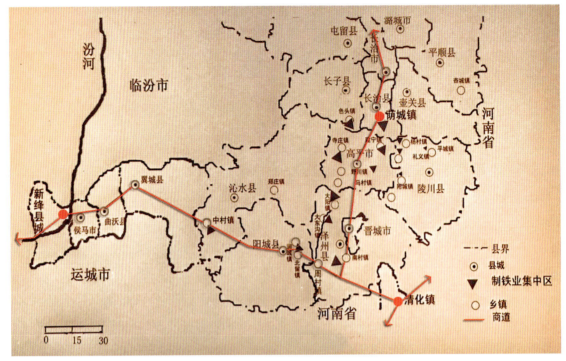

图 1-11 潞泽地区铁业生产经营网络图

图 1-12 方炉坩埚炼铁遗存

图 1-13 铁猪

当时润城周边地区有丰富的煤、铁资源，炼铁业出现了较大规模的发展，离镇不远的黑松沟成为炼铁的好去处，白天铁炉相望，夜晚火光冲天，人称"火龙沟"。因冶炼的需要，加之人口膨胀，则在沟内大兴土木。黑松沟原始森林的木材资源被大量用于冶炼和建筑，不长时间即告罄。沟内形成的村落名为白巷里，后来逐渐成为上、中、下三庄。同时，周边地区也出现了许多炼铁的村庄。加之润城地处交通要道的便利条件，大规模的铁货交易在此进行，润城很快成为一个以铁货交易为主的商品交易中心。在铁货交易的同时，其他货物贸易也随之而来，外地的客商和劳动力纷纷涌入，许多本地人也纷纷走上经商的道路。一时间就如《阳城县志》（清同治）所形容的"居民稠密、商贾辐辏"[1]，润城镇改名为铁冶镇，居民达三千户。现存建于明崇祯十一年（1638年）的砥洎城城墙多数用冶铁用的坩埚和鹅卵石砌成，且使用这种材料的建筑在上、中、下三庄及刘善、蒿峪、尹家沟、东冶等村或为房舍，或为河坝，或为煤井井口，如图 1-14 及图 1-15 所示，至今尤存。

---

1 赖昌期，谭沄，卢廷棻.阳城县志[M].台北：成文出版社，1976.

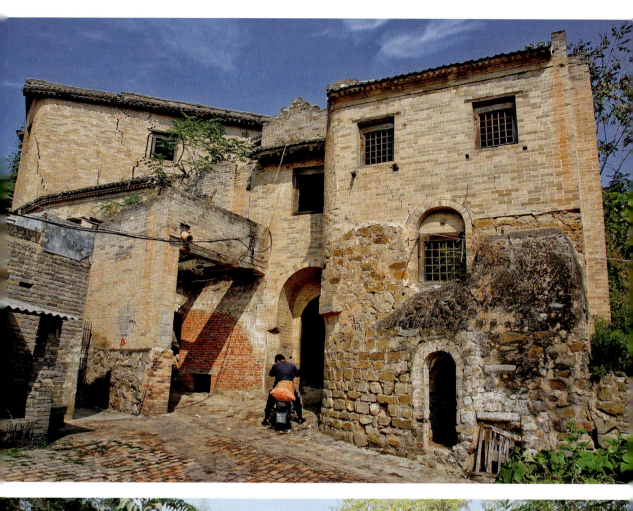

图1-14 杨腰村冶铁坩埚砌筑的建筑墙体

图 1-15 坩埚墙

三、缫丝、纺织、造纸业

缫丝、纺织、造纸业亦是沁河工商业中的基础产业。缫丝业在阳城由来已久，上可追溯到三四千年以前，只可惜志书对其记载甚少，但目前仍有三十多个村庄以桑为名，在横河、受益、固隆、泽城等村建有专门祭祀蚕姑的神庙，明代庙宇中也多供奉蚕姑神像供人们祭祀，当地人还把三月三或六月六作为蚕姑庙会，给蚕姑唱大戏三天。还有"喂蚕大嫂，稀好喝饱，不敢脱倒，脱倒不好，等到蚕老，做件棉袄，穿上赶会，你看多好"等民谣历代为人们传诵。可见养蚕缫丝已是自古以来劳动人民必不可少的一项生产活动，明代亦是如此。直至现代，当地人仍有以丝衣送终、以丝网覆尸等丧葬习惯。如此可见明代养蚕缫丝是一种普遍的生产生活现象。明代万历初期的政治家、财政家、官至吏部尚书的王国光（1512—1594年）所作《临涧更宿》曰："山近村随水近楼，小桥烟火数家秋，客来笑迎烹鸡黍，一话桑麻夜未休。"[1]诗句无疑是对阳城蚕桑养殖和缫丝业的褒奖。

纺织业要比缫丝业的规模和范围更大，只不过大都由一家一户各自为之，一种是种麻织布，另一种是买棉织布，没有形成专门的生产作坊。明代阳城缫丝户甚多，但织丝者甚少。目前发现的文献中没有关于明代阳城缫丝业的记载。纺织在清代仍然是农民们每家每户必不可缺的家庭劳作，有"妈织布，大（父亲）纺花，哥哥赶驴下清化，嫂嫂在家哺娃娃"这一清代阳城民谣。

四、琉璃、陶瓷

阳城的琉璃制作有悠久的历史。有史料记载，制作世家乔氏家族在唐代从陕西辗转而来，在阳城的后则腰定居，专门从事黑、绿瓷器和琉璃的生产。在明清时期，技艺达到了炉火纯青的境界，他们所造的琉璃色泽纯正、质地考究、工艺精湛、品种繁多，当时在全国已有极高的地位。

---

1 张红胜.阳城蚕茧 名冠古今[J].大众标准化,2007(3):50-51.

和琉璃制品齐名的是阳城的陶瓷，制作精美的瓷器当属阳城细瓷，如图 1-16 所示，琉璃制品大都上了庙宇楼阁，一展国姿庙貌，精美的瓷器或用于日常生活，或作为艺术作品而流传于世。商业和古镇原本就是一对孪生兄弟，发达的工业是商业兴起的催化剂，商业的繁荣又使得古镇充满生机。

五、建筑业

建筑业的兴起是明时沁河工商业发展的又一特点。"贫思食、富思居"，冶铁业、煤业的繁荣和商贾的大量流通必然带来建筑业的大发展。据考证，明时阳城的建筑业已发展到一个极高的水平。明成化年间修建的县城城隍庙被世人誉为"一邑祠宇冠冕"，可惜于 20 世纪 40 年代被毁。被誉为"上党塔冠"的现存润城海会寺琉璃塔兴建于嘉靖四年（1525 年），塔高达十三层，润城东岳庙（图 1-17）建于隆庆元年（1567 年），县城东关关帝庙重建于万历六年（1578 年），阳陵村寿圣寺琉璃塔建于万历三十六年（1608 年），润城砥洎城建于崇祯十一年（1638 年），特别是阳城县县城古城墙及门楼于明景泰初年、嘉靖年间数次修葺，明万历五年（1577 年）县人又捐款重建，始为全砖城，并修敌楼十座，气势非凡，县城面貌非往昔可比，为明时阳城建筑之最高成就。现今闻名遐迩的皇城相府许多建筑也是明代的产物：陈廷敬祖父陈经济的居所麒麟院建于明宣德年间；树德居和世德院（陈廷敬在此院出生）建于明正德年间；陈氏宗祠建于明嘉靖年间，容山公府也是明代建筑；高达七层的河山楼及附属一百二十五间屯兵洞建于崇祯五年（1632 年）；皇城内城斗筑居建于明崇祯六年（1633 年）。皇城相府对面的郭峪城建于明崇祯八年（1635 年），侍郎寨和飞鱼阁建于明崇祯六年（1633 年），郭峪汤帝庙重修于明万历元年（1573 年），文庙始建于明成化六年（1470 年）。这些建筑都是阳城乃至中国北方明代建筑的典型代表，具有极高的历史价值。现存明代建筑在阳城仍有其他一些遗存，它们正喃喃诉说着明代阳城的发展和繁华，同时也呼唤今天的人们加强对古代文物的保护。

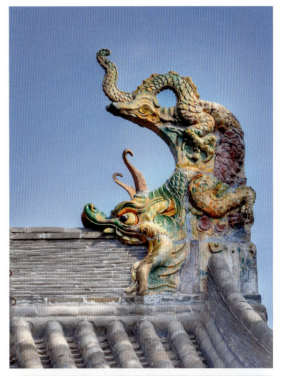

图 1-16 庙宇楼阁中的琉璃饰品

图 1-17 润城镇东岳庙

六、其他产业

除上述产业外，缝衣、制鞋、皮革、酿造、印染、印刷、火药制造、运输都有一定数量的从业人员。缝衣业以制作寿衣、马褂、绣花衣帽、枕头等为主，制鞋业一般以绱鞋为主，制鞋次之，辅以补鞋钉掌，皮革业在清乾隆年间有河南回民袁进忠逃荒来到阳城东关，始开设作坊鞣制皮革，酿造业以生产酱、醋为主，酒的产量很小，上述行业大都是小本经营。火药制造受朝廷控制，只可以生产鞭炮、黑火药、土枪药等简单产品。运输业随工商业的兴起逐渐扩大，不过仍以人担、驴驮为主。

第四节 沁河流域文化组成

一、煤铁之乡

沁河流域中游地区铁资源十分丰富。《中国矿业志》记载："本省（山西）铁矿以平定州、盂县及潞安州至泽州、阳城者最著，其开采似始于二千五百年前，迄唐弥盛。"

与铁矿开采相伴而来的是煤炭开采和冶炼业的兴起。古泽州地区属于"沁水煤田"，多为量大质优的无烟煤，埋藏不深，可开采厚度为5～7米。《中国矿业志》说："周代已经发现煤质用途，战国时已经开始采掘。"这里的"白煤""蓝花炭"产量大、煤质好、含硫少、热量高，最适合于冶炼。北齐时期，全国七个冶铁局中的两个，白涧和武安，设在润城的南北两头。到金元时期形成规模，明清时期声名大振。《山西铁业史》说："十九世纪七十年代，制造铁器和铸铁熟铁，以晋城南村、阳城和潞安为中心。"《中国古代史》说："明中叶后……全国产铁地区共有一百余处。广东佛山、山西阳城、福建尤溪出现了规模较大的冶炼、铸铁业。"[1] 1994年版《阳城县志》载："当时（北齐）已用地下土圆炉炼铁，现从润城、嵩峪、安阳、尹家沟等古炼铁遗址来看，已改用方炉炼生铁，炒炉炼熟铁。"[2] 煤铁结合，冶铁业十分发达。明清时期，随着资本主义萌芽的出现，手工业得到迅速发展，这里的冶铁工场和制铁作坊纷纷建立，分工日趋精细，产品门类众多，许多产品形成了自己的特色，如阳城犁镜、大阳钢针都成为当地名产，行销全国各地。现存遗址如图1-18所示。

图1-18 砥洎城的坩埚城墙

---

1 朱绍候.中国古代史[M].福州：福建人民出版社，1979.
2 阳城县志编纂委员会.阳城县志[M].北京：海潮出版社，1994.

二、水旱码头

历史上由于经济和交通的原因,沁河流域形成了很多的古镇,到目前为止保存比较完整的大概有十个,其中最有代表性的包括端氏、郭壁、润城、郭峪、冶底、周村等,这些古镇最大的特点就是它们都在交通要道上,一般的情况下是在十字路口或者正好在一个古代行程的某个节点。比如从润城到河南做生意就有"上七里下八里,不住犁川住冶底"这么一种说法,主要是满足贸易途中的休憩需要,因此,沁河流域的古镇之间每隔一段距离就有一个可以歇息的商业点。

在古代,沁河是贯穿山西、河南的一条交通要道,人们顺河而下,通过太行峡谷的古栈道可以到达河南济源,中原的许多商人也是通过这条水道北上山西的。古镇上的人说,一直到 20 世纪 70 年代,要到沁河对岸还得通过木船摆渡,真正通衢八方的还得靠脚下之路,这古道就成了马帮驼队、如云商贾的"伴侣",并且留下了星罗棋布的古镇。

沁河沿岸自古就有"沁水河边古渡头,往来不断送行舟"的说法,沿沁河主河道分布了许多古渡口,如端氏古渡、郭壁古渡、刘善古渡、上伏官津渡、润城古渡等,如图 1-19 所示。端氏自古就是沁河一大渡口和河防重镇,郑庄亦有"三河通衢"之称。郭壁村是沁河古渡口和商贸重镇,历史上有"金郭壁、银窦庄"的美谈,郭壁村日进斗金,并非讹传。郭壁村处的沁河段河面开阔,平缓无浪,沁河古代八景中的"沁渡秋风"说的就是这里,如图 1-20 所示,岸边古坝明朗可辨,渡口码头原址依旧,堤坝用沁河边上的自然石头砌成,古朴坚固。砥泊城的西梢门外就是历史上的古渡口,曾经商贸往来络绎不绝。

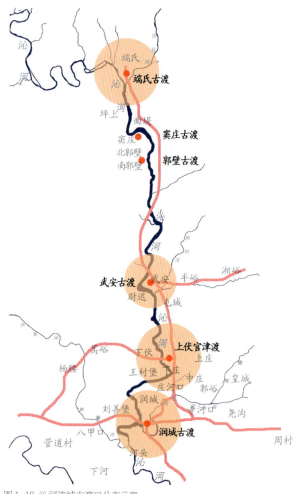

图 1-19 沁河流域古渡口分布示意

图 1-20 郭壁古渡口实景图

三、防御堡寨

沁河流域自古就是兵家必争之地,最早的记载是周赧王五十三年(公元前262年),秦伐韩,上党郡守举17城入赵。最有影响的记载是周赧王五十五年(公元前260年),长平之战中秦将白起大败赵军,坑杀40万降卒,拔上党诸城,开启了秦伐六国的步伐,武安和屯城就是当初为伐齐而建的。最接近现实的记载是崇祯年间,明末深重的社会危机全面爆发,农民军数年间几度进出于沁水、阳城,先后劫掠坪上、郭峪、下伏、上伏、润城等地,沁河两岸富庶的村镇,大多难于幸免[1]。沁河两岸先后修筑起五十四座军事与民用相结合的城堡,如图1-21所示,形成了独特的沁河流域堡寨聚落群,包括村堡、家堡、庙堡等不同的形式(图1-22),为沁河流域留下了特色鲜明的村落空间形态。

图1-21 皇城村皇城堡

图1-22 下伏村马家城

---
1 张苒.沁河中游古村镇空间构成解析——沁河中游古村镇系列研究之二[D].武汉:华中科技大学,2007.

四、潞泽商人

山西地处中原汉族聚居区和北方游牧民族聚居区的交汇地带,南北物资的流通激起了晋城人极大的经商热情。作为城市和乡村的过渡空间,商业活动繁荣之地就是这些古老的集镇(图1-23)。沁河流域的古镇,都是因商业贸易和资源开发形成的这种古镇[1]。山西人原本不经商,他们恋家也保守,学会经商首先要感谢的是明太祖朱元璋。明清时期为了镇守边关,大修长城,并设立了九个边防重镇,山西境内就有两个,镇守边关的八十万大军的军需就成了一个大问题。于是,明朝政府颁布了一个叫开中制的优惠政策,鼓励商人运粮换盐。山西人近水楼台,首先涉足商海,接受了初步的商业启蒙,这样就为日后三百年的繁荣揭开了序幕。

图1-23 潞泽商人的历史影像(来源网络)

---

[1] 王慧. 泽潞商帮影响下的沁河流域村落形态研究[D]. 武汉:华中科技大学,2013.

南安阳的潘家，洪上的范家，下孔寨的吴家、成家，下伏的许家等是清中叶阳城商人的典型代表[1]，部分家族现存遗址如图1-24所示。安阳潘家到第三、第四世时，经商范围发展到晋、豫、陕、鲁、江、浙、湘、鄂，到乾隆末期时达到顶峰，人称"晋省第七家富户"，在河南朱仙镇建有"大兴宝号"总号和分号，在驻马店有市房十一座，在家乡建有六座庄园，土地达三千亩。现存南安阳村潘家十三院就是潘家几代人居住、经营的遗存和见证[2]。洪上的范家主要经营木材，并在安徽亳州建有自己的商号，富甲一方，"洪上范家十三院"同样见证了范家经营的历史和昔日的辉煌。下孔寨的吴氏家族世代经商，在八甲口开有门市、铺面四院计七十多间，并在河南鲁山、开封，安徽颍州，湖

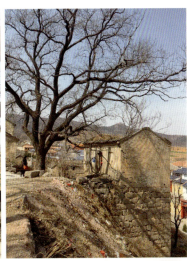

图1-24 楸木山庄——王泰来庄园入口处的"接官亭"

北汉口开有店铺达二百间，在下孔建有院落四十二院，房屋八百六十多间，人称"吴氏佳城"。下孔成家把生意做到了北京，曾为宫廷营制官服，名噪一时。下伏许家在安徽泗州开设"德隆号"，分店有粮行、锦缎庄、杂货店、当铺、百货店等[3]。

明末清初富商王泰来就是从犁川起家的，富可敌国。据报纸刊登，晋城郝匠某家从老墙里发现一张王家泰来票号，上面就印有犁川字样；还有在云南省发现的"王泰来"银锭（图1-25），都是有力的证明。犁川玉皇庙现存有一块明万历年间的石碑，一块康熙五十年（1711年）和乾隆二十年（1755年）的石碑，也有泰来号王廷扬撰写的碑文，这些都是犁川悠久历史的见证。

图1-25 "王泰来"银锭

---

1 何依,牛海沣,邓巍.外部机制影响下古村镇区域特色研究——以明清时期晋东南地区为例[J].城市规划,2017,41(10):76-85.
2 丁可人,邓巍.区域史视野下的沁河流域古村镇特色研究[J].华中建筑,2017,35(12):72-75.
3 山西省政协《晋商史料全览》编辑委员会,晋城市政协《晋商史料全览·晋城卷》编辑委员会.晋商史料全览·晋城卷[M].太原：山西人民出版社,2006.

五、科举门庭

早在夏商周时期，沁河流域的本土文化就出现了大发展、大繁荣的兴盛局面。春秋战国时代，末代晋君谪居沁河之滨端氏聚，使西城小村青史留名；孔子高徒端木赐在沁河岸边经商建村，形成一个文明史绵延 2700 余年的端氏古村，并且一度设立县衙和州府。先秦诸子百家中的著名思想家荀子就是沁河流域安泽县人士，为先秦文化繁荣作出了重要贡献。沁河中游西岸的沁水县河头村，在西汉、东汉时期，两度建立诸侯国，也曾有过一段峥嵘岁月。周朝以来，直至春秋战国时代的五霸七雄和光复汉室的刘秀，都曾经多次在沁河周边地区行军打仗，丰富了沁河流域的文化宝库。盛唐以后的历朝历代，直至当代社会主义建设时期，1000 余年间，沁河流域名士杰才辈出。荀子、董仲舒、李商隐、荆浩、郝天庭、唐寅、郝经、李瀚、常伦、刘东星、茹太素、萧照、毕振姬、王叔和、刘義叟、李俊民、张慎言、王国光（图 1-26）、张敦仁、陈廷敬（图 1-27）、贾景德、孔三传、赵树理……分别在政治、经济、文化等各个不同的领域各有建树，使得沁河流域的历史文化遗存日益流光溢彩[1]。

图 1-26 王国光像

图 1-27 陈廷敬像

沁水与阳城有许多相似之处，最为显著的就是它们对于教育的重视和深厚的文化积淀，明代以来，两县文风勃兴，名人辈出，科甲题名之士位列全省前茅[2]。

在沁水的西文兴村，永贞革新失败之后，柳宗元的宗族为避祸而迁居他乡，历经宋元，不宣门庭。但是，昔日"河东世泽"的显赫与祖辈"耕读传家"的教诲，柳氏后人始终不曾忘记，百世书香门第在沉寂五百年之后再一次光耀门楣，族人接连科举高中，柳氏家族也成为沁水县众多文化巨族的一个缩影和代表（图 1-28）。

大桥村的海会寺，当年古刹里传出的不仅仅有佛门的晨钟暮鼓，更有琅琅的读书声，海会别院里留下了一代显宦王国光、张慎言讲学的身影。这两座高耸的双塔之下，先后走出了一百多位进士。清朝初年阳城接连三次出现十人同中进士或同中举人的科举奇观，时人称之为"十凤齐鸣"和"十凤重鸣"，阳城也以"康雍盛时，名列三城"的美誉而与韩城、桐城齐名[3]。

图 1-28 西文兴村的柳氏民居

---

1 张晓芳. 沁河流域古村镇民间信仰体系与乡村权力象征研究[D]. 太原：山西大学, 2013.
2 李瑞. 明代堡寨聚落郭峪村历史景观保护研究[D]. 武汉：华中科技大学, 2012.
3 丁可人, 邓巍. 区域史视野下的沁河流域古村镇特色研究[J]. 华中建筑, 2017, 35(12)：72-75.

第五节 沁河流域保护价值

沁河流域不同于历史片段，不同于文化线路，也不同于遗产廊道，而是表现为古村镇集群。它以宏大的历史背景、清晰的历史脉络、丰富的历史遗存、辉煌的文化传承，从众多流域中脱颖而出，成就了太行南端黄河北岸灿烂的沁河文化。

一、文化脉络完整，空间分布明显——从未间断的编年文化

沁河流域文化遗存并非某一时段的文化遗存，而是从古至今的文化传承，从远古时期到秦汉，直至明清，每个时段都在沁河留下深深的印记，下川遗址、固隆遗址、八里坪遗址等是远古文明的见证；女娲补天、精卫填海、神农播种等动人的传说皆在此地流传；长平之战见证了秦汉历史；众多商道、古道、山寨从不同角度书写了唐宋的文明；"三里一堡，五里一寨"的聚落更是清晰的勾勒出明清的辉煌与兴衰。可以说沁河的历史就是一部完整的编年史。

沁河文化的时间脉络和空间分布表现出强烈的对应关系，从侧面反映了沁河文化的连续性与可读性。从沁水县郑庄至端氏，在这河谷蜿蜒的平缓地段孕育了灿烂的华夏文明，至今仍有很多旧石器和新石器时代的遗址；春秋时期，端氏发迹，带动周边发展，如郭壁村；战国时期诸国争雄，出现了一大批军事重镇，如尉迟、武安、屯城；至唐宋，社会经济流动性增强，在沁河沿线出现一些商业贸易，逐渐出现了如上伏、八甲口、周村这样的商业集镇；明清时期，商业发达，涌现出大批商业村镇和家族村落。从北到南，涓涓沁河之水流出了历史的痕迹，也顺应着历史的方向。

二、文化地位特殊、文化类型多样——华夏文明的起源地之一，中原文化的过渡地带

沁河文化不是一时之遗存，不是一类之遗存，更不是一物之遗存。它以悠久的历史、连续的文脉、重要的区位，在历史上一直处于举足轻重的地位。从远古人类活动的遗址以及三皇五帝的传说可以暂且论断，沁河流域是华夏文明的重要发源地之一，曾经沁河流域处于"帝都畿内"，是文化的核心地段。因此可以说沁河文化的产生不是空降式的文化迁移，而是一脉相承。

沁河中游地区扼守四方，地理位置险要，西经太岳山通汾河谷，之后接渭水河川直达陕西秦川；东北在长治市翻越太行山可至燕赵齐鲁；向南接近孟津，俯瞰洛阳、开封古城，对中原沃野千里可以构成控制之势；北可一直通往晋中、塞外边关等地。古太行八陉中就有三处翻越太行山后在此交会。春秋时期阳城、沁水是晋国在东南重要门户。《战国策》中军事家吴起论述这里地理险要，称泽州天井关为"夫夏桀之国，左天门之阴"[1]。得天独厚的战略地位，使得沁河流域自古就是兵家必争之地，一直处于行政变更的边缘。先后有韩、赵、秦、魏、晋、北魏、北齐、北周、唐、后唐、后晋、后汉、后周、北宋、金、元、明、清等近20次的争夺，近10次的大型农民起义干扰。因此，沁河流域文化是民族交融的文化，沁河流域是中原文化的过渡地带。

三、文化形式突出，时间截面清晰——亦商亦防双重作用，明末堡寨格局定式

商贸与防御自始至终贯穿着沁河村镇的发展脉络。端氏聚成缫丝之乡、商贸重镇；古商道上的上伏、周村、八甲口的兴起，润城的商业繁华，泽潞商人与家族院落等，集中反映出沁河流域物产丰富和交通便利催生出的沁河主打文化——商贸文化。而端氏转换为河防重镇，武安、屯城、尉迟的国家战略设防，民间的山寨、军事堡垒、村落城堡等遗存，也反映了沁河流域作为兵家必争之地的另一种文化形态——防御文化。

---

1 何建章.战国策注释[M].北京：中华书局,1990.

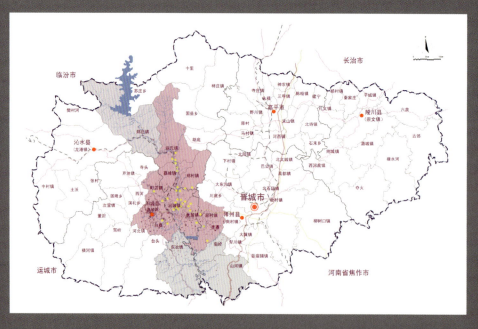

  本次研究的范围属于沁河中游,并确定在晋城市的辖区内。在晋城市相关规划对沁河流域范围划定的基础上,以沁河主河道为轴线,从上到下包括郑庄镇、端氏镇、郑村镇、嘉峰镇、町店镇、润城镇、凤城镇、北留镇、周村镇、白桑乡、李寨乡共 11 个乡镇,对范围内的 31 个古村镇进行整体性的保护规划。

  并根据历史渊源的关联性,在沁河文化部分的研究中,将不受行政区划界线的影响,涉及更广泛的区域,涵盖了丹河流域和太行山地区的部分古村镇。

第二章 沁河流域古村镇

- 沁河流域古村镇历史探源
- 沁河流域古村镇社会结构
- 沁河流域古村镇环境分析
- 沁河流域古村镇形态分析
- 沁河流域古村镇类型特征

第一节 沁河流域古村镇历史探源

据初步调查统计，沁河流域古村镇形成的时间大致集中在三个阶段。

一是在春秋战国时期，伴随着端氏的发迹而相继建成，例如郭壁、尉迟、武安、屯城、周村等，端氏在历史上处于三晋的地理核心，既是商业重镇，也是河防重镇。因此，围绕着端氏的核心职能，在沁河沿岸相继出现一批商业性的集镇，如郭壁和周村；同时由于防御和战争的需要，也伴生了一些具有军事战略意义的城镇，例如武安、尉迟和屯城。

二是在唐宋年间，上伏、下伏、郭峪、町店、蒿峪等村落都依赖唐宋年间发达的社会经济，在沁河边的古商道上相继发迹，这些地方现在还保存着过去的码头。

三是在元、明、清时期，沁河流域的大部分古村镇都形成于这段时期[1]。元末农民起义频发，一些城里的匠人为避战乱，迁至此地凭手艺繁衍生息。上庄、中庄、下庄、尧沟、砥洎城等几乎都是由此发展起来的[1]。

沁河流域古村镇分布如图 2-1 所示，其形成及兴盛详情如表 2-1 所示。

一、发达的经济

古村落的发展离不开社会经济的繁荣，沁河流域以适宜的气候、丰富的资源、优越的环境和勤劳的人民为依托，自古以来就是中原地区开发最早也最富庶的地区之一。古炎帝部落在羊头山下开创了中国最古老的农耕文明。泽州的蚕桑业在我国古代占有极其重要的位置，曾经成为中国北方最大的织造中心，泽州丝绸不仅是贡品，而且还源源不断地通过丝绸之路远销海外。晋城地区还是我国最早采煤和冶铁的地区之一。早在春秋战国时期，我们的先人就已经开始用原始的方法采煤，唐代时已经可以用直井采煤，并达到了相当高的水平。晋城早在战国时期就开始炼铁，明朝天顺五年（1461年），仅阳城县的钢铁产量就有 750 万～800 万斤（1 斤 =0.5 千克），占据了中国大半个北方市场。明代典籍中记载"平阳、泽、潞，富商大贾甲天下，非数十万不称富"[2]，这才是沁河古村镇兴盛的真正原因。

二、官、商家族的兴盛

沁河流域古镇的兴盛是社会经济、行政编制、军事职能的产物，但是沁河流域古村兴盛的直接原因却可以归结为官、商家族的发展与兴盛。据统计，沁河古村落现存的古建筑，几乎都是名门望族的官宦大户和富甲一方的商业大户的宅第。这些家族以其超强的经济实力，大量兴建住宅府邸，并通过支族、房族的延伸，不断扩大自己的势力，在村落中形成一块独立的区域，甚至是整个村子[2]。

---

1 张文广. 资源、产业与乡村经济——以阳城县三庄经济变迁为例[J]. 经济问题，2018(8)：125-128.
2 王慧. 泽潞商帮影响下的沁河流域村落形态研究[D]. 武汉：华中科技大学，2013.

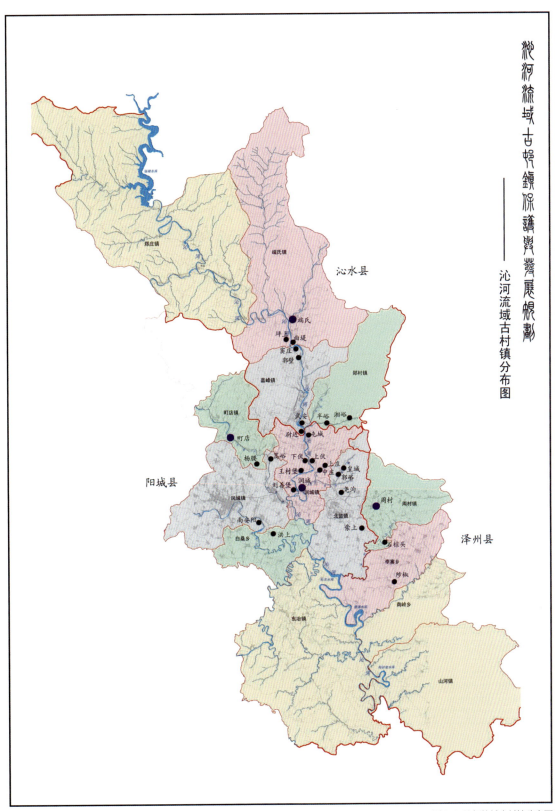

图 2-1 沁河流域古村镇分布图

表 2-1 沁河流域古村镇形成及兴盛详情

所属镇	村名	形成时间	形成原因	兴盛原因
端氏镇	曲堤村	明清时期	—	—
	端氏村	西汉	早在夏商时期就有先民在这里居住栖息	交通便捷、商业兴盛
	坪上村	明代之前	刘汉鼎（铁匠）最先建村	刘东星任工部尚书
郑村镇	湘峪村	明代	防御	孙氏的壮大
	半峪村	明代	各杂姓避战乱至此建村	各杂姓避战乱至此
嘉峰镇	郭壁村	商周	最初位于沁河河道上，由于洪水泛滥，后迁至现址	整村以东面的沁河古渡口为出口，利用其天然的水陆优势发展为沿岸的商业重镇，经济十分发达
	窦庄村	宋代	窦氏因"宦不返流"迁入此地而创村	张氏为窦氏守祖茔划地于此，明后仕人不断
	尉迟村	相传为战国时期	吕氏建村，后为纪念尉迟恭传授村人编簸箕手艺改名	处于商贾要道，为文学巨匠赵树理故乡
	武安村	战国	长平之战白起屯兵于此	煤矿资源丰富
润城镇	润城村	无考	—	—
	砥洎城	明代	—	—
	上庄村	元代	孔氏避战乱，凭借铸冶炼手艺创村	王家仕人不断
	中庄村	元代	李氏避战乱，凭借铸冶炼手艺创村	李氏壮大和曹家的迁入
	屯城村	春秋战国	此地由冶炼工业而发展起来	春秋战国时期长平之战屯兵于此得到发展
	上伏村	无考，至少宋金	古商道	商业的兴盛
	下伏村	无考（唐代以前）	无考	唐代已十分兴盛
	刘善村	约三千年前	约三千年前因开采铁矿建村	明朝中期因炼磺业发展而兴盛
	王村村	元代	务农形成	无自然灾害，农业兴盛
北留镇	大桥村	最早新石器	—	—
	尧沟村	明代	明朝曹姓迁入，以炼铁、煤炭、农业为始	交通便利、曹家位居高官
	皇城村	明代	—	—
	郭峪村	唐代	躲避战乱及经商发展形成	多人金榜题名，考中进士、举人；经商发达
	崇上村	清代	务农形成	农业兴盛
町店镇	町店村	唐代	—	尚书故里、战争遗址
	杨腰村	明代	家族定居	
阳城县	蒿峪村	隋唐年间	早在隋唐时期就有先民在这里居住	交通便捷、冶铁业发达
凤城镇	南安阳村	清代	—	—
白桑乡	洪上村	不详，最晚明代	不详	范家经商
周村镇	周村村	商周	商周时这里就已经形成集镇	商贸往来、军事防卫
	石淙头村	建村时间不详，但村西有西晋屯兵寨留存	原为驿道，潘氏经商发达后在此建村	潘氏经商
李寨乡	陟椒村	相传唐代就有人建村，具体时间不详	刘氏路经此地，看重环境，在此建村发迹	刘家在亳州生意兴隆

第二节 沁河流域古村镇社会结构

社会学上把我国古村落分为一姓独大的单姓村、多姓主大的主姓村和多姓共居的多姓村（表2-2）。单姓村在制度文化和村落布局上具有明显的家族特性；多姓村具有共生、散点分布而共存的特性；主姓村受多元的血缘和地缘关系的影响，在宗族发展分布上，往往出现一些分布较广，具有明显宗族性质的领域及宗祠。在对不同村落家族结构研究中，我们可以发现村落的家族构成和村落空间构成存在相当密切的联系[1]。

沁河古村落家族对沁河古村的发展起了重大的作用，现今留下的院落也几乎都是官宦家族的宅第，就连大部分公共建筑也几乎都是由大家族出资兴建的，包括庙宇、楼阁、城墙等等。从调查的30个古村落来看，现存单姓村有6个，以皇城村为代表；主姓村有11个，以郭壁村、窦庄村、上庄村为典型；多姓村有6个，以郭峪村为代表。沁河流域家族分布表如表2-3所示，家族分布图如图2-2至图2-5所示。

表2-2 家族村落类型一览表

村落类型	单姓村	主姓村	多姓村
姓氏组成	一姓主大	两个或多姓主大	杂姓共居，无大姓
社会关系	血缘、地缘	血缘、地缘	血缘、地缘、业缘
形成制度	宗族制度	宗族制度、经济关系	区域背景、社会制度
演进方式	自上而下	自上而下、自下而上	自外而内
空间形态	整体聚居，内向	分区聚居，多元	散点分布，外向
举例	皇城村、湘峪村、刘善村、尧沟村、陟椒村、杨腰村	窦庄村、郭壁村、坪上村、尉迟村、武安村、上庄村、中庄村、下伏村、南安阳村、洪上村、石淙头村	郭峪村、半峪村、屯城村、上伏村、王村村、蒿峪村、周村镇
家族分布模式			

---

[1] 何依,邓巍.基于主姓家族的村落空间研究——以山西省苏庄国家历史文化名村为例[J].建筑学报,2011(11):11-15.

表 2-3 沁河流域家族分布表

村落名称	单姓村	主姓村	多姓村	家族建筑
曲堤村	—	霍明高	—	院落及祠堂
端氏村	—	—	贾景德、盖仰惠	贾景德故居
坪上村	—	刘汉鼎、刘东星、张虾龙	—	刘氏祠堂
湘峪村	孙居相、孙鼎相、孙可相	—	—	官宅大院、孙家祠堂、牌坊
半峪村	—	—	胡、张、牛、段、马等20多个	卧候院、前街院、马家院、窑底院、东坡大院
郭壁村	—	王纪、王度、韩范、韩胙仁、韩可久等	—	王氏宗祠：三槐里；韩氏宗祠：中宪第
窦庄村	—	窦勋、窦璘、窦厥、张五典、张铨、霍夫人、张銮、张鈒、张道浚、张道湜	—	窦氏老宅下宅、窦氏老宅上宅、窦家院、张氏九宅、尚书府下宅、尚书府上宅
尉迟村	—	赵树理	—	赵树理故居、赵氏东院、赵家祠堂
武安村	—	赵大伦	—	村中牌坊
上庄村	—	王国光、王遵、王道、王淑陵、王征俊、王兰彰、王润身、樊次枫	—	王家的天官府、司徒第、望月楼、参政府、王氏前后祠堂。樊家的樊家庄园及祠堂
中庄村	—	李豸	—	曹氏祠堂、李家祠堂、李家长二支祠堂
屯城村	—	—	张慎言、张泰交、郑皋、郑鼎、郑制宜、郑均	—
上伏村	—	—	赵彩虹、赵世德、赵铭功、赵书麟、赵全体、李焕章、李增华、于大复、于琇、于瓒、栗学谦	赵家大院、李家大院、栗家大院、于家大院
下伏村	—	刘天章、刘辅之、李再芳、许绍基、马世德	—	马家祠堂、马家城、扦乐寨(刘家寨)
刘善村	—	—	原国珍、原金有、茹意管、曹福明、曹玉俊、延玉如、延启山、郭思培	—
王村村	—	—	王家础、卫达甫、孙世民、曹子和	狮院、孙家底、卫氏祠堂
大桥村	—	—	—	—
尧沟村	曹仁宇、曹国羲、曹国恩、曹纯善、曹昇吉、曹宜振、曹恒吉	—	—	曹家祠堂，先位于十字院，后迁至参军第（帅府第一院）
皇城村	陈廷敬	—	—	—
郭峪村	—	—	王重新、张鹏云、窦杰、卢时升、旅于廷	豫楼、张家大宅、老狮院、窦家院、卢家新院、小狮院
崇上村	—	—	—	—
蒿峪村	—	—	马芳、刘彬、郑俊、卫小棒、卫立业	马家祠堂
南安阳村	—	潘学礼	—	—
洪上村	—	范祯、范屏周	—	范家十三院、范氏祠堂
周村镇	—	—	郭、李、范、司、张、卫	—
石淙头村	—	潘祁山	—	潘家大院
陟椒村	刘福厚、刘惇五、刘丙泰、刘传玉等	—	—	现在仅存一处刘家祠堂

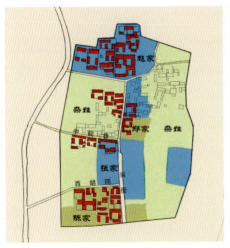
图 2-2 屯城村家族分布图

图 2-3 周村镇家族分布图

图 2-4 上庄村家族分布图

图 2-5 中庄村家族分布图

第三节 沁河流域古村镇环境分析

沁河中游地区山水相依的自然地理特点（表 2-4）反映到村镇聚落上，则形成千姿百态的营建格局，聚落在选址、布局、营建等方面巧妙地结合山水，带有明显的地域特征。从平面形状看，用地大都呈带状布局，依山面江，顺应地形和坡度，建筑之间相互依靠，比邻相生，形成"簇群"的整体形态[1]。

一、沿河类

沿河类古村镇（图 2-6）分为两类：一类是沿沁河主河道的古村镇，古村镇和河道的交通关系密切，村落直接和河道相接，村内主要街巷通往村外的陆路，同时有主要道路通往河边渡口，具有一定的商贸特性；另一类是沿沁河支流的古村镇，村落生活和河道关系密切，村落通常不与河道直接相接，部分由农田或者荒地隔离，河流的主要作用是生活取水、盥洗、灌溉，很少设置渡口[1]。

---

1 邓巍.古村镇"集群"保护方法研究——以山西省沁河中游地区古村镇为例[D].武汉：华中科技大学，2012.

二、依山类

依山类古村镇（图2-7）非常注重山形、山势等风水关系，在村镇选址上有"龙凤呈祥""青龙白虎""五行八卦"的刻意安排。村镇的内部空间也因地就势，自由灵活。例如上庄古村落背靠高岭，高岭起伏绵延，构成了"觅龙"之势，达到了"负阴抱阳""背山面水"的目的；高岭与陀螺岭形成"察砂"之势，起到了收气挡风的目的，南面鳌风岭构成"朝山""砂势"；庄河蜿蜒穿过村落，构成了村落的中心纽带，形成了"观水"之势。村落空间上成东西走向，布局于山谷之中，建筑分布于两山之间地势平坦之处，有意绕开山体，沿着庄河分布，河北岸建筑居多。整个村落与山体走向相互咬合，形态自然。[1]

三、背山面水类

背山面水类古村镇（图2-8）通常建于半坡之上，俯瞰河流，注重山水夹道的自然屏障，利于防御。郭壁村落就是依山势而建的，背山面河，由于人口众多、地域狭窄，形成高台缓坡、逐级攀升的趋势。村民们依据地形，高台筑院，形成了一条弯弯曲曲的小街。由于地势高差不一，所以用石街梯相连，构成一组挂壁山庄，郭壁也因此得名。战乱时期，村前村后都修筑夯土城墙，并高筑寨门，东边有牢固的沁河作障，西边有山寨为屏，大大加强了郭壁的防守能力。[1]

表2-4 沁河流域古村镇环境特征一览表

村名	环境特征	边界特性			
曲堤村	临河靠山，无破坏	山体	沁河	自然山体	自然山体
端氏村	临河靠山	巍山	沁河、榼山	自然边界	沁河
坪上村	临河靠山，风水特性明显	河流	山体	自然边界	自然边界
湘峪村	青山环抱，溪水淙淙，依山傍水建村，靠山雄壮，朝山层叠，"十山九回头，不出宰相出公侯"	东城墙	南城墙	东城墙	东城墙
半峪村	临河	自然边界	自然边界	自然边界	山体
郭壁村	临河靠山，无破坏	沁河	山体	古庙	祖师阁
窦庄村	临河靠山，风水特性明显	沁河	榼山山体	自然边界	沁河
尉迟村	临河靠山	山体	沁河	街道	自然边界
武安村	临山靠河	沁河	山体	街道	山体
润城村	临河靠山，风水特性明显	山体	自然边界	沁河	自然边界

---

[1] 邓巍. 古村镇"集群"保护方法研究——以山西省沁河中游地区古村镇为例[D]. 武汉：华中科技大学，2012.

续表

村 名	环 境 特 征	边 界 特 性			
砥洎城	三面环水	沁河-城墙	沁河-城墙	沁河-城墙	城墙
上庄村	临河靠山，风水特性明显	山体	山体	山体	山体
中庄村	临河靠山	佛堂沟	自然边界	庄河	山体
屯城村	临路靠山，风水特性明显	卧虎山	道路	自然边界	自然边界
上伏村	临河靠山，风水特性明显	山体	沁河	沁河	山体
下伏村	临河靠山	东街	西街	南大街	北大街
刘善村	临河靠山，风水特性明显	沁河	天坛山	白虎圪堆	自然边界
王村村	临河靠山，"五行八卦"风水格局	山体	山体	东沁河	山体
大桥村	—	—	—	—	—
尧沟村	临河靠山，风水特性明显	凤山	沁河沿岸	虎山	龙山
皇城村	靠山	—	—	—	—
郭峪村	临河靠山，"龙凤呈祥"风水格局	樊溪河	山体	樊溪河	山体
崇上村	从村落北部到南部高差逐渐降低	山体	农田	农田	农田
町店村	临河靠山，风水特性明显	—	—	芦苇河	山体
杨腰村	—	—	—	—	—
蒿峪村	临河靠山	九泉山	芦苇河	自然边界	山体
南安阳村	无明显地形特征	—	—	山体	河流
洪上村	靠山	山体	山体	山体	山体
周村镇	临河靠山，河道掩盖于街道下	城墙	城墙	城墙	城墙
石淙头村	临河靠山，风水特性明显	山体	山体	—	山体
陟椒村	靠山，风水特性明显	三官庙	西庙	南街	北街

图 2-6 沿河类古村镇景观

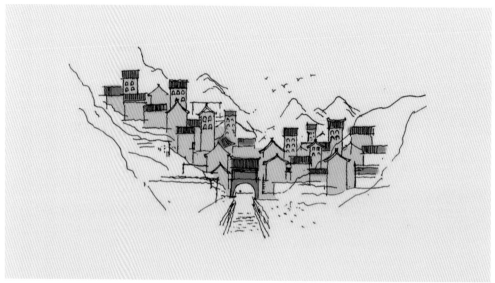

图 2-7 依山类古村镇景观

图 2-8 背山面水类古村镇景观

第四节 沁河流域古村镇形态分析

一、堡寨防御型村镇

堡寨防御型村镇最明显的特性就是筑城、筑寨，是沁河中游最主要的聚落形态，如图2-9、图2-10及图2-11所示。据调查，在沁河流域有据可考的堡寨建筑还有阳城境内的下伏寨、望川寨、屯城堡、屯城寨、郭峪堡、黄城堡，沁水境内的武安寨、郭南寨、郭北寨、窦庄堡、坪上寨、花沟寨、端氏寨等。沁河流域古村镇大部分都具有防御性，有的围村筑城，有的家族筑堡，有的另筑小寨等，本书所划定的堡寨防御型村镇是指有明显的防御特征，并对村落空间具有重大影响的村镇[1]。

1. 整体封闭性

堡寨防御型村镇的首要特性就是封闭与排他，村落四周有高大封闭的城墙，形成封闭完整的内部空间，此外建有城门、望楼、炮台、垛口等防御性设施，具有明显的排他性[2]。一些小的防御型村落，往往还建于高台之上或悬崖之边，利用地形增强防御。

2. 空间复杂性

内部空间的复杂性主要是满足二次防御的需要[1]，直接表现为除主街之外就是四通八达的巷道，巷口多是丁字口，巷道曲折密集，识别性差，封闭性强，部分巷道口上有门洞，可视情况进行封堵。

3. 功能完整性

无论是大村落堡寨还是小村落堡寨，内部功能都非常齐全，生活设施（如水井）、居住设施，甚至宗教设施都应有尽有。

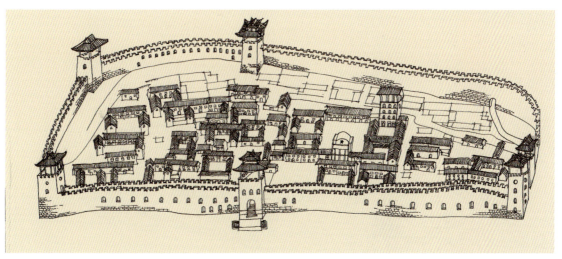

图2-9 堡寨防御型——湘峪村

---

1 邓巍.古村镇"集群"保护方法研究——以山西省沁河中游地区古村镇为例[D].武汉：华中科技大学，2012.
2 张广善.沁河流域的堡寨建筑[J].文物世界，2005(1)：25-32.

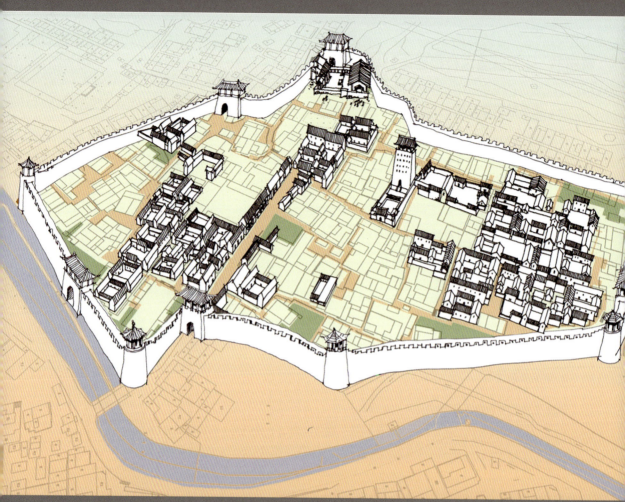

图 2-10 堡寨防御型——郭峪村

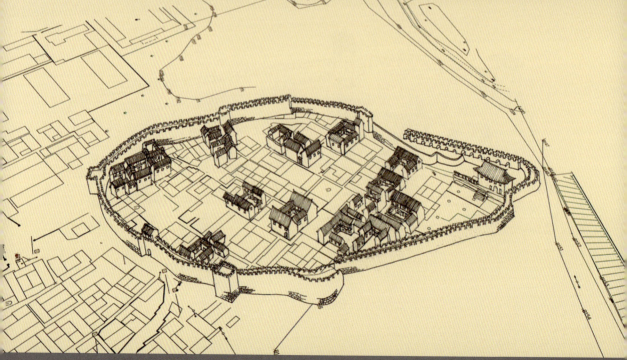

图 2-11 堡寨防御型——砥洎城

二、家族院落型村镇

沁河中游地区交通便利、手工业发达,官商士绅迭出。如图2-12及图2-13所示,他们修建庄园府邸,聚族而居,逐步形成了雄浑坚厚,蔚为壮观的建筑院落,如上庄、中庄、陕椒、洪山、南安阳。家族村落在空间形态上表现为家族聚居、房族分异、同房分序[1]。

1. 家族聚居

家族聚居是村落构成的宏观形态,家族共同体以农耕为主要的生存方式,生产力水平的低下决定了家族内部采用自给自足的封闭性生存模式[2],以维持家族的延续和稳定。这一模式实现的前提,一是在地域上提供一个便于交换和生产协作的封闭环境,二是在人际关系上需要一套值得信赖的保障系统。为满足上述要求,一种形式应运而生——家族聚居。家族聚居在空间上表现为同一姓氏的家庭集聚在相对集中的地域范围内,在血缘关系的作用下,形成内聚封闭的形态[2]。

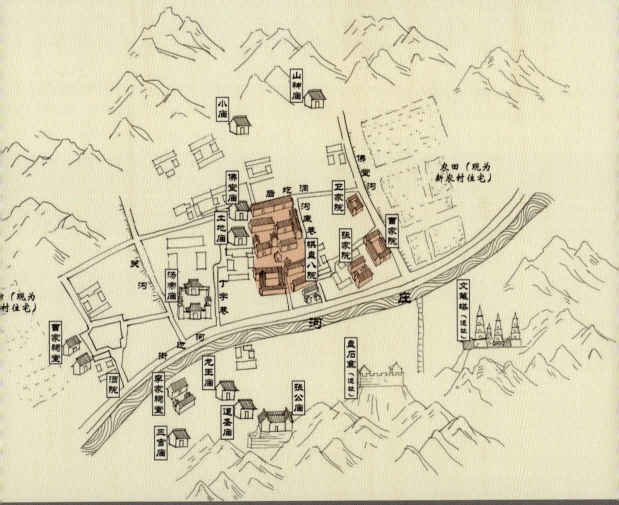

图2-12 家族院落型——中庄村

---

1 邓巍.古村镇"集群"保护方法研究——以山西省沁河中游地区古村镇为例[D].武汉:华中科技大学,2012.
2 何依,邓巍.基于主姓家族的村落空间研究——以山西省苏庄国家历史文化名村为例[J].建筑学报,2011(11):11-15.

2. 房族分异

房族是整个大家族结构下的亚结构，受土地资源和财产的限制，中国古村落中很少有朝夕相处的大家庭，更多的还是分家立户，相对聚居。房族在家族结构上表现为一个大家族下面分划为许多横向联系的房族，串联血缘更为紧密的相关家庭，在空间结构上表现为统一于大家族族域，又独立于其他房族[1]。

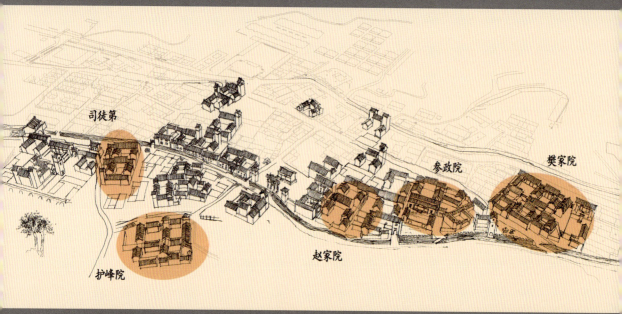

图 2-13 家族院落型——上庄村

三、商道市镇型村镇

贯通沁水、阳城、泽州的清化大道，是古时西通陕西，连接洛阳、长安（今陕西西安），东经清化（今河南博爱），连接东京汴梁（今河南开封）的重要驿道。这条驿道为南北文化的交流、民族文化的融合以及晋商文明的传播提供了交通便利，而散落在古驿道上的几十个古村镇聚落，也由于便利的交通和商品流通而日益发展起来。上伏、八甲口、润城等古村都可以归于此类（图 2-14、图 2-15 及图 2-16）。商道市镇型古村镇空间具有以下特性[1]。

1. 主街贯穿

与堡寨防御型和家族院落型村镇不同，商道市镇型村镇为满足交通需要，通常一条主街贯穿全村，几乎所有主要街巷和出口都与主街相连，以满足通行需求[1]。

2. 以交易市场为核心

一般古村落通常通过庙宇、祠堂等公共建筑组织空间，商道市镇型村镇除了主街的结构性存在，一般会有公共戏台作为交易场所组织商业活动[1]。

---

1 邓巍. 古村镇"集群"保护方法研究——以山西省沁河中游地区古村镇为例[D]. 武汉：华中科技大学，2012.

第二章　沁河流域古村镇　39

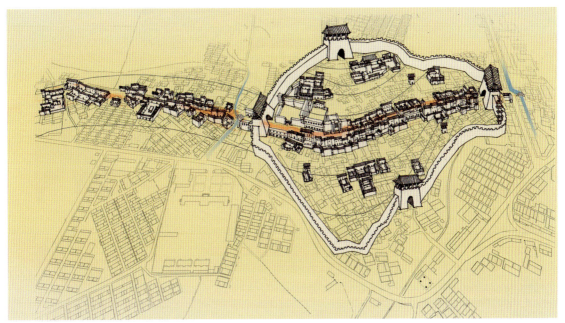

图 2-14　商道市镇型——周村镇

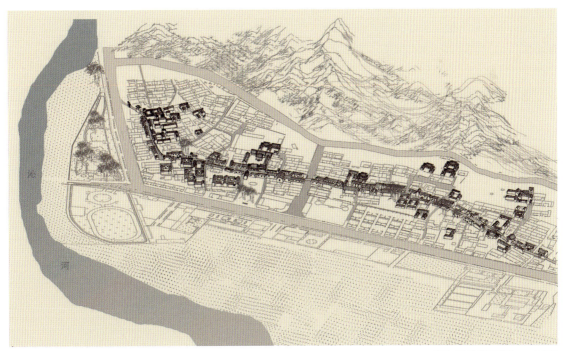

图 2-15　商道市镇型——上伏村

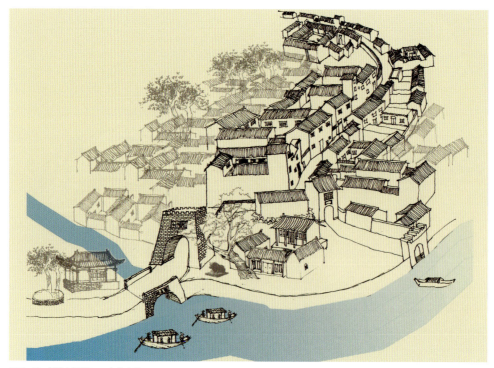

图 2-16 商道市镇型——上伏古渡

四、山水景观型村镇

山水景观型村镇是指拥有独特的山水景观环境的村镇，这类村镇的主要特点是居于河口或山崖之上，视线开阔，景观优美[1]，如图 2-17 所示。

图 2-17 山水景观型——石淙头村

---

1 邓巍.古村镇"集群"保护方法研究——以山西省沁河中游地区古村镇为例[D].武汉：华中科技大学,2012.

沁河流域古村镇特色如表 2-5 所示。

表 2-5 沁河流域古村镇特色

村落名称	影响因子								风貌特色主导序列		
	山水景观型		堡寨防御型		商道市镇型		家族院落型		主类	次类1	次类2
	山水环境	人文遗迹	城墙	其他	主街	其他要素	院落数量	其他家族要素			
曲堤村	临河靠山	寨上	无迹可寻	—	没有主街	—	10以下	曲堤牌楼	家族院落型	—	—
端氏村	临河靠山	汤王庙	局部存在	—	完整	小商铺	30以上	—	商道市镇型	家族院落型	堡寨防御型
坪上村	临河靠山，风水特性明显	圣王庙、刘东星墓	局部存在	南北堡门	完整	古渡口	72	刘氏宗祠、石牌坊	堡寨防御型	商道市镇型	—
湘峪村	风水上自古有"十山九回头，不出宰相出公侯"的说法	孙居相墓、玉皇庙、东佛庙	完整	藏兵洞	—	—	17	孙家祠堂、牌坊	堡寨防御型	家族院落型	—
半峪村	临河	都山神庙、胡家掌上庙、张太交墓	—	—	局部完整	—	10以下	—	家族院落型	—	—
郭壁村	临河靠山，无破坏	古庙、山寨	局部存在	寨门	基本完整	渡口	100余	宗祠、牌坊	家族院落型	堡寨防御型	商道市镇型
窦庄村	临河靠山，风水特性明显	窦将军坟、张氏祖茔	局部存在	藏兵洞	完整	当铺、商铺	43	—	家族院落型	堡寨防御型	商道市镇型
尉迟村	临河靠山	尉迟恭庙	—	—	局部完整	—	8	赵氏宗祠	家族院落型	商道市镇型	山水景观型
武安村	临山靠河	武安寨	—	护院楼	—	—	3	赵大伦牌坊	家族院落型	堡寨防御型	商道市镇型
润城镇	临河靠山，风水特性明显	—	城墙完整	藏兵洞、炮台、望楼、垛堞、马面	完整	小商铺	113	—	堡寨防御型	家族院落型	—
砥洎城	三面环水	砥洎城	坩埚城墙								
上庄村	临河靠山，风水特性明显	洞阳寨	—	护院楼、藏兵洞	完整	小商铺	48	王氏前祠堂、王氏后祠堂、恩荣牌坊、樊氏宗祠	家族院落型	堡寨防御型	商道市镇型

续表

村落名称	影响因子								风貌特色主导序列		
	山水型		防御型		驿市型		家族型		主类	次类1	次类2
	山水环境	人文遗迹	城墙	其他	主街	其他要素	院落数量	其他家族要素			
中庄村	临河靠山	磐石寨	—	护院楼	基本完整	小商铺	51	李氏宗祠、李氏长二支祠堂、曹氏宗祠	家族院落型	商道市镇型	堡寨防御型
屯城村	临路靠山，风水特性明显	古寨	局部存在	同阁	基本完整	—	6	郑氏宗祠、陈氏宗祠	防御型堡寨	家族院落型	商道市镇型
上伏村	临河靠山，风水特性明显	上伏古寨、上伏大庙、王国光墓地、双龙寺	—	—	完整	驿站	78	—	商道市镇型	家族院落型	庙宇遗迹型
下伏村	临河靠山	汤帝庙、大庙、眼光庙遗址、土地庙、扦乐寨	马家城城墙不存在，扦乐寨城墙较完整	—	基本完整	—	10以下	马家祠堂	堡寨防御型	大型寺庙型	家族院落型
刘善村	临河靠山，风水特性明显	吴王寨	本村无城墙，吴王寨城墙局部存在	塔山炮楼	基本完整	刘善津、古驿道	4	—	商道市镇型	堡寨防御型	家族院落型
王村村	临河靠山，八卦风水格局	永宁寨	—	永宁寨	基本完整	商道、渡口	10	卫氏祠堂	家族院落型	商道市镇型	堡寨防御型
尧沟村	临河靠山，风水特性明显	济渎庙	无迹可寻	豫楼	基本完整	—	30以上	曹家祠堂十字院	家族院落型	堡寨防御型	商道市镇型
皇城村	靠山	—	城墙	藏兵洞、豫楼	—	—	—	—	堡寨防御型	—	—
郭峪村	临河靠山，"龙凤呈祥"风水格局	—	郭峪城墙，基本完整	豫楼	完整	—	54	—	堡寨防御型	家族院落型	商道市镇型
崇上村	从村落北部到南部高差逐渐降低	—	—	—	局部完整	—	7	大庙	家族院落型	—	—

续表

| 村落名称 | 影响因子 ||||||| 风貌特色主导序列 |||
| | 山水型 || 防御型 || 驿市型 || 家族型 || 主类 | 次类1 | 次类2 |
	山水环境	人文遗迹	城墙	其他	主街	其他要素	院落数量	其他家族要素			
町店村	临河靠山，风水特性明显	崦山庙	—	—	—	—	—	—	战争遗迹型	名人故居型	—
杨腰村	—	—	—	—	—	—	6	祠堂	家族院落型	堡寨防御型	—
蒿峪村	临河靠山	汤王庙	—	插花楼	完整	车马大店、驿站	30以上	马家祠堂	家族院落型	商道市镇型	堡寨防御型
南安阳村	无明显地形特征	无	无迹可寻	—	基本完整	—	13	潘氏宗祠	家族院落型	堡寨防御型	—
洪上村	靠山	汤帝庙、寨上	局部存在	—	基本完整	—	108	范氏宗祠	家族院落型	堡寨防御型	山水景观型
周村镇	临河靠山，河道掩在街道下	广福寺	城墙局部完整	—	完整	驿站	50余	—	市镇驿道型	堡寨防御型	家族院落型
石淙头村	临河靠山，风水特性明显	大王庙、屯兵寨、潘祁山墓	—	东门	完整	驿站（已毁）	12	—	家族院落型	山水景观型	商道市镇型
陟椒村	靠山，风水特性明显	神树岭、峰云观	—	建于高坎上，院墙宽厚，只一门可以出入	基本完整	小商铺	80	现存一处刘氏祠堂	家族院落型	商道市镇型	山水景观型

第五节 沁河流域古村镇类型特征

整体型：整体型古村镇是指历史遗存完整，格局清晰，完全没有现代建筑的插入，或者只有少量新建筑插入，不影响整体空间风貌格局的村镇。典型的整体型古村镇有上庄、郭壁、湘峪、上伏、郭峪等。

片区型：片区型古村镇是指完整的历史村镇经过现代建筑插建，原本的村镇空间被现代建筑撕裂、蚕食，最终只剩下一片或几片历史风貌连续的村镇。历史空间连续性虽然减弱，但整体构架尚可分辨，尺度尚且和谐。

单体文物型：单体文物型古村镇是指历史村镇经过现代建设的蚕食，只剩下少数几处单体历史建筑的村镇，周边历史环境原真性和连续性皆已破坏，空间格局模糊[1]。

沁河流域古村镇类型如表 2-6 所示。

---

1 邓巍. 古村镇"集群"保护方法研究——以山西省沁河中游地区古村镇为例[D]. 武汉：华中科技大学，2012.

表 2-6 沁河流域古村镇类型

村落名称	遗存要素			遗存形式		
	集中程度	古村保存率	历史格局分辨率	整体型	片区型	单体文物型
曲堤村	分散两处	20%	模糊	—	—	单体文物型
端氏村	集中一处	80%	清晰	整体型	—	—
坪上村	分散两处	95%以上	清晰	整体型	—	—
湘峪村	集中一处	100%	清晰	整体型	—	—
半峪村	集中一处	25%	可辨	—	片区型	—
郭壁村	集中两处	90%	清晰	整体型	—	—
窦庄村	集中一处	80%	清晰	整体型	—	—
尉迟村	集中一处	60%	清晰	整体型	—	—
武安村	分散几处	50%以下	模糊	—	—	单体文物型
润城村	集中一处	90%	清晰	整体型	—	—
砥洎城	集中一处	80%	清晰	整体型	—	—
上庄村	集中一处	80%	清晰	整体型	—	—
中庄村	集中一处	65%	清晰	整体型	—	—
屯城村	集中一处	60%	模糊	整体型	—	—
上伏村	集中一处	96%	清晰	整体型	—	—
下伏村	集中一处	19%	可辨	—	—	单体文物型
刘善纯	集中一处	60%	模糊	整体型	—	—
王村村	集中一处	70%	清晰	整体型	—	—
大桥村	—	—	—	—	—	单体文物型
尧沟村	集中一处	85%	清晰	整体型	—	—
皇城村	集中一处	—	清晰	整体型	—	—
郭峪村	集中一处	95%	清晰	整体型	—	—
崇上村	集中一处	40%	可辨	—	—	单体文物型
町店村	分散几处	4%	模糊	—	—	单体文物型
杨腰村	集中一处	80%	清晰	—	片区型	—
蒿峪村	集中一处	村内统计100%	清晰	整体型	—	—
南安阳村	集中一处	35%	可辨	整体型	—	—
洪上村	集中一处	90%	清晰	整体型	—	—
周村镇	集中一处	70%	清晰	整体型	—	—
石淙头村	集中一处	90%	清晰	整体型	—	—
陟椒村	集中一处	80%	清晰	整体型	—	—

第三章 沁河流域遗产系列

- 沁河流域古堡
- 沁河流域古街
- 沁河流域古庙
- 沁河流域古宅

第一节 沁河流域古堡

堡寨聚落是我国古城的原型和要素，是一种典型的设防聚落模式，也是防御意识在物质空间的具体体现[1]。沁河流域堡寨聚落是沁河流域文化中防御文化的物化，它依托沁河流域独特的人文地理环境存在，以村落为基本单位，以完整的防御体系为主要特征，是由山水环境、街巷、防御构筑物组成的一种乡村聚落。

一、沁河堡寨成因

沁河流域堡寨聚落众多，大多形成于明朝时期[2]。明末战乱，涉及地域辽阔，但唯独在沁河流域堡寨聚落集中出现，这是由多种原因造成的[3]。

繁荣的农业、手工业使得沁河流域经济发达，资源富足。一方面，沁河入沁后到达端氏，地势逐渐平缓，形成了大片的河谷台地，气候温暖，水源充足，促成了农耕经济的发达[3]。另一方面，埋藏丰富的矿产资源使得开采和加工业发达，带动了商业贸易的发展[1]。

独特的地理位置使得沁河流域成为兵家必争之地，战乱频发促使当地人民筑城以守民[4]。一方面，从秦汉时期开始，沁河流域长期处于行政变更的边界，使其处于边关的战略要地，战争爆发时首当其冲。另一方面，尽管沁河流域掩藏在群山之内，但是本身也处于黄河之畔、太行之径，且离历朝古都西安和洛阳沿线并不遥远，历朝围绕西安和洛阳的战争都无可避免地波及沁河流域[5]，某些起义"擦身而过"，有的却正当其中。频繁的农民起义亦促进了沁河流域防御体系的构建[6]。

众多的官僚、富商聚集在此，为堡寨防御设施的构筑提供了领导阶层。发达的经济提供了优越的生活条件，使读书入仕变为可能。明清两代聚集于此的众多官僚、富商凭借政治、经济实力成为修建堡寨等防御设施的领导阶层，促进了堡寨聚落的形成[4]。

二、沁河堡寨类型

据史料统计，沁河流域的堡寨建筑有24处，堡寨聚落分布如图3-1所示，部分遗存如表3-1所示。功能均为保护财产和人身安全，但是由于修建主体不同、投资不同、针对的入侵程度不同[7]，在大小、产权、形制上均有差异。归结起来可分为以下几种。

1. 庙堡

公有的堡寨以暂时性抵御外敌入侵为主要功能，即有外敌入侵时，所有村民便进入堡寨躲避战乱，一旦警报解除便各自回家。大多为在原有的社产——庙宇周围筑以城垣，常见于相对贫困或无领袖人物主持的村落[7]。

---

1 张兴亮.襄樊南漳地区堡寨聚落研究[D].武汉：华中科技大学,2006.
2 李瑞.明代堡寨聚落郭峪村历史景观保护研究[D].武汉：华中科技大学,2012.
3 周涛.午亭山村聚落形态探究[D].太原：太原理工大学,2002.
4 王慧.泽潞商帮影响下的沁河流域村落形态研究[D].武汉：华中科技大学,2013.
5 邓巍.古村镇"集群"保护方法研究——以山西省沁河中游地区古村镇为例[D].武汉：华中科技大学,2012.
6 田甜.明代沁河流域堡寨群成因探析[J].环球人文地理,2016(22)：56-57.
7 张广善.沁河流域的堡寨建筑[J].文物世界,2005(1)：25-32.

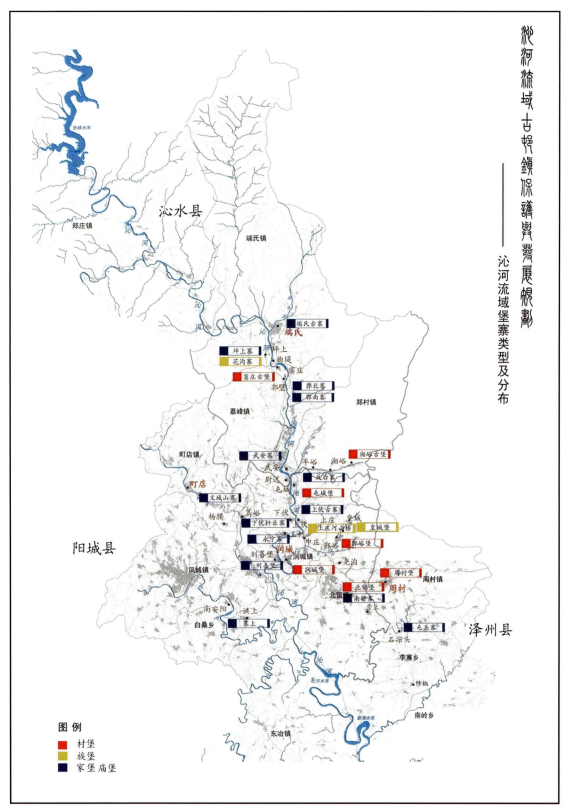

图 3-1 沁河流域堡寨类型及分布图

表 3-1 沁河流域堡寨遗存统计表

村镇名称	堡寨类型	堡寨遗存名称	堡寨特色、现状	等级	备注
端氏	公有的堡寨	端氏古寨	由南、北两寨组成,位于端氏镇东、北两侧,为土坯砌筑。现两寨城墙已毁,仅北寨保留有残墙和清末修筑的西寨门	三级	—
郭壁		郭北寨	方圆有二里,寨分南寨门,南门三层建筑高大宏伟,北门为寨门,寨墙东为下石、上砖墙,西为夯土墙,北为半石、半土墙,现被人拆除	三级	—
		郭南寨	城中有寨,后世城寨合为一体,形成城抱寨,外看是城,里看是寨	二级	—
半岭		反后寨	土砌古寨,有多处修补、加厚痕迹,寨旁有水缸、炉灰等物,现已损毁	三级	—
上伏		上伏古寨	—	三级	—
下伏		下伏扦乐寨	建于明朝崇祯年间,位于村中高处,土寨墙高大,充分利用地形地势,现三个角楼和北门尚存	二级	—
北留		南留寨	—	三级	—
石淙头		屯兵寨	位于村南老龙温瀑布边,地形险要。石砌寨墙,规模较小	二级	周边自然环境良好
洪上		寨上	村南小寨,石砌寨墙,内有舞台和庙宇,兼具防御和祭祀功能	二级	
刘善		吴王寨	元代修建,寨内有戏台,规模较小,有防御和祭祀的功能。现仅存部分寨墙和寨内部分建筑基础	三级	—
王村		永宁寨	位于村正北,石砌寨墙,规模较小,供临时防御用,有传说故事背景	三级	有"永宁寨镇守黑凤凰"的传说
武安		武安寨	位于沁河边,地形险要。寨内有地道通往村中,现已损毁	三级	战国长平之战时秦将白起屯兵之寨
窦庄	围村而筑的堡寨	窦庄古堡	规模较大,城墙外设藏兵洞、城墙内设瓮城,防御设施齐全	二级	
湘峪		湘峪古堡	城墙、藏兵洞、豫楼构成的防御体系完整,堡内建筑格局清晰,保存良好	一级	沁河流域古堡典型代表之一
郭峪		郭峪古城	城墙高大,规模宏伟。城墙上有观音阁、关帝阁等设施,内有窑洞,为防御、生活功能的集合。现保存约二分之一,保存良好	一级	沁河流域古堡典型代表之一
周村		周村堡	为完成城墙围绕,设东、南、西、北、水门5座城门,周长约3里,俗名"虎城"。现仅存南门及部分城墙	二级	—
北留		北留堡	—	三级	—
坪上		坪上寨	围村修筑起约4米高城墙,土砌修筑,四边有门。现仅存南、北两座堡门及东南角约10米土墙,周围建设较少,古堡边界较明显	二级	
屯城		屯城堡	历史上有6座城门,规模完整。现仅存北门及北门附近一段城墙,其余均损毁	二级	
坪上	家族建堡寨	花沟寨	南北长约160米,东西宽不足60米,设东、南两门,内有十余座院落,保存基本完好	一级	
润城		砥洎城	位于润城北部高处,紧邻沁河	一级	
皇城		皇城堡	双套城墙,异常坚固。城内设有河山楼,建筑格局完好,等级制度明显,保存良好	一级	家族修建城堡典型代表,旅游开发发达
上庄		上庄河山楼	每家每院均设河山楼,成为各家院落的一部分,外敌入侵可关闭大门,呈每家每院均为一个小堡垒的姿态,抵御敌人	一级	防御型堡寨

空间特征：可概括为面积窄小、建筑简陋、生活设施欠缺[1]。

典型代表：刘善堡、王村堡（永宁寨）、上伏堡、砥洎城。

2. 村堡

围村而筑的堡寨通常以永久性地保全村民财产安全、抵抗外敌入侵为主要功能。如图3-2所示，这类堡寨通常修建于经济条件较为发达，较为频繁地遭受外敌入侵的村落。村中一般住有具有一定影响力的官宦或富豪，能带领、管理所有村民完成庞大防御设施的修筑[1]。

空间特征：面积较大、建筑成群、有常住人口、生活设施齐全[1]。

典型代表：郭峪古城、窦庄堡、湘峪古堡、屯城堡等。

3. 族堡

家族建堡寨由家族兴建，以保护本家族财产、生命安全为主要功能。该类堡寨多存在于由单个或多个家族主导的村落，它由家族兴建，自筹资金、自购土地、雇工修筑[2]。堡寨建筑的大小因家族大小而异，堡寨以原有宅院为主，根据规划购地补齐，然后筑城墙以围之[3]。

空间特征：大小灵活、生活与防御结合、以家族为单位、生活设施齐全。

典型代表：皇城堡、花沟寨、郭峪侍郎寨、上庄、中庄等。

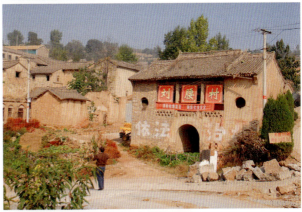

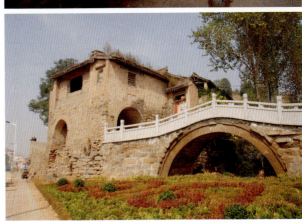

图3-2 町店镇保留至今的防御形态

---

1 周涛. 午亭山村聚落形态探究[D]. 太原：太原理工大学，2002.

2 李瑞. 明代堡寨聚落郭峪村历史景观保护研究[D]. 武汉：华中科技大学，2012.

3 张广善. 沁河流域的堡寨建筑[J]. 文物世界，2005(1)：25-32.

三、沁河特色堡寨

1. 郭峪古城——豫楼高耸、围村筑堡

郭峪古城（图 3-3～图 3-6）所在的阳城县自古是山西东南的战略要地、商贸重镇、交通要道，当战乱爆发时，通常是兵家争夺的重中之重。明朝中后期，郭峪四次遭遇农民军的入侵，损失惨重[2]，因此，村中首富王重新、张鹏云带领郭峪人民修建了城墙、豫楼，完善了郭峪堡寨的防御设施。

郭峪城墙周长 1400 余米，城内面积约 17.9 万平方米[1]。设有东门、西门、北门以及上、下两个水门共 5 座城门。城墙上设有关帝阁、观音阁、魁星阁、角楼，既具有瞭望功能，又是祭祀场所。城墙内侧为三层砖窑，占城墙总高的四分之三，称为"窑座"，可供村民以及临时调来的军队居住，被形象地称为"蜂窝城"。

豫楼为郭峪堡寨防御设施的另一重要组成部分。它位于前街的西侧，地势较高。豫楼坐西面东，面宽 15 米，进深 7.5 米，楼身 6 层，总高 30 余米[2]，楼内各种生活设施齐全，下通地道，既是村中的瞭望塔，又是郭峪的堡中之堡。

图 3-3 郭峪城墙

图 3-4 郭峪豫楼

---

1 程立胜,王云波. 晋东南遗族世居 书香门第和坚城古堡[J]. 城市地理,2018(23)：38-51.
2 李新平,张学社. 乡间皇城[M]. 太原：山西古籍出版社,2004.

图 3-5 郭峪古城全貌

图 3-6 郭峪城墙及水门

2. 湘峪古堡——三都古城、上下藏兵洞

湘峪古堡（图3-7）所在的湘峪村（图3-8）有悠久的历史、灿烂的文化，曾以"三都古城"闻名遐迩。湘峪古堡是在明代名宦孙居相、孙鼎相等人的倡议和主持下修建的，其历史悠久、规模宏大、坚固结实、布局合理、工艺精美，是湘峪村民劳动和智慧的结晶，是一个成功的奇迹。因此，"三都古城"有"中国北方乡村第一明代古城堡"之誉。

湘峪古堡防御体系健全，由城墙、藏兵洞、豫楼组成。湘峪城墙是蜂窝式砖石土木结构，宽4米，最高处达25米，周长2300多米，规模十分宏大，设有东门、西门、南门和小南门[1]。现存南门和东门，南堡墙建在藏兵洞上，藏兵洞由内廊连通，保存完整的还有南面及北面的几段古堡墙。虽因年代久远已经残破，但镶刻在堡门上的牌匾（"迎晖""来奕""宸薰"）仍清晰可辨[2]。

藏兵洞是湘峪古堡的特色防御设施。如图3-9及图3-10所示，从外观上看是镶嵌在城墙上的一排排整齐的砖砌窑洞[2]。藏兵洞洞体宽大，形式分为"串珠式"和"后廊式"。"串珠式"由若干个单独的藏兵洞组成，每个藏兵洞东西两侧各开一门，形成出入通道。"后廊式"则在藏兵洞后部增建了一条走廊，每个藏兵洞均有一门与走廊相通。"后廊式"藏兵洞相对独立，既可以各自为战，又可以通过后廊相互协防[3]。藏兵洞中设有集兵营可以作为仓库使用，同时加强了抗击外敌的能力。此外，还设有通道与堡墙顶部的"帅府院"相连，以便战时指挥和武力增援[3]。

湘峪村的藏兵洞修建得极富创造力[3]，形式多样，可守可攻，洞内四通八达，功能完善，是整个堡寨最前沿的防御系统。它不愧为沁河流域民间军事工程的顶峰之作，也是中国冷兵器时代防御工事的杰出典范[3]。

图3-7 湘峪城墙

---

1 李志新. 沁河中游古村镇基础设施调查研究[D]. 北京：北京交通大学，2011.
2 闫书广. 晋城旅游[M]. 郑州：郑州大学出版社，2006.
3 黄强. 山西堡寨式聚落的防御体系探析[D]. 武汉：华中科技大学，2006.

第三章　沁河流域遗产系列　53

图 3-8　湘峪古堡全貌
（航空摄影：赵琛）

图 3-9　湘峪古堡藏兵洞

图 3-10　湘峪城内保留的旗杆

3. 皇城堡——双套城墙、家族堡垒

在历史上,皇城堡为郭峪的一个行政村,是一个典型的地势险要、依水而建、易守难攻的家族式防御堡寨。如图 3-11 及图 3-12 所示,皇城堡的防御体系由城墙、河山楼构成,其最大特色为皇城结合地形高差,修建了内外双套城墙,使得堡寨的防御异常坚固。双套城墙的设置亦将皇城分成了两个部分,不同社会阶层的人住在不同的区域,这亦体现了皇城等级制度森严,封建礼教对空间格局影响至深的特色。这一特色亦反映在堡寨内不同社会阶层居住的建筑上。从下人居住的管家院到小姐居住的小姐院,再到相府,无论是建筑规模、格局、形制,还是建筑细部,都服从严格的"上下有等、内外有别、男尊女卑"的封建礼教思想[1]。

河山楼是皇城防御体系的另一重要组成部分,楼外墙整齐划一,内部则逐层递减。整个河山楼只在南向辟一拱门,门设两道,为防火计,外门为石门,门后施以杠栓[2]。楼层间构筑棚板屯贮人员及物资。暗层内有井、碾、磨。楼顶设垛口和垛楼,便于瞭望敌情,抛掷矢口[3]。作为一个防御型的堡垒,河山楼在战时可做瞭望、躲避之用,在和平时期又能观赏览胜,设计得十分巧妙。

图 3-11 皇城堡内城

图 3-12 皇城堡全貌
(航空摄影:赵琛)

---

1 周涛. 午亭山村聚落形态探究[D]. 太原:太原理工大学,2002.
2 李姗姗. 大宅览胜:宏大气派的大户宅第[M]. 北京:现代出版社,2015.
3 李蕾. 晋陕、闽赣地域传统堡寨聚落比较研究[D]. 天津:天津大学,2004.

4. 上庄村——塔楼林立、护院防守

上庄村（图3-13）有以明代官宅为主的古建筑群[1]。历史上亦数次遭受农民军的侵袭，同样具有防御需求。上庄村的防御体系以单个家庭为单位，是家防堡寨的典型代表。上庄村最重要的家防设施为看家楼，它们形式独特、造型优美，实属罕见。看家楼有瞭望护院的作用，同时具有竖向交通的功能。此外，由于高度较高，看家楼亦丰富了古村落的竖向空间。现在，上庄村中在一些重要的院子内保存有看家楼共计26座，高3~5层，很多分布在水街两侧，共同构成了防御与景观功能兼具的特色空间。

图3-13 上庄村护院楼

---

1 李志新. 沁河中游古村镇基础设施调查研究[D]. 北京：北京交通大学, 2011.

5. 砥洎城——坩埚筑城、固若金汤

砥洎城建在一座小山咀上，如图 3-14 所示，其南接村镇，北临沁河，三面环水，呈半岛状。远望其城，坚如磐石的砥柱挺立中流，故名砥洎城。城呈椭圆形，砖砌，占地面积约 60000 平方米。南有正门，起于地面的城墙高约 10 米。临河城墙从河边筑起，高约 20 米，上设城垛、炮台等，是用来防备外来之敌的，现已毁坏不存。正门额书"砥洎城"，为城内居民出入通道；城北沿城墙设石梯，沿梯而下可通水门乘舟而行。如图 3-15 及图 3-17 所示，城内道路规则，城周筑环城路，其余均为住宅巷道，各种设施齐备。古时一遇兵荒马乱，城门一关，自成一体，攻不可破。

图 3-14 砥洎城全貌
（航空摄影：赵琛）

图 3-15 砥洎城南门　　　　　　　　图 3-16 砥洎城内景

图 3-17 砥洎城北瓮城

四、小 结

1. 类型丰富，防御设施完备

据统计，沁河流域的堡寨建筑有 24 处，它们反映了不同村落人民抵御外敌入侵的历史过程，是沁河流域防御文化的物质载体。

对于不同的村落，由于地形地貌、建设方式、投入资金、预期功能等方面各自不同，各村落的堡寨设施不尽相同。围村筑墙的堡寨、公有的规模较小的堡寨、家族院落式的堡寨都在规模、材质、形态、体系构成等方面不尽相同。古城墙、瓮城、豫楼、藏兵洞、看家楼等设施形式多样，变化丰富，具有很高的艺术审美价值。

2. 因地制宜，地域特色明显

沁河流域堡寨聚落具有很明显的地域特色。无论是规模庞大的城墙、高耸而立的豫楼，还是规模较小、临时性的公有堡寨，抑或是以院落为单位的个体堡寨，都是针对所在村落的具体情况修建的，带有很明显的地域特色。无论是城墙的高低、使用的材料，还是城墙与窑洞相结合的形制等方面，都体现了沁河流域不同堡寨聚落之间共性与个性并存的地域特征。

第二节 沁河流域古街

一、沁河古街成因

明代以前，主要道路由政府组织修建，专门用于为政府传递信件和军队行军，又称"官道"，沿路设施配置较好，一般村镇之间每十余里设一"铺"作为驿站。明清时期政府雇用商人协助军队运送粮食给养，官道逐渐转为以商运为主的商道，也促进了明清长距离商贸交易活动的发展[1]。

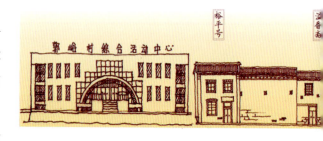

明清时期，随着经济的发展，市镇驿道型古村镇在我国各地兴起，对经济、文化的繁荣和稳定起到了巨大的推动作用，位于山西东南地区的沁河流域由于地理位置重要、交通便利、资源丰富、经济发达、文化繁荣，形成相对独立的文化圈[2]。沁河是当时西北各地穿过王屋山去往中原地区的重要通道[3]，由来已久的经商之风、沁河古道在古代商贸中的重要地位以及先民们择水而居的传统习惯，孕育

---

1 邓巍. 古村镇"集群"保护方法研究——以山西省沁河中游地区古村镇为例[D]. 武汉：华中科技大学，2012.

2 涂放. 沁河中游古村镇保护与发展策略研究[D]. 武汉：华中科技大学，2007.

3 王慧. 泽潞商帮影响下的沁河流域村落形态研究[D]. 武汉：华中科技大学，2013.

出众多沿河而布的古镇，古镇周边又散布了数量众多的古村落，这些古村镇体现了晋东南深厚的文化底蕴，极富价值，而且由于后期经济发展的落后和封闭，古村镇改变不大，保存较好，到现在，仍然有很多村镇保留着明清时期的古道风貌[1]。

明末战乱时期，还有一些以居住生活为主的村镇和堡寨，村形较为集中成团，村内街巷密集，相互串接成网络。主要街巷连接堡寨村口，形成村内对外交通体系，而村内各家大宅院群集中成团，组成内部巷道[2]。有很多村镇仍保留着当时的街巷格局、肌理尺度。

二、沁河古街分类

针对沁河流域沿线三十个村镇的古街遗存状况、风貌特征（图3-18），我们将其按照观赏价值进行分类。

一类古街村镇：古街保存状况完好，风貌较好，能完整再现明清时期街道特色或代表村落的典型特色等。

二类古街村镇：古街保存状况一般，风貌尚存，村镇主要街道，有某一较为突出的特征（如两侧历史建筑沿街而立、街巷空间序列丰富等）。

三类古街村镇：古街保存状况较差，新旧街道交混，但古街对村镇布局中仍起到重要作用或在古时是重要商道、官道等。

一般村镇：古街特征不明显，对村镇格局影响不大。

按照村镇分类类型，对沁河流域沿线村镇进行调研，将古街遗存状况进行统计，并对一类古街村镇进行详细解读（图3-19、表3-2）。

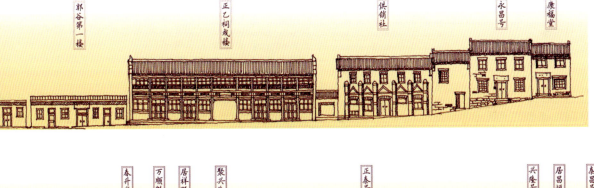

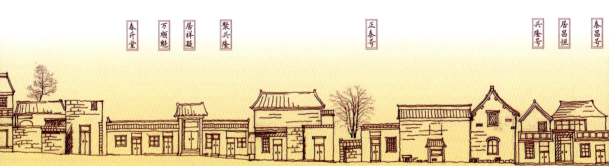

图3-18 郭峪村古街立面图

---

1 张苜.沁河中游古村镇空间构成解析——沁河中游古村镇系列研究之二[D].武汉：华中科技大学，2007.
2 李志新.沁河中游古村镇基础设施调查研究[D].北京：北京交通大学，2011.

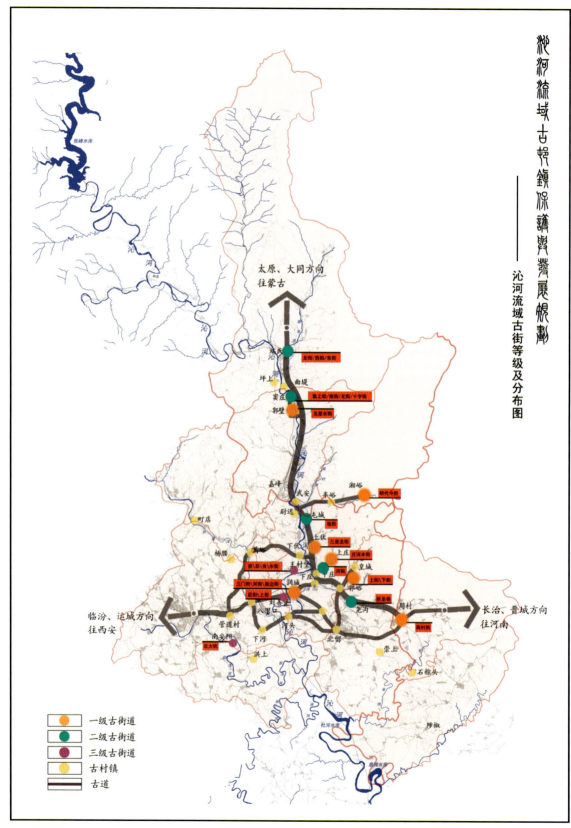

图3-19 沁河流域古街等级及分布图

表 3-2 沁河流域古街遗存统计表

村镇名称	街道类型	街道名称	街道特色、现状	观赏价值等级	备注
端氏	古商道	北街、西街、东街	端氏明清街巷内亦店铺林立，较大的商号有"复兴楼""源顺祥""同兴和""育合昌"等，现北街尚能找出少量票号遗址	二级	古代为商业重镇，自古被称为沁东地区的旱码头
窦庄	古街	集上街、南街、北街、十字街	三纵一横街巷格局完好，重要的历史建筑基本上都分布在这几条主要道路两侧	二级	堡寨型村镇，明清街巷格局保存良好
郭壁	古商道	五里长街	连接南北的古商道，现在依然是郭壁主要的机动车道路	一级	曾是沁河古丝绸之路上有名的商业重镇
屯城	古街	当街	南北向贯穿村落，街道保存较好	二级	街道宽度从 2 米到 6 米不等
湘峪	古街	中街	九纵三横街巷格局完好，明代中街，重要明清建筑群分布两侧	一级	堡寨型村镇，明清街巷格局保存良好
上伏	古商道	三里龙街	保存较好，街道两侧原来的店铺名称标识清晰	一级	获泽名区、商贸重镇
润城	古商道	三门街、河街、南边街	三条街市由东向西穿城而过，三门街为润城古镇主轴线，明清风貌保存完好	一级	军事要塞、商贸驿站
王村	古商道	前街	以前有商店、驿站，现在完全没有	三级	河南通往翼城的商贸要道的必经之地
王村	古街	后街、当街、水街	鹅卵石铺设道路，布满青苔	三级	
刘善	古驿道	后街、上街及南边平行的小街	小驿道，润城到阳城，路还在，但面目全非	三级	—
上庄	古街	庄河水街	明代形成，保存完好，气势恢宏	一级	水街
中庄	古街	河边街	河边街是明代沿河边形成的街道，保存状况一般	二级	河街
郭峪	古街	后街、前街、中街；上街、下街	前街、后街、中街沿等高线走向，上街、下街垂直等高线走向，形成较大高差，是村子的商业街	一级	堡寨型村镇，明清街巷格局保存良好
尧沟	古街	折龙巷	空间序列非常丰富，有平缓的坡道、幽深的巷道，街巷蜿蜒曲折	二级	—
周村	古商道	周村街	东西主轴贯穿、古商道沿街为商铺	一级	自古便是通中原、接河东、抵秦陕的重要交通枢纽
南安阳	古街	北大街	肌理尚存，新旧交替	三级	—

三、沁河特色古街

1. 郭壁五里长街

郭壁原来是古镇，曾是沁河古丝绸之路上有名的商业重镇，华夏文化的结晶。

主要骨架为连接南北的古商道，现在依然是郭壁主要的机动车道路，历史上古镇街道两旁设有商店、盐店、当铺、油坊、饭店、粉房、皮房、麻房、烟房、药铺、日杂店等，数不胜数，并设有集贸市场、庙会，现铺号匾名犹存，祖师阁对面有清道光十年（1830年）修建的戏台一座，沿街还有"中宪第""赐进士第"等显赫的门楼。

由于郭壁本身狭长的空间形态，其余连接各历史建筑组团的次要巷道依山就势，由西向东通向主要街道。如今五里长街（图3-20）连接着郭北村和郭南村，已不再承担商业服务功能了。

图3-20 郭壁村五里长街街景图

2. 润城三门街

润城镇地处沁河、樊溪河、峪沟河三河交界的交通要道上，加之该地冶铁技术发达，盛产优质的铁质生活用品，自然往来商贾络绎不绝[1]。

明代的三门街已经是商业兴盛的地方，到了道光年间，润城三门街市内就已经出现了源泰典、泰昌典、敬茂典等几家钱铺。除了存放银两，兑换银钱以外，业已开始发行钱票。到了民国初年，润城的裕顺祥钱庄还代办邮政业务，代农民垫交田赋，代炉主支付原料款和工资款，具有比现代银行更多的职能。这种商业兴旺景象一直持续到近代。据有关资料的确切统计，直到民国初期，润城仍有铸铁锅坊5家、磨坊4家、染坊2家、油坊3家、烟房2家；商店有永兴义、正盛春等杂货批零店，协记、织德青等5家布店，药铺4家，盐店、当铺、钱庄各1家，金店银楼3家，铜匠作坊1家，大小饮食店铺30多家，服务业有留人、留畜旅店5家，摊贩50家，总计百余家、500余人[2]。

如今三门街仍然承担着商业服务功能，如图3-21所示，一街两横中商铺、摊点密密麻麻，行人游客络绎不绝，凡是来小城的，不管是山南海北，还是四乡八村，都要到三门街看看；赶集的、买货的，也得到三门街转转。润城的物质要素遗存主要集中在三门街两侧，历史上是润城人生活和贸易的地方，以东岳庙为中心，各条巷道结构清晰[3]。

图3-21 润城镇三门街街景图

---

1 章智涛.旅游资源禀赋下的城镇化发展策略研究——以山西省沁河流域为例[D].武汉：华中科技大学，2011.
2 柳志刚.悠悠洎水[M].太原：山西人民出版社，2006.
3 吴瑕.山西省润城历史文化名镇保护规划研究[D].武汉：华中科技大学，2007.

保障门（图3-22）位于后巷口，是古润城的北口。保障门有两层，上层为阁楼，下层为半圆型拱门通道。古时为防止沁河大水的防水闸，保障古镇平安，因此得名。

图3-22 润城镇三门街的保障门

3. 上伏三里龙街

明代，上伏村已经是"河阳龙址""获泽名区"，村中一条大街两旁店铺密布，做生意的人家数不胜数，成为闻名泽州府的商业重镇。上伏村以贯穿整个村子的三里龙街为主要街巷，两侧密布各种服务商铺以及寺庙宅院，再从三里龙街延伸出更多的小巷直接通到各户门前[1]。

如图 3-23 所示，三里龙街传统的路面用石板和青砖铺砌，非常雅致，巷道口也有的设置了过街楼圪洞，更显曲径通幽[1]。

上伏村的三里龙街东到大道坡上，西到官桥院，长街上各种门店一店挨着一店，大小商行一处连着一处[2]。街上有"留人起火店""骡马店""钱庄""油坊""烟坊""布店""颜料店""酒馆""饭店""煎饼铺""麻绳铺""杂货铺""铁匠铺""当铺""药铺""粮行"等五十余处。与之配套，上伏村还设有驿站会馆，包括金生院、福祥院、树堂院。那时候，上伏村为各路商客提供的各种服务行当应有尽有，保证了商道的畅通[3]。如今三里龙街依旧保持了原貌，两侧商铺挂牌标示清晰，仍然承担了部分商业服务功能。图 3-24 为上伏村古街街心的大庙和街首尾的阁楼。

图3-23 上伏村牌楼上的历史称谓

图3-24 上伏村古街中心的大庙和首尾的阁楼

---

1 张茜.沁河中游古村镇空间构成解析——沁河中游古村镇系列研究之二[D].武汉：华中科技大学，2007.
2 何依，邓巍，李锦生，等.山西古村镇区域类型与集群式保护策略[J].城市规划，2016，40（2）：85-93.
3 王慧.泽潞商帮影响下的沁河流域村落形态研究[D].武汉：华中科技大学，2013.

4. 周村清化古街

周村镇自古便是通中原、接河东、抵秦陕的重要交通枢纽。交通的便捷促进了文化的交流和经济的发展，在相当长的历史阶段[1]，这里是晋、陕、豫、皖等省际民间客流、货流的集散地[2]，自古商贾云集，贸易昌盛，设有官家驿站，是一个跨区域的文化贸易中心[1]。既是商贸巨镇，也是历代兵家必争之地。数百上千年被称为"行山重镇"（图3-25）。

周村镇最初本是朝廷派遣官兵戍守的边要形胜之地，后来随着时代变迁，其军事功能渐弱，宋代以后，周村则逐步发展成为县以下的居民聚居地和商业集散地，成为一个行政区域。

贯通沁水、阳城、泽州的清化大道，是古时西通陕西，连接洛阳、长安，东经清化，连接东京汴梁的重要驿道[3]。周村是古商道清化一大道上重要的节点商镇。在古商业街周村街北侧的高岗上，耸立着周村最古老的建筑——东岳庙。周村街在古镇当中东西向穿行而过，长约2千米的主商业街上，如图3-26所示，老店铺的青砖碧瓦仍在，一扇扇门板尽显沧桑，有钱庄、当铺、盐行、布行、茶楼、酒馆，也有驿馆、客栈等，昔日的街上，穿着绸缎、摇着精致纸扇，在茶楼、酒馆喝茶酒看戏的大商贾，或是光膀子抽旱烟，在街角大碗喝着水酒的脚夫汉子，往来穿梭，他们各取所需，满怀希望而来，满载收获而归。如今周村街仍然是古镇繁华的商业街道，承担主要的商业功能。

图3-25 周村镇古街入口匾额

图3-26 周村镇古街街景

---

1 丁卓明. 山西古村落聚落文化研究[D]. 武汉：华中科技大学，2006.

2 邓巍. 明清时期山西古村镇演化机制及形态特色研究[D]. 武汉：华中科技大学，2015.

3 邓巍. 古村镇"集群"保护方法研究——以山西省沁河中游地区古村镇为例[D]. 武汉：华中科技大学，2012.

5. 湘峪明代中街

湘峪村是典型的堡寨型村落，整体村堡是孙氏家族的宅院群，堡内街巷具有较强的防御特色。总体格局为九纵三横式网格布局，主街一横联系东西堡门，南北各一横汇通各次要街巷，所有街巷均与之丁字形相交，便于街巷防御作战[1]。

湘峪村东西向大街和南北向巷道将村子有序分割，形成规整的"棋盘"形，寓意此地为"万物根柢"。不过，这些街巷大多并不是笔直延伸、相互垂直的，而是顺应地势的走向或是有意弯曲成一定的弧度[2]，有些地方甚至连续出现两个九十度的拐弯，其军事防御目的非常明显[3]。湘浴古村中的街巷大多是由条石、块石铺砌而成，依照地势而筑，南低北高。

古村为东西向，除了沿城墙的藏兵洞小道，另一条就是位于古村中部的明代中街了。由西门通往东门，长约280米，主街平均宽2米左右（1.5～2.8米），用条石铺砌，街边有人行走道，是保存完整的明代街道。如图3-27所示，中街和一些小巷仍然完整地保留着古朴的风貌，用条石或磨盘石铺路，两侧是一座座紧紧相邻的院落[4]，如帅府院、双插花院、书房院、大男院、小男院、官宅等；中街上，还建有两座过街楼，是院落防御的"天桥"。

图3-27 湘峪村中街街景

---

1 李志新.沁河中游古村镇基础设施调查研究[D].北京：北京交通大学,2011.
2 李锦生,霍耀中,张海.不可再生的遗产：中国古村镇保护与发展碛口国际研讨会论文集[M].太原：山西人民出版社,2006.
3 黄强.山西堡寨式聚落的防御体系探析[D].武汉：华中科技大学,2006.
4 闫书广.晋城旅游[M].郑州：郑州大学出版社,2006.

6. 上庄河街

上庄古村落选址讲究，格局独特，村中的历史街巷水街保存完好，空间丰富，流经的河是一条季节性的河流，俗称"庄河"[1]。目前街道保留着原本的街巷空间尺度，街面材质也保留着原本的石板路面。如图3-28所示，上庄古村落建筑群整体格局保护得较好，其主要街道如水街两侧的建筑立面基本保持原貌，一些南北向巷道两侧的建筑也较为完整，整体布局仍为明代建筑格局。

上庄村独特的水街和整体街巷格局，其现状准确、真实地反映了明代建村时的状况，而水街更是独一无二的历史文化景观；上庄村用"水街"组织全村的物质空间，此为其特殊性[1]。由此产生的村落人工环境是舒适宜居和精神依托的双重结合。

在北方，水街是难得一见的景观，更是上庄村的精髓所在。水街不同于南方村镇中两侧建房的水道——庄河在雨季水势不大，在旱季则退水为街；建筑虽位于水街两侧，但并不紧邻水道，而是退后一定距离，各院落临水街都留有正门和上下台阶；水街边缘部分缓和而曲折连绵。如图3-29所示，水街蜿蜒曲折，沿街建筑保存较为完好，多为明代建筑，具有很高的文物及观赏价值。水街是全村的意象轴线，曲折蜿蜒，贯穿全村。同时，村民的生活也围绕水街展开——水口的永宁闸曾经是全村的唯一出入口，界定了上庄村的边界；滚水泉是饮水、洗衣的重要场所；沿街而行，街边是人们休憩、娱乐的场所。

水街的价值不仅体现在风貌的完整性上，还体现在它是很多尺度适宜的交往空间的集合体。这些空间有丰富的可变性和灵活的随意性。

图3-28 上庄村庄河水街街景

---

1 薛林平林立恒. 上庄古村落的空间格局研究[C]//中国建筑学会建筑史学分会，河南大学土木建筑学院，河南省古代建筑保护研究所. 建筑历史与理论第九辑（2008年学术研讨会论文选辑）. 北京：中国科学技术出版社，2008：301-309.

图3-29 上庄村庄河水街

7. 端氏古街

端氏镇（图3-30、图3-31）地处水陆交通要道，曾是沁河流域的最大古镇，是晋国公的伤心之地。据《路史》记载，春秋末韩、赵、魏三家分晋后，晋国公被流放到魏韩交界处的端氏（属韩），虽然后面有段时间迁居屯留，但最终在端氏"国灭绝祀"。

图3-30 端氏古街街景

图3-31 冶底古街街景

四、小 结

沁河流域村镇内街巷布局组织遵循自己村镇的功能特色，如市镇驿道型村镇、家族型村落、防御型村镇以及大型集镇等，各类村镇街巷都有各自特色。

市镇驿道型村镇，以商而兴，为晋商的鼎兴及促进当时社会的发展、经济的繁荣都起到了十分重要的作用[1]。以商道作为全村经济发展的物质基础，形成独具特色的商道文化[1]。其历史发展、选址格局、街巷形态、建筑特色等，都与商道文化密切相关。而市镇驿道型村镇一般为区域地形中的交通线路必经之所，用于供驿路休息和商旅整顿集散货物。村镇内有着相似的格局布局及组织规律，交通商道穿村而过，村内组织主要沿商道布置，呈长带状。穿村而过的商道通常会在村内形成一条商业大街，是村内核心的骨架组织，各条小街巷多与之相交，古商道对于整个村镇的布局、文化起着重要作用，核心主街又多成为村内重要的进行祭祀、商业等活动的街巷，是整个村子发展的基础、最具地方特色之处[1]。

防御型村镇和家族型村镇，各院落单元相互组接，形成狭小密集的内部交通体系，各家族之间留出主要街巷，家族群内再组织内部交通，形成枝杈网状结构。街巷是在各家族修建宅院时自然组织形成的，内部空间复杂，突出家族内的群体结构。而前一类是先有了主要核心大街体系，或核心大街的格局是适应地形限制所产生的，以方便与外界的交通衔接和物资流通为首要目的。其他各家族之间也以街巷为分界，作为主街下级服务街巷沟通各宅院[2]。无论哪一类古街，对于整个村落的肌理格局、内外交通联系、历史发展都有重要作用。

第三节 沁河流域古庙

一、沁河古庙分布

1. 时间分布特征

沁河流域古庙宇遗存数量庞大，据统计，仅在规划范围内的三十座古村落中，就有近两百座庙宇，庙宇的始建历史最早可以追溯到唐朝，之后历朝均有留存。其中建造年代为唐代的有 5 处，明代和清代时期修建的庙宇数量最多，明代的达 34 处，清代的达 41 处。沁河古庙宇在历史传承上具有连续性，清晰反映了沁河人文历史的发展脉络，其分布、形制和宗教信仰内涵是沁河流域历史文化的重要组成部分[1]。

2. 空间分布特征

沁河流域古庙宇遗存分布具有地域上的广泛性和相对的集中性，如图 3-32、图 3-33 及表 3-3 所示，基本上每个村落都有一定数量的古庙宇遗存，并集中在沁河及其支流沿线村落密集处，尤其以润城镇、郑村镇、嘉峰镇和北留镇相交会处数量最多，而这一地区由于地形相对平坦，农业、冶炼业较发达，历史上是众多商道的必经之地，由此也产生了许多工商型古村镇。古庙宇的集中出现，体现了社会精神需求与生产力状况的一致性，也集中反映了沁河流域文化的多元性历史特征[1]。

---

1 王慧.泽潞商帮影响下的沁河流域村落形态研究[D].武汉：华中科技大学，2013.
2 李志新.沁河中游古村镇基础设施调查研究[D].北京：北京交通大学，2011.

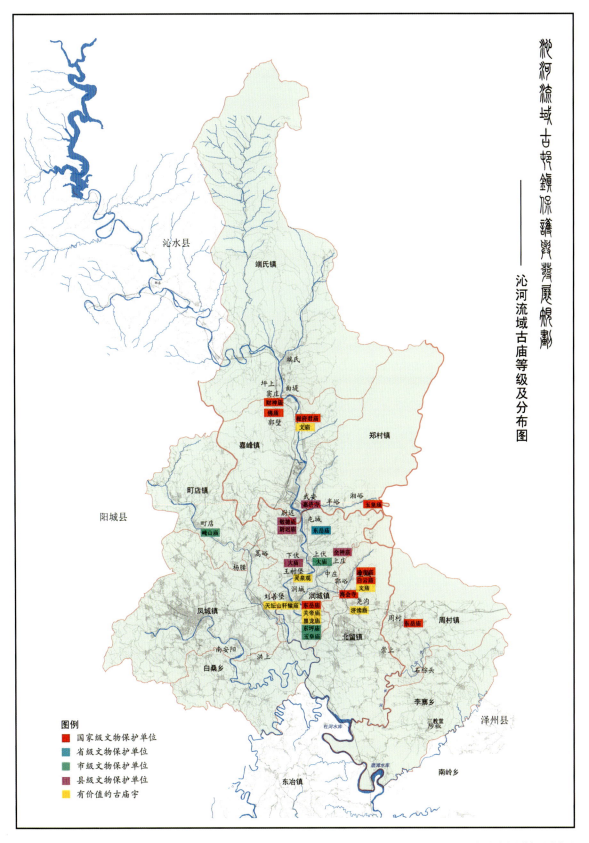

图3-32 沁河流域古庙等级及分布图

72 沁河流域古村镇集群保护规划方法

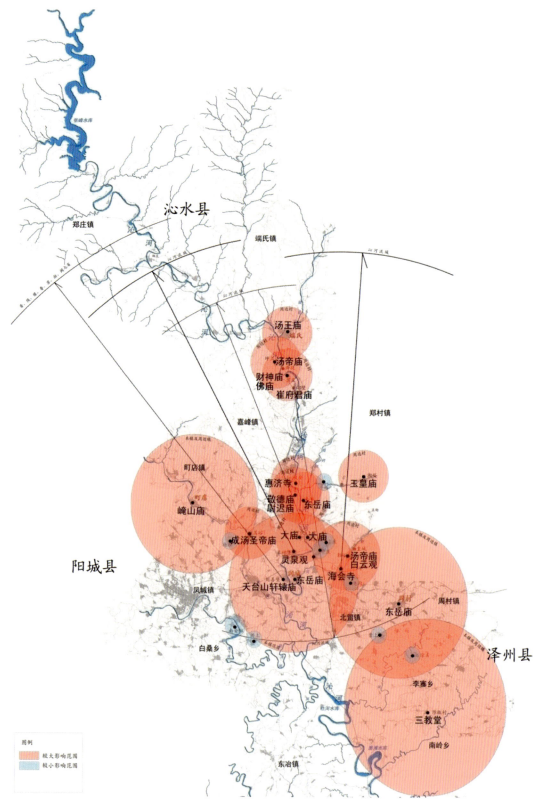

图3-33 沁河流域古庙信仰圈示意

表3-3 沁河流域古庙宇遗存统计表

名　称	建设年代	面积	教派类型	建筑特色、现状	信仰范围	备　注
润城镇砥洎城关帝庙	明代	占地面积214平方米	地域	现存建筑为明清建筑，一进院落布局，中轴线上建有山门、正殿，两侧有东西禅房、耳房。正殿建于1米高的石砌台基之上，前设踏步，面宽三间，单檐悬山顶，琉璃脊饰	本村	国家级重点文物保护单位
润城镇砥洎城黑龙庙	明代	建筑面积72平方米	地域	现存建筑为明清建筑，仅建有正殿一座，本为两层结构，现仅剩底层窑洞，面宽三间，拱形门窗，东面山墙正中砖面刻有"望暑"两字	本村	国家级重点文物保护单位
润城镇东岳庙	金之前	占地面积1036平方米	儒家	规模宏伟，三进三门，整个建筑由庙门、钟楼、鼓楼、过殿、偏殿、东西配殿、舞楼、献殿、正殿、后宫等组成，琉璃屋脊、兽头、瓦，可与北京故宫媲美。现存献殿、正殿、配殿、后宫、结构奇特的八角亭	本镇及周边乡镇	国家级重点文物保护单位
湘峪村玉皇庙	不详	—	—	—	本村及周边村	国家级重点文物保护单位
窦庄村财神庙	清代	占地面积221平方米	地域	现存建筑为清代风格，中轴线上为山门、正殿，两侧为厢房、耳殿	本村及周边村	国家级重点文物保护单位
窦庄村佛庙	元代	占地面积598平方米	佛教	现存正殿为元代遗构，其他建筑为明清风格，为一进院，有正殿三间、耳殿及东西配殿，正殿坐北面南，三开间，前出廊，悬山顶	本村及周边村	国家级重点文物保护单位
郭壁村崔府君庙	金代	占地面积1723平方米	地域	现存崔府君殿为金代风格，其余建筑为清代风格，中轴线由南至北建山门、戏台、关帝殿、舞楼、崔府君殿，两侧有钟鼓楼、阎王殿、子孙祠、厢房、文成殿、白龙殿等	沁河流域	国家级重点文物保护单位
周村镇东岳庙	宋代以前	占地面积700平方米	地域	位居周村最高点，由山门而下，分三节七十二级台阶，庙分两进，正殿祀东岳大帝，左财神、右关帝，三殿一字排开，该庙最宏大、最主要的建筑是位于庙正中的拜亭、正殿和两侧的大型配殿	本镇及周边乡镇	国家级重点文物保护单位
郭峪村汤帝庙	元代	—	地域	中轴线由南到北，依次有山门、戏台、汤帝殿，两侧为钟鼓楼、看楼、东西配殿和耳殿，整个建筑布局严谨，庄重肃穆。以其独特的建筑和恢宏的气势，堪称阳城所建汤帝庙中的经典古建	—	国家级重点文物保护单位
郭峪村白云观	明代	—	道教	遗址坐北朝南，分上、中、下三院，曾建有戏台、碑廊、七圣殿、阎王殿和老君殿	本村及周边村	国家级重点文物保护单位
湘峪村玉皇庙	清代	占地面积828平方米	地域	清代风格，三进布局，中轴线由南至北建有戏台、过殿、献亭、正殿，两侧有妆楼、看楼、厢房、耳殿	本村及周边村	国家级重点文物保护单位
大桥村海会寺	唐代	—	佛教	寺院古建荟集，规模宏大，西侧中轴线依次是山门、毗卢殿、十王殿、藏经阁、大雄宝殿，东侧主要建筑为琉璃双塔和海会别院，其中琉璃双塔是海会寺的经典之作，塔一高一低，两塔气势非凡	沁河流域	国家级重点文物保护单位
屯城村东岳庙	金代	—	道教	庙坐北朝南，为单进四合院落布局，庙内建筑现仅存中轴线上为舞台、正殿，两侧有垛殿、西廊房、钟楼。正殿为金代遗构，余皆为明清时期所建	本村及周边村	省级文物保护单位
陟椒村三教堂	明代	占地面积1500平方米	儒、佛、道合一	单进院落，中轴线上依次为舞楼、拜殿、正殿，庙门东开，布局合理，结构严谨，有"晋城出南门第一大庙"之称，庙院门的雕刻活灵活现，是中国古代木雕艺术的精品	本镇及周边乡镇	省级文物保护单位
町店镇崦山庙（白龙庙）	唐代	占地面积为7500平方米，建筑面积17500平方米	地域	寺庙选址别具匠心，因山就势，庙宇设计精巧，结构独特，建筑风格肃穆庄严。主要建筑包括白龙显圣王殿、拜殿、庙门、戏楼、望雨楼、关帝庙、大池和小池	本镇及周边乡镇	省级文物保护单位

续表

名 称	建设年代	面 积	教派类型	建筑特色、现状	信仰范围	备 注
润城镇东坪庙	元代	—	道教	供奉玄（真）武大帝	本镇	市级文物保护单位
润城镇玉皇庙	清代	—	道教	庙宇背对翠眉山，依山而建	本镇	市级文物保护单位
上伏村大庙（成汤庙）	宋金之前	占地面积2318平方米，建筑面积1666平方米	汤、文、武合一	被称为沁河流域第一大庙，元、是以三庙（成汤庙、文庙、武庙）以及五院十六殿构成的村庄庙宇群，庙中有庙，院中有院，东大门顶层为钟楼，西大门顶层为鼓楼，左右对称，雄伟壮观	沁河流域	市级文物保护单位
端氏村汤王庙	宋代	—	地域	主要建筑有山门、正殿、献殿、左右配殿等。正殿年代最古，为宋代遗构。殿宇形制壮观，结构规整，构件衔接牢固有力，唯宽深比例悬殊，为现存古建筑中所仅见	本村及周边村	县级文物保护单位
下伏村大庙	明代以前	占地面积1715平方米	地域	现存建筑过殿、舞台及山门檐柱柱础具有明代风格，其余建筑皆为清代风格，中轴线上由南而北建有影壁、山门、前殿、舞台、拜亭、正殿（已毁）	本村及周边村	县级文物保护单位
尉迟村敬德庙	清代	占地面积781平方米	地域	现存建筑为清代风格，一进院落，中轴线上由南至北建有山门、献亭、正殿	本村及周边村	县级文物保护单位
尉迟村尉迟庙	明代	—	—	庙宇一进两院，中开门，朱栏黄瓦，琉璃屋脊。院内有钟鼓楼各一座，高三层，悬山顶，琉璃剪边，下层有门洞	本村及周边村	县级文物保护单位
武安村惠济寺	明代	占地面积1219平方米	佛教	前后两进院落，保存基本完整，中轴线上有山门、中殿、正殿，两侧有东西配殿。正殿内东西墙上原有清代工笔重彩佛教壁画，画有文武官僚、女冠贤士八十余幅，线条流畅，表情自如		县级文物保护单位
刘善村天台山轩辕庙	唐代	—	儒、佛、道合一	红墙绿瓦，巍峨壮观	闻名晋、陕、豫、鲁、苏、浙、闽七省	较有价值
郭壁村文庙	明代	—	儒家	进大门有影壁一个，石碑一块，拐弯上坡进殿中央有拜亭一所，东南角有观月小楼阁一个，正殿为孔殿	本村	较有价值
尧沟村济渎庙	明代	占地面积2300平方米	道教	入口为三间戏台，旁有六间耳房，再两侧是钟鼓楼各一间，造型独特、轮廓分明，正殿九间，拜殿九间，真武殿八间，老君殿十六间，共六十四间	本村	较有价值
郭峪村文庙	明代	占地面积约4000平方米	儒家	大门为五开间，设有厦廊三间。东西配殿各八间，配殿供有郭峪的乡贤牌位一百多块，是阳城东乡一带有名的乡贤祠	本村	较有价值
刘善村玉泉寺	元代	—	地域	—	本村	—
刘善村上下小庙	明代	—	地域	—	本村	—
刘善村老君庙	清代	—	道教	—	本村	—
刘善村大王庙	不详	—	地域	—	本村	—
上伏村大王庙	明代	—	地域	—	本村	—

续表

名 称	建设年代	面 积	教派类型	建筑特色/现状	信仰范围	备 注
上伏村文昌帝君庙	明代	—	儒家	—	本村	—
王村灵泉观	不详	—	儒、佛、道合一	按五方八卦之位中的震为东方建灵泉观，最具代表性的便为"三柏一井""灵泉花"等景观环境，一进三院的结构形制，分别为前观、后观、三观。前观大院正殿为老君殿，后观正殿为玉皇殿，后观西方为吕祖殿	沁河流域	—
王村天竺寺	元代	—	地域	按五方八卦之位中的兑为西方建此神庙，该寺分为三院，中院正殿塑像是桑权老爷，后院为和尚练功场所，堂屋内塑有老君神像，寺庙院内有一棵龙须柳	本村	—
王村南岩寺	明朝中叶	—	佛教	五方八卦之位的南方之位	本村	—
王村三教堂（佛庙）	清康熙以前	—	儒、佛、道合一	五方八卦之位的中央属土，则建佛堂以镇之，保存有原来的建筑，正殿为三圣殿，东西角小楼为钟楼	本村	—
王村三井庙	不详	—	道教	供奉三清圣像：玉清原始天尊，上清灵宝天尊，太清道德天尊	本村	—
王村小券庙	不详	—	佛教	供奉文殊菩萨和疙瘩爷神像	本村	—
王村山神庙	清代	—	地域	—	本村	—
下伏村汤帝庙（西庙）	明代以前	占地面积777平方米	地域	明清建筑风格，形制完整，中轴线上由南而北建有山门（上为倒座舞台）、正殿，两侧存西侧妆楼、东南角楼、西北角楼	本村	—
下伏村土地庙	清代	占地面积49平方米	地域	现存建筑为清代风格，土地庙面宽三间，进深四椽，单檐悬山顶	本村	—
半峪村胡家掌上庙	明万历以前	—	儒、佛、道合一	明清建筑风格，四大八小。正殿佛爷，南殿地藏，西供人祖，东为禅堂，四角小房分别供关公、山神、孔圣、蚕农、鲁班、老君等列神	本村	—
半峪村胡家掌庙	明末清初	—	地域	东西为看台，南为乐台	本村	—
半峪村胡家掌小庙	清乾隆以前	—	佛教	小庙选址别具特色，建于一座圆形土台之上，甚为罕见，现只存小庙一间	本村	—
半峪村半峪大庙	清嘉庆以前	—	地域	据传，正殿屋顶前坡，自始至今从未翻修	本村	—
半峪村佛爷庙	不详	—	地域	位于南北古道之东，曾多有补修，四梁八柱，旧貌犹存	本村	—
半峪村三官庙	清代	—	地域	坐西向东，位于半峪村西南沿河南岸，"摊云"奇景之侧	本村	—
半峪村下半峪庙	明崇祯以前	—	地域	上为村民祭神之处，下为文社、里社议事之地	本村	—
半峪村都山神庙	清乾隆以前	—	地域	—	本村	—
半峪村萃云庵	清代	—	佛教	下层为券，上层为大力神阁，"食堂化"时该庵被拆毁，现已无痕迹	本村	—
屯城村二郎庙	不详	—	地域	现代原址重建	本村	—

续表

名称	建设年代	面积	教派类型	建筑特色、现状	信仰范围	备注
屯城村文昌庙	清代	—	儒家	现存单体建筑一座，建于1.16米高台之上	本村	—
屯城村关帝庙	清代	占地面积649平方米	地域	中轴线上由南至北建有山门、正殿，两侧有耳殿、看楼、耳房。今红墙黄瓦，整饰一新，内有戏台	本村	—
武安村关帝庙	清代	占地面积1001平方米	地域	现存建筑为清代风格，两进院落布置，中轴线上由南至北依次建有戏台、过殿、正殿，两侧建筑仅存妆楼	本村	—
武安村南庙（汤帝庙）	清代	占地面积1018平方米	地域	现存建筑为清代风格，一进院落布局，中轴线上依次有山门、献殿、正殿，两侧建有妆楼、看楼、厢房、耳殿	本村	—
湘峪村东岳庙	明末清初	占地面积1500平方米	佛教	分上、中、下三个院，上院原建筑已毁；中院钟楼建筑已改变；下院有东西看楼和石柱木构戏台	本村	—
端氏村寨上关帝庙	唐代	—	地域	—	本村	—
端氏村法门寺	唐代	—	佛教	—	—	—
端氏村南寺	清代	—	佛教	—	本村	—
端氏村铁佛寺	清代	—	佛教	—	本村	—
端氏村城隍庙	明代	—	地域	—	本村	—
端氏村文庙	明代	—	儒家	—	本村	—
端氏村关帝庙	明代	—	地域	—	本村	—
端氏村黑虎庙	不详	—	地域	—	本村	—
郭壁村大庙（府君庙）	宋代	占地面积1200平方米	地域	大庙内是"中国现存最早的戏台之一"的元代舞楼，从康熙年间起，至今大修补5次。现存正殿、舞楼为金元时期建筑	本村	—
郭壁村三官庙	不详	—	地域	北大殿竖有三官竖像，为尧、舜、禹（百姓俗称天官、地官、水官），除此有拜亭一所，内设大钟一个，另有一个石碑，现已不存	本村	—
郭壁村关爷庙	不详	—	地域	—	本村	—
郭壁村佛庙	不详	—	佛教	—	本村	—
郭壁村小庙	不详	—	地域	—	本村	—
郭壁村泰山庙	不详	—	地域	—	本村	—
坪上村汤帝庙	元代	占地面积1649平方米	地域	坐北朝南，一进院落，南北中轴线上依次有香亭、黑虎殿、舞楼遗址、正殿，两侧依次有山门、钟鼓楼、厢房、耳殿、正殿等	本村及周边几村	—

续表

名　称	建设年代	面　积	教派类型	建筑特色、现状	信仰范围	备注
坪上村圣王庙	清代	占地面积512平方米	地域	现存一进院落，现存正殿为元代风格，正殿与戏台南北相对。正殿位于南侧，分上下两层，上层面宽三间，下层有拱门与通道。戏台位于北侧，面宽五间，南侧有石台阶与石栏杆	本村	—
陟椒村三官庙	不详	—	地域	原为一进院落，现仅存正殿，建筑为清代风格	本村	—
陟椒村龙王庙	不详	—	地域	—	本村	—
陟椒村黑虎庙	不详	—	地域	—	本村	—
陟椒村文昌庙	不详	—	—	—	本村	—
陟椒村南神庙	不详	—	地域	—	本村	—
陟椒村峰云观（奶奶庙）	不详	—	地域	由一进三殿组成	本村	—
陟椒村山神庙	不详	—	地域	—	本村	—
崇上村大庙	不详	—	地域	—	本村	—
崇上村小庙	不详	—	地域	—	本村	—
崇上村佛堂	不详	—	佛教	—	本村	—
石淙头村观音庙	不详	—	佛教	四面回廊，造型独特	本村	—
石淙头村大庙	不详	—	地域	—	本村	—
石淙头村小庙	不详	—	地域	一进单层四合院	本村	—
周村镇大王庙	不详	—	地域	现存阙式过街城楼似的建筑，东西朝向，西侧墙上刻有牌匾——"连行接沁"	本村	—
周村镇广福寺	金代以前	—	佛教	寺分四进	本村	—
蒿峪村成汤圣地庙	元代	占地面积2030平方米	地域	坐北朝南，随地势变化而错落有序。大庙前后两进，布局严谨，规模宏大，中轴线依次设置五龙捧寿照壁、山门、舞楼、拜亭和汤王圣帝殿，两侧有钟鼓楼、马房、客舍、看楼等	本村及周边村	—
蒿峪村东岭庙	清代	—	地域	—	本村	—
蒿峪村东寺	不详	—	地域	—	本村	—
蒿峪村祖师庙	不详	—	地域	—	本村	—

续表

名 称	建设年代	面 积	教派类型	教派　　类型	信仰范围	备 注
蒿峪村灵关庙	不详	—	地域	—	本村	—
蒿峪村南堂（广兹庵）	不详	—	地域	—	本村	—
蒿峪村三官庙	不详	—	地域	—	本村	—
蒿峪村疙瘩爷庙	不详	—	地域	—	本村	—
蒿峪村小庙	清代	占地面积733平方米	地域	主要建筑为舞台，下建砂石台基，坐西朝东，面宽三间	本村	—
洪上村汤帝庙	清代	占地面积827平方米	地域	中轴线上由南至北建有舞台、拜亭、正殿，两侧有妆楼、厢房、看楼、配殿、耳殿	本村	—
洪上村佛庙	清代	占地面积192平方米	佛教	现存建筑为清代风格，三合院布局，中轴线上由南至北建有山门、屏门、正殿，两侧有东配殿、西厢房、耳殿	本村	—
洪上村三教神庙	不详	—	儒、佛、道合一	—	本村	—
上庄村崇仙庵	金代	—	佛教	—	本村	—
南安阳村洞阳庙	不详	—	地域	—	本村	—
南安阳村火星庙	不详	—	地域	—	本村	—
尧沟村关帝庙	清代	—	地域	—	本村	—
尧沟村山神庙	清代	—	地域	仅有正殿。庙内立有"芳流奕世"碑和修路碑铭	本村	—
尧沟村龙王庙	明代	—	地域	—	本村	—
尧沟村佛堂庙	清代	—	佛教	—	本村	—
尧沟村药王庙	明代	—	地域	药王庙旁有六角石井，这口井是明成化二十年（1484年）修成的，常有清泉溢出。后水井堵塞，而"崖下清泉散漫旁出"，"改为丈余石池"	本村	—
中庄村南庵庙	清代	占地面积1500平方米	儒、佛、道合一	共由四个院落组成，四组院落的建造时间各不相同，庙群的空间变化比较丰富	本村	—
中庄村北庵庙	不详	—	地域	—	本村	—
中庄村火星庙	不详	—	地域	—	本村	—
中庄村汤帝庙	明代	—	地域	—	本村	—
中庄村药王庙	不详	—	地域	—	本村	—
郭峪村西山庙	清顺治以前	—	地域	前后两进，坐北朝南，是郭峪村附近最华丽的一座庙，上下皆用五彩琉璃，金碧辉煌	本村	—
郭峪村土地庙	明代	—	地域	—	本村	—

二、沁河古庙信仰类型

沁河流域古庙宇的祭祀对象十分庞杂,从统计的115个对象的教派类型来看,可大致将其分为五种类型,即佛教、道教、儒家、地域和多教派合一型神庙,其中地域神庙主要包括祭祀成汤、东岳等圣地贤王的庙宇和祭祀龙王、济渎神、土地神等各路仙灵的庙宇等,多教派合一型神庙主要为儒、佛、道三教合一型神庙[1]。

其中,地域神庙有74处,几乎占到总数的一半,其背后有深厚的历史根源。其一,沁河流域由于特殊的地理位置,是商国和夏国战争最为激烈的地区,正是在残酷的战争中,成汤的仁德之举深得人心[1],成汤祭祀文化得以在这一区域扎根并传播;其二,由于沁河流域居民的乡土观念较为浓厚,世代依靠沁河为生,且河谷农耕较为发达,因此多祭祀龙王以避水患,祭祀"四渎"神之一的济渎神以祈雨,祭祀土地以保收成等[1]。

佛教寺庙有18处,最早一处修建时间为唐代,其后历朝均有建造,这主要与唐朝时期中国佛教发展达到鼎盛,各地均大修寺庙有关,禅宗强调宁静、超脱,这同归隐的官僚士大夫的内心追求相吻合[1],因此才能在沁河宗教文化中占据一席之地。

多教派合一型的庙宇有7处,且集中出现于明清时期,这主要是受历史因素的影响。明朝初年太祖朱元璋首开三教合一风气,儒、佛、道三教合流,以儒家学者为中心,并由众多名僧、方士参与其中,互相交游、影响,最终导致佛、道的世俗化以及儒学的通俗化,因此上行下效,各地修建了一大批诸如三教堂、三官庙等类型的庙宇,从另一方面反映了特定历史时期的发展特征。

道教寺观共有7处,基本都修建于宋代以后,这是由于唐宋时期,唐高祖李渊尊老子李耳为祖先,宋真宗、宋徽宗也极其崇信道教,宋徽宗更自号"教主道君皇帝",道教因而备受尊崇,成为国教,加上宋朝对晋祠的遏制,因此道教寺观有如雨后春笋般兴盛起来。

儒家庙宇共有6处,主要为供奉孔子的文庙,这与沁河流域浓厚的科举、仕宦文化是分不开的。沁河流域自古便是科举人才辈出之地,大姓家族往往多人同朝为官,更有多人曾位极人臣,不可谓官宦文化不深厚,而这也正是作为主流价值观的儒家文化兴盛的重要原因[1]。

三、沁河古庙信仰范围

沁河流域古庙宇的影响范围可分为四个等级。其中,几乎每个村落都修建有人庙、小庙等服务于村落内部居民的庙宇,主要辐射范围为本村;在一些较为发达的村落,其村落内部的庙宇影响范围可以辐射至相邻的自然村等;在一些较为重要的城镇或村落,由于古庙宇的建造规模、等级和村镇本身影响范围较大,因此有一部分庙宇影响范围为其所在的村镇及周边乡镇,例如町店镇崦山庙、润城镇东岳庙、周村镇东岳庙和陟椒村三教堂等;一些由于特殊历史背景或原因而修建的庙宇,规模宏大、名声响亮,其影响范围可至整个沁河流域,例如刘善村天台山轩辕庙闻名七省,还包括郭壁村崔府君庙、大桥村海会寺、王村灵泉观和上伏村大庙等。而通过其影响范围可看出,古庙宇的影响范围在空间上主要集中于沁河沿线的嘉峰镇、郑村镇和润城镇的交会处,其中几乎囊括了沁河流域最具有历史价值的一些村镇。

---

[1] 严山艾,邓巍. 沁河流域宗教信仰影响下的村落空间结构[C]//中国城市规划学会. 多元与包容——2012中国城市规划年会论文集(11. 小城镇与村庄规划). 昆明:云南科技出版社,2012:1056-1065.

四、沁河古庙等级特色

沁河流域拥有从国家级重点文物保护单位至县级文物保护单位四个等级的 23 处古庙宇,同时还拥有一些在某方面独具特色或者由于历史的积淀而形成较强影响力的庙宇等,总体来看历史价值较高。部分寺庙如图 3-34 至图 3-47 所示。

其中国家级重点文物保护单位达 12 处,即润城镇砥洎城关帝庙、润城镇黑龙庙、润城镇东岳庙、湘峪村玉皇庙、窦庄村财神庙、窦庄村佛庙、郭壁村崔府君庙、周村镇东岳庙、郭峪村汤帝庙、郭峪村白云观、湘峪村玉皇庙和大桥村海会寺。

省级文物保护单位 3 处,市级文物保护单位 3 处,县级文物保护单位 5 处,较有价值的古庙宇 4 处。许多庙宇具有独一无二的特色,例如大桥村海会寺的琉璃双塔、气势恢宏的郭峪村汤帝庙、拥有中国古代木雕精品的陟椒村三教堂、内有"中国现存最早的戏台之一"的郭壁村大庙(府君庙)、细部装饰可与北京故宫相媲美的润城镇东岳庙、被称为"沁河流域第一大庙"的上伏村大庙(成汤庙)等。

规模最大:町店镇崦山庙(白龙庙),占地面积达 7500 平方米,建筑面积为 17500 平方米。

影响范围最大:刘善村天台山轩辕庙,闻名晋、陕、豫、鲁、苏、浙、闽七省。

修建年代最久远:唐代,包括刘善村天台山轩辕庙、端氏村寨上关帝庙、端氏村法门寺、町店镇崦山庙(白龙庙)和大桥村海会寺。

图 3-34 周村镇东岳庙

图 3-35 郭壁村府君庙

图 3-36 府君庙内元代舞楼

图 3-37 町店镇崦山庙

图3-38 天井关村关帝庙

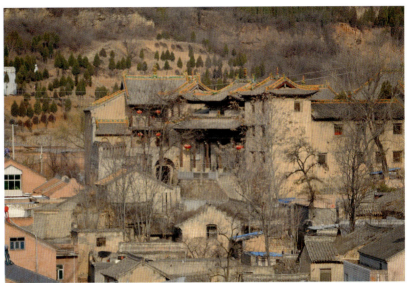

图 3-39 郭峪村汤帝庙

图 3-40 大桥村海会寺

图 3-41 陟椒村三教堂

图 3-42 上庄村炉峰庵

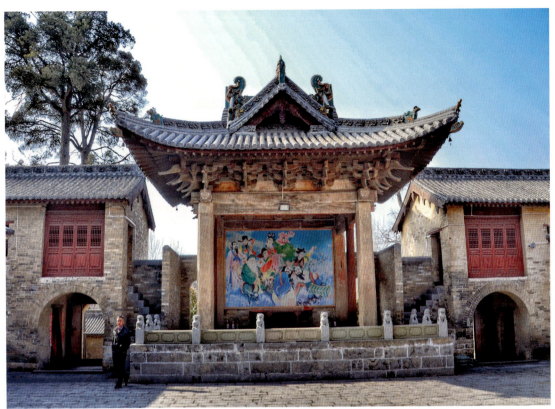

图 3-43 冶底村岱庙

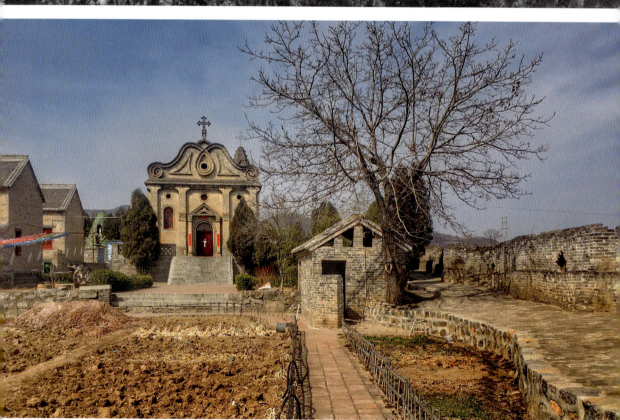

图 3-44 秋木洼村小寨天主堂

图 3-46 水北村吕祖庙

图 3-47 石渼头小庙

第四节 沁河流域古宅

沁河流域的家族院落遗存数量十分庞大，仅规划范围内有价值的家族院落统计已达489个，其中有影响力的名人故居遗存达9处，规模大、价值高的家族大院（以家族为单位的院落组群）达8处。沁河流域名人故居等级及分布如图3-48、表3-4及表3-5所示，现存部分古宅如图3-49~3-57所示。

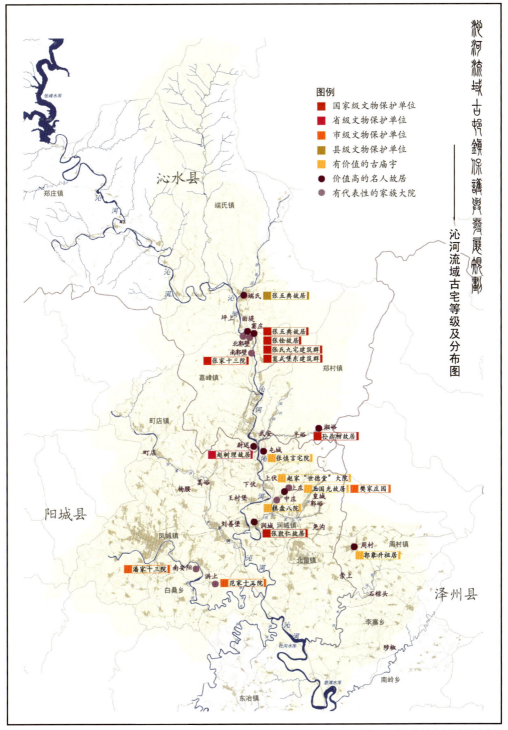

图3-48 沁河流域古宅等级及分布图

表3-4 沁河流域名人故居一览表

名 称	位 置	名人事迹	面 积	特 征	备 注
赵树理故居	尉迟村	现代著名小说家、人民艺术家。他开创的文学"山药蛋派",成为新中国文学史上最重要、最有影响的文学流派之一	占地面积为315.45平方米	由其先祖赵思宗于清乾隆十年(1745年)修造,是典型的北方四合院。该院坐北朝南,为二进院,现有内院有堂屋三间,东西厢房各两间,东西耳房各三间,西南小房两间,南屋已塌毁。东院为赵树理先祖赵济甫于清乾隆二十九年(1764年)建造,为前后两进四合院形式。东院门楼上题刻着"天水望族"四个苍劲有力的大字,中侧门为暗门,可直接由一条横通的小巷通往后院。正房三层,下面两层较为封闭,第三层为开放式前墙,素瓦硬山顶。三层为四梁八柱结构,门窗洞口雕刻精细,造型雅致。赵氏祠堂位于该院中侧门旁,五开间,高大肃穆	山西省文物保护单位
郭象升祖居:旗杆院	周村	山西现代著名学者、教育家、藏书家。父亲郭焕文,同治十二年(1873年)举人,博学多才,能诗善文。其兄郭象恒,光绪年间举人,官至潞城知县	占地约12000平方米,现较完好的院落有6个	郭家大院分为东西两部分,原有平顶院、书房院、旗杆院等18院之多。郭氏祖居旗杆院原有8院,现余6院。是郭家祖宅院落中保存最完整的院落,院落依山就势,建筑高大宏伟,有两层至三层楼高。旗杆院基地近似三角形,院落形制并不遵循晋东南地区"四大八小"的规则。旗杆院西临土地庙,一层建筑与土地庙的外缘平行,形成一个近似于三角形的空间。二层平面为矩形。东厢同样为两层,与西侧不同的是,一层建筑进深比二层大,导致二层建筑后退,形成平台。从旗杆院正门进入,正前方为石砌楼梯,通往东厢房二层。整个旗杆院布局克服了三角形基地形状的不良影响,以规整的矩形平面营造良好的空间感受,虽已年久失修,但仍然无法掩盖其曾经旗杆高耸的风采	—
王国光故居:尚书府	上庄村	明代政治家、财政家、文学家,官至吏部尚书	占地面积约816平方米	尚书府是王国光任户部尚书后,由万历皇帝恩赐并于万历元年到万历三年(1573-1575)修建的"棋盘四院式"官宅,即将四座四大八小的楼房四合院,依照围棋棋盘的样子布局,具体包括"达尊堂"院、"听泉居"院、"清慎诚"院和第四院。整个建筑东西宽20.3米,南北长46.3米。院落形制规整、规模宏大、造型别致。其中听泉居院充分体现了天人合一、可居可游的造园思想,其建筑形式也一改传统的建筑惯例,采用侧房高挑而主房偏低的被称作"状元帽"式的建筑风格,别具特色	—
张慎言宅院	屯城村	明末思想家、政治家、诗人。官至南京吏部尚书,加太子太保,正一品重臣,王国光的外孙	—	明清交汇时期的建筑,宅院三间两层前带楼廊各建梯道、院子四角另辟小院、修饰耳楼,这种形式在当地有的叫"四大八小",有的叫"四大四小四厦口",是一种地域性很强的建筑形式,是晋城明清民居中的重要实例	—
张敦仁故居	砥洎城	清代著名数学家和汉学家。官至云南盐法道,正四品。其学术成就体现在历史、数学、文学等学科,他是清代数学领域成就最大的学者之一,著有《求一算术》	占地面积为401平方米	张敦仁的故居"简静居"规模不大,却是砥洎城现存民居中保存较好的一座。主体建筑为三层阁楼式民居。门楣上写有"敬和"二字。这座宅院依然保存了当年的格局,正房右角上高耸的望楼,显示着主人曾经的凛然大气	2006年国家级重点文物保护单位
张五典故居:尚书府上宅	窦庄村	万历年间任兵部尚书,其利用政务闲暇设计了一种测量仪,实地勘察泰山高度,撰写《泰山道里记》,为后人留下宝贵的第一手资料	建筑面积3800为平方米	尚书府是宋代张氏族人世代居住之地,明朝张氏兴起后在旧址重建宅院。总体布局为棋盘六院,另建有五凤楼、望河楼、天桥、大花园和小花园。六院院院相连,各有门楼进出院落,院外单独修建了瓮城,当年瓮城内外均有水围,起防御作用。现仅有两院基本完好,其余四院均被毁,瓮城、大小花园也仅余遗址	文物保护单位
张铨故居:尚书府下宅	窦庄村	明末抗建(州)英雄,泰昌兵部尚书,张五典之子。著有《皇明国史纪闻》十二卷、《春来集》《胜游草》	建筑面积3800为平方米	尚书府下宅由张氏家族于明朝修建,分南院和北院。南院位于西街南侧,一条幽深的巷道串联起六处院落。院落等级高,正房五开间,南院院门当心斗拱达九踩,次间七踩,廊柱砖雕精细剔透。北院位于南街北侧,为一进院落,与南院斜对。门楼采用小八角形石柱,悬匾"世进士第",题款为"祖孙父子兄弟叔侄联芳"。檐下施两层斗棋,下层五攒,上层四攒。两立柱前后有抱鼓石	—
孙鼎相故居:三都堂	湘峪村	明代反贪御史,先后出任过工部营缮司主事、兵部武司主事、礼部主客司主事、吏部三司员外郎。与兄弟孙居相均以惩治贪污著名	占地面积约800平方米	孙鼎相精通建筑法式,并有机会接触西洋传教士,从而了解欧式建筑及其装饰风格,这些在三都堂的设计中得到充分体现。"三都堂"为前后两进院落,又称"都堂府"。院落按照轴线布置,严谨工整。二进院正房是25米的五层高楼,称"看家楼"或"望楼",防御功能明显。建筑设拱券门窗,外墙饰以"眉檐垂柱"砖雕,这种垂花艺术砖雕装饰在湘峪明代民居建筑中得到广泛应用,成为识别孙氏官第的标识	郭峪村整体为全国重点文物保护单位
贾景德故居	端氏村	山西军阀阎锡山的秘书长,中原大战晋绥系高层唯一的支持者	—	贾景德故居坐北朝南,原为三进院,由于战争及历史原因,临街的豪华大牌楼和许多建筑已被毁。现仅存一院三排古式结构的房子,以及人称"贾谷洞"以北的一座门楼。房子面阔五间,进深两间,青砖砌墙,屋顶复素板瓦,从外表显得古朴大方。院东南仅存的门楼,为歇山式屋顶,上置琉璃青瓦,斗拱相叠,美观精致	—

表3-5 沁河流域名商家大院一览表

名 称	位置	面积	特 征	备 注
张氏九宅建筑群	窦庄村	建筑面积为3500平方米	张氏九宅建筑群建于明代，是张氏家族居住的主要宅院，位于内城东北角的小北巷（俗称九宅巷）两侧。巷深54米，两侧主要院落有前院、主人院、夫人院、北门里、对厅院、书房院。夫人院是九宅内保存最完好的，其他院落保存得都不甚完整。 张氏九宅建筑群的建筑规格较高。其中前院门楼上有明神宗亲赠匾额"燕桂传芳"，以表彰张铨以身殉国之义举。从保存较好的夫人院内精美的建筑装饰，可想象出当年九宅的华丽气派	文物保护单位
窦氏堡东建筑群	窦庄村	—	窦氏家族建筑群位于东堡门以内，依街心南北有序排列，其基址是"八卦四方一点穴"格局中用来定位的四个老宅之一。现存传统建筑始于明初，包括位于街北的窦四宅、街南的对门院、卢家院，以及英烈将军窦明运故居的"五魁院"。其中"五魁院"保存完整，而其他院落均保存不佳，窦四宅仅存残垣。 窦氏堡东建筑群的等级规格较高，石鼓石狮、高耸的石柱，门楼上斗拱飞檐和门牌匾额，显示着主人的尊贵显赫。五魁院的主人是英烈将军窦明运，于清顺治年间自刎于疆场，与同村、同时代的张氏的张铨忠烈公有着类似的命运和精神气节	—
樊家庄园	上庄村	建筑面积为2800平方米（来源：《沁河流域古村镇基础资料集》）	樊家庄园建于清末，成型于民国年间，是民国初期时任山西省绥靖公署秘书处副处长的樊次枫于1912—1920年修建的，是一座园圃式宅院建筑，由新院、樊氏宗祠、花园等组成。 整个建筑群随着地形北高南低，与地形良好结合。它一方面继承了明代天官王府的建筑风格，是一座较为典型的四大、八小、五天井的楼房四合院官宅，体现了对中国传统文化的继承和对王国光个人的追慕之忱。另一方面吸收了西方建筑文化，是传统文化与近代新潮思想文化的结合产物，充分体现了民国时期的民居风格。同时，樊家庄园的整体建筑装饰华丽，装修集中在外檐，有多处木雕精品，为同时期建筑中所罕见	—
赵家"世德堂大院"	上伏村	总占地面积约4500平方米，建筑面积为3700平方米（来源：《山西晋城古村镇》）	赵姓家族于金大定年间由高平养土坡迁来阳城上伏村定居，后发展为商家大户，"世德堂"号既是赵氏家族堂名又是用的商号。明末清初，经历几起几落后，赵姓家族又大兴盛起来，在村街的南面新建大宅，建成了上伏村的"世德堂大院"。 "世德堂大院"位于上伏村中大庙门口以西，老街南面，共有十三个大院，还有一个小花园，是一簇连片的清代风格浓郁的古建筑群，保存基本完好。世德堂大院的建筑特点是院院相连，院院相通，院院都建有厢房，大部分院落一连几进。修建占地紧凑，豪华而典雅，庄重而有特色。它是清朝时代我国晋城故里商家宅建筑艺术的典范，是我国北方古代民居中很有代表性的一处建筑群	—
棋盘八院	中庄村	建筑面积为3832平方米（来源：《沁河流域古村镇基础资料集》）	棋盘八院建于明朝，走入八字门楼，八个院分列甬道两侧，左右各列四个。院落保存现状较完整，砖雕精细。巷子西侧由南向北依次分布着狮院、当中院、进士院；东侧由南向北依次是张家院、官宅院、三宅院、小姐前院、小姐后院。这八个院落因其布局规整，从空中俯瞰酷似棋盘，便被人称为"棋盘八院"。 棋盘八院每个院落的布局、大小相仿，形制为四合院或三合院。正房多为三层楼房，面宽三间，进深五椽；东西厢房则为两层，面宽三间，进深四椽。房屋均为悬山式屋顶，前置木构楼廊。院落之间还有过厅相连，院落规模较大的当属狮院的过厅，仅六七米高的石柱就有三排十八根，可见当初的规模。各个院落门楼影壁上的砖雕栩栩如生，栏杆、栏板上的木雕古朴典雅	—
潘家十三院	南安阳村	占地面积为6000余平方米	潘家十三院位于南安阳村东街北，为阳城清嘉庆间首富，山西第七富商潘家的宅院，共有房屋390余间。是我国北方清代稀见的九间头四合院。修建时间为嘉庆十九年（1814年），工期为5年，前后又奉旨修建了两座牌坊，并建了祠堂墓地。共拥有土地3000余亩。 现十三院保留完好，从南大门进去院落依次为狮口院、账房院、西厅院、铺院、老院、茅煤院、中院、加工院、后院、第十一院、东花园、中花园、西花园。祠堂石碑有家谱世系记载。十三院以老院为中央可通向各院。形成了院串院楼串楼各院相通的格局。十三个院的建筑门窗都是精雕细刻的透花木雕，屋脊是龙凤兽砖雕，门槛窗台是青石雕刻，梁、棱条、算、小椽全用杨木且为方形，因是皇家工程师的杰作，具有防火、防盗、防洪、防震的功能	历史文化名村、市级文物保护单位
范家十三院	洪上村	占地面积为4200平方米	范家十三院始建于乾隆47年（1782年），经过5次修建，于道光25年（1845年）完成全部工程，历时63年。 范家十三院布局严谨，房屋用料考究，式样多变，装饰精美，木雕、石雕、砖雕工艺高超，寓意深长。老新院内雕刻繁复精美，内院四房门上分别雕刻梅、兰、竹、菊	阳城县文物保护单位
张家十三院	郭壁村	建筑面积为6653平方米	张家古宅的十三个院落依山而建，修建在渭沟内，南靠陡峭山坡。与渭沟河平行的东西向走势，呈带状U字形口袋形布局，口东尾西。渭沟河从院落群中穿行而过，在东侧汇入沁河，在十三院内形成了独特的沟河穿院的布局，与自然十分巧妙地契合。由于受场地局限多为短进深院落，通过横向单院彼此连接，没有纵向多进院落，四合院结合三合院成为十三院的主流。虽然每个院落都有独立的入口，但是各院之间内部都相互串接，院落之间都通过一个小院门连接，这样整个张宅古建筑群就形成了一个整体，当地人称之为串院。由于地势高低不一，故以石阶梯相连，构成一组挂壁山庄。建筑群内三雕虽不明显，但门匾、题刻颇有诗情画意，文化寓意很有讲究	—

图 3-49 窦庄村进士第

图 3-50 郭峪村老狮子院

图 3-51 中庄民居

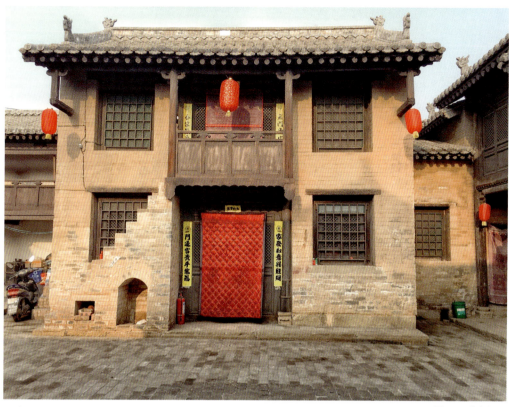

图 3-52 湘峪民居

图 3-53 上庄民居

图 3-54 王国光故居正房

图 3-55 王国光故居院落

图 3-56 郭峪村棋盘院

图 3-57 湘峪村棋盘院
（航空摄影：赵琛）

第四章 沁河流域古村镇评估

- 沁河流域古村镇保护价值
- 沁河流域古村镇风貌特色
- 沁河流域古村镇遗存分析

4

第一节 沁河流域古村镇保护价值

建立沁河流域古村镇的历史文化价值体系，影响因子由历史文化名村（镇）体系、文物保护单位体系、本次调研对各村镇的基础评价三项组成。

一、历史文化名村（镇）体系

中国历史文化名村是由建设部和国家文物局共同组织评选的，保存文物特别丰富、且具有重大历史价值或纪念意义的，能较完整地反映一些历史时期传统风貌和地方民族特色的村落。评选条件和评定标准依据住房和城乡建设部及国家文物局 2003 年 10 月 8 日发布的中国历史文化名村或中国历史文化名镇评选办法，评选内容如下。

历史价值：建筑遗产、文物古迹和传统文化比较集中，能较完整地反映某一历史时期的传统风貌、地方特色和民族风情，具有较高的历史、文化、艺术和科学价值，现存有清代以前建造或在中国革命历史中有重大影响的成片历史传统建筑群、纪念物、遗址等[1]，基本风貌保持完好。

完好程度：村内历史传统建筑群、建筑物及其建筑细部乃至周边环境基本上原貌保存完好；或因年代久远，原建筑群、建筑物及其周边环境虽曾倒塌破坏，但已按原貌整修恢复；或原建筑群及其周边环境虽部分倒塌破坏，但"骨架"尚存，部分建筑细部亦保存完好，依据保存实物的结构、构造和样式可以整体修复原貌。

规模要求：村的总现存历史传统建筑的建筑面积须在 5000 平方米以上。

管理要求：已编制了科学合理的村镇总体规划，设置了有效的管理机构，配备了专业人员，有专门的保护资金[2]。

历史文化名镇名村是我国文化遗产的重要组成部分，自 2003 年以来，住房和城乡建设部及国家文物局联合公布了五批共 350 个中国历史文化名镇名村[3]，其中名镇 181 个，名村 169 个。

沁河流域古村镇中有一镇五村，共六座中国历史文化名村（镇），如图 4-1 所示。

皇城村：第二批中国历史文化名村。

郭峪村：第三批中国历史文化名村。

窦庄村：第四批中国历史文化名村。

上庄村：第四批中国历史文化名村。

湘峪村：第五批中国历史文化名村。

润城镇：第五批中国历史文化名镇。

山西省历史文化名镇名村，是根据《中华人民共和国文物保护法》和《文物保护法实施条例》的有关规

---

[1] 刘飞凤. 历史文化村镇整体保护与开发利用研究[D]. 天津：天津科技大学, 2010.
[2] 杨红. 基于旅游开发理念的伯延古镇保护与传承研究[D]. 邯郸：河北工程大学, 2010.
[3] 孙志国, 黄莉敏, 熊晚珍, 等. 湖北物质文化遗产资源保护研究[J]. 江西农业学报, 2012, 24(01): 195-199.

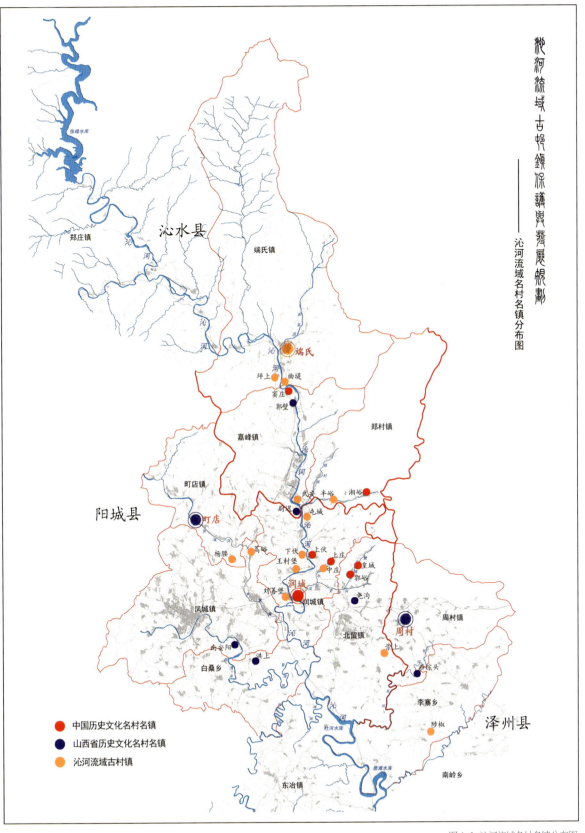

图 4-1 沁河流域名村名镇分布图

定，经镇人民政府申报，县（市、区）、市人民政府审查推荐，专家实地技术审查，省文物局和省建设厅共同组织评选，最后由省人民政府核定、公布而产生。

山西省自2004年第一批省历史文化名镇名村公布，至2009年9月14日第三批省历史文化名镇名村公布以来，共产生了101个省级历史文化名镇名村，其中名镇共38个，名村共73个。

沁河流域古村镇中有二镇八村，共十座山西省历史文化名村（镇）：周村镇、町店镇、郭壁村、尉迟村、中庄村、尧沟村、上伏村、南安阳村、洪上村[1]。

二、文物保护单位体系

文物保护单位为中华人民共和国对不可移动文物所核定的最高保护级别。中国文物保护单位分为文物保护点、区级文物保护单位、县级文物保护单位、市级文物保护单位、省级文物保护单位以及全国重点文物保护单位6个级别。沁河流域古村镇中以整体聚落列为全国重点文物保护单位的有湘峪村、郭壁村、窦庄村、砥泊城、郭峪村五座村寨[1]，其分布如图4-2及表4-1所示。

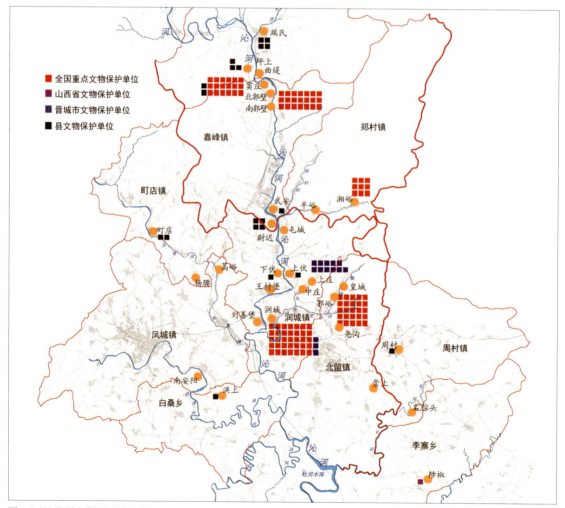

图4-2 沁河流域文物保护单位分布图

---

1 邓巍. 古村镇"集群"保护方法研究——以山西省沁河中游地区古村镇为例[D]. 武汉：华中科技大学，2012.

表4-1 沁河流域古村镇文物保护单位一览表

村镇	国保	省保	市保	县保
端氏村	—	—	—	端氏聚落遗址、端氏汤王庙、贾景德府第西院、贾景德府第东院
坪上村	—	—	—	刘东星墓、坪山贾氏家族墓地、坪上水井
陟椒村	—	陟椒三教堂	—	—
上伏村	—	—	上伏大庙	—
下伏村	—	—	—	下伏大庙
上庄村	—	—	上书院、炉峰院、司徒第、白巷街24号院、白巷街1号院、王氏前祠堂广居门、白巷街18号院、中街32号院、参政府、樊家庄园、永宁阁	—
中庄村	—	—	中庄汤帝庙	—
屯城村	—	东岳庙	—	—
尉迟村	—	赵树理故居	—	敬德庙、赵树理墓、尉迟庙
武安村	—	—	—	武安兵寨遗址、武安慧济寺
周村镇	东岳庙	—	—	周村墓葬
町店镇	—	—	崦山白龙庙	町店战役遗址
洪上村	—	—	范家大院	—
窦庄村	小坡沟遗址、佛庙、尚书府下宅、凝瑞院、寅宾院、书房院、尚书府门楼、三圣阁、小北城楼、旗杆院、慈母堂、常家大院、怡善院、财神庙、古公堂、舞楼、世进士第门	—	—	窦璘墓、耕读院
郭壁村	崔府君庙、张家十三宅月殿分香院、张家十三宅前院、张家十三宅后院、雨花阁、树德培仁院、张家十三宅东院、张家十三宅秋南院、忠信笃敬院、馥芸轩院、赵家宅院、中和院、青绅里南院、极高明院、韩家院、舞楼、王氏宗祠、观音阁、行宫阁、文昌阁、王纪府第门楼	—	—	—
湘峪村	双插花院、城墙及藏兵洞、棋盘院北院、牌楼、孙氏祠堂、绣楼院、玉皇庙	—	—	孙居相墓

续表

村 镇	国 保	省 保	市 保	县 保
润城	东岳庙、砥洎城2号院、砥洎城关帝庙、砥洎城10号院、砥洎城11号院、世泽坊过街楼、砥洎城12号院、砥洎城张家院、砥洎城13号院、砥洎城黑龙庙、砥洎城20号院、砥洎城城墙、砥洎城文昌阁、砥洎城27号院、砥洎城29号院、砥洎城32号院、砥洎城土地殿、北门藏兵洞、砥洎城23号院、砥洎城14号院、砥洎城"存其心"院、砥洎城张同和院、张敦仁故居、张琬院、砥洎城25号院、砥洎城16号院、砥洎城30号院、砥洎城43号院、砥洎城58号院、砥洎城49号院、砥洎城38号院、张进仁院、砥洎城33号院、砥洎城19号院、砥洎城24号院	—	玉贞观、白龙宫、润城东坪庙	—
郭峪村	侍郎寨寨址、白云观遗址、汤帝庙、张鹏云宅院、陈廷敬祖居、张好古宅院牌楼门、王维时宅院、王重新院、陈氏楼牌、谭家院、常家院、豫楼、郭峪城、张景星院、槐庄12号院、张家院、郭金山院、范荣兴院、窦家院、张我生院、王启瑞院、容安斋、上范家院、侍郎寨蔡家院、黑沙坡刘家巷1号院	—	—	—

三、评价体系

沁河流域古村镇价值评价体系如表4-2所示。

四、保护价值

根据历史文化名村等级、文物建筑等级、基础评价等级三个指标，通过一定的权重规则，最终以"一级保护""二级保护"和"三级保护"的等级体系反映沁河村落的保护价值。价值体系的制定直接关系到村落保护的力度和策略，在组群中承担的功能以及在旅游体系中的定位等。

国家级的历史文化名村、全国重点文化村落以及基础评价在60分以上的村落应直接列入一级保护村落；省实级历史文化名村，具有省保以上文物保护单位（含省保），且基础评分超过55分的村落，依据实际情况可列入一级保护村落。

省级历史文化名村，具有市级以上文物保护单位，且基础评分不低于40分的村落列为二级保护；没有申报历史文化名村，但基础评价在45分以上的，可依据实际情况列为二级保护。

没有申报历史文化名村，且基础评分低于40分的村落，应列为三级保护[1]。

一级保护：郭峪村、湘峪村、郭壁村、窦庄村、润城镇、上庄村、上伏村、周村镇、皇城村。

二级保护：中庄村、屯城村、尧沟村、杨腰村、南安阳村、洪上村、陟椒村、石淙头村。

三级保护：坪上村、端氏镇、曲堤村、半峪村、尉迟村、武安村、下伏村、大桥村、下庄村、沟底村、王街村、刘善堡、王村堡、蒿峪村、崇上村。

---

[1] 邓巍. 古村镇"集群"保护方法研究——以山西省沁河中游地区古村镇为例[D]. 武汉：华中科技大学，2012.

表4-2 沁河流域古村镇价值评价体系表

村落名称	价值特色																特色评分
	历史久远度	文物价值	重要职能特色或历史事件名人影响度		历史建筑规模	历史建筑(群)典型性	历史环境要素	历史街巷(河道)规模		风貌完整性、历史真实性、空间格局功能					非物质遗产		
			反映重要职能与特色的历史建筑保存完好情况	重大历史事件发生地或名人生活居住地历史建筑保存完好情况				历史街巷(河道)数量	历史街巷(河道)总长度	聚落与自然环境完整度	空间格局及功能特色	核心保护区用地面积规模	核心区历史建筑用地面积占核心区面积比例	生活延续性	拥有传统节日、传统手工艺和特色传统风俗数量	非物质文化遗产等级	
分值	(5)	(5)	(3)	(3)	(5)	(6)	(5)	(6)	(6)	(2)	(3)	(5)	(5)	(5)	(3)	(3)	(70)
曲堤村	4	0	0	0	0	2	1	1	1	1	1	1	1	2	1	0	16
端氏镇	5	1	2	1	5	3	4	1	3	1	1	0	0	2	2	0	28
坪上村	4	1	3	2	3	4	4	6	5	2	3	5	5	5	2	0	54
湘峪村	4	5	3	3	5	6	5	6	6	2	3	2	4	5	1	0	60
半峪村	4	1	2	2	2	3	2	1	3	2	1	3	5	4	3	0	39
郭壁村	5	5	3	3	5	6	5	6	6	2	3	5	5	5	3	1	68
窦庄村	5	5	3	3	5	6	5	5	5	2	2	4	3	4	3	0	62
尉迟村	4	3	3	2	4	3	1	0	0	2	2	2	0	4	1	0	34
武安村	4	1	2	0	0	1	1	0	1	1	3	0	0	1	3	0	12
润城镇	5	5	3	3	5	6	5	6	6	2	3	1	5	3	3	0	61
砥洎城	—	—	—	—	—	—	—	—	—	—	—	—	—	—	—	—	—
上庄村	5	1	3	3	5	6	5	6	6	2	3	5	5	5	3	3	66
中庄村	5	1	3	2	5	6	5	3	4	2	3	3	3	3	2	2	50
屯城村	5	3	3	2	3	6	5	1	1	2	3	3	2	4	0	0	41
上伏村	5	1	3	3	3	6	5	6	6	2	3	4	2	5	3	0	57
下伏村	5	1	1	2	5	6	1	4	6	1	2	1	1	5	0	0	41

续表

村落名称	历史久远度	文物价值	重要职能特色或历史事件名人影响度		风貌完整性、历史真实性、空间格局特色										非物质遗产		特色评分
			反映重要职能特色的历史建筑保存完好情况	重大历史事件或名人发生地或居住地历史建筑保存完好情况	历史建筑规模	历史建筑(群)典型性	历史环境要素	历史街巷(河道)数量	历史街巷(河道)总长度	聚落与自然环境完整度	空间格局及功能特色	核心保护区用地面积规模	核心区历史建筑用地面积占核心区面积比例	生活延续性	拥有传统节日、传统手工艺和特色传统风俗数量	非物质文化遗产等级	
分值	(5)	(5)	(3)	(3)	(5)	(6)	(5)	(6)	(6)	(2)	(3)	(5)	(5)	(5)	(3)	(3)	(70)
刘善堡	5	0	1	3	2	4	2	3	4	1	1	3	1	5	3	0	36
王村堡	5	0	3	3	5	5	1	2	5	1	2	1	1	3	3	0	40
大桥村	—	—	—	—	—	—	—	—	—	—	—	—	—	—	—	—	—
尧沟村	4	1	2	2	5	6	2	3	3	2	2	5	3	3	2	3	48
皇城村	—	—	—	—	—	—	—	—	—	—	—	—	—	—	—	—	—
郭峪村	5	5	3	3	5	6	5	6	6	2	3	5	5	5	3	0	65
崇上村	4	1	0	2	2	3	1	1	1	1	1	3	1	4	1	0	24
町店镇	4	1	3	2	5	6	5	0	4	2	3	4	5	5	1	0	46
杨腰村	—	—	—	—	—	—	—	—	—	—	—	—	—	—	—	—	—
嵩峪村	5	0	2	3	5	4	2	2	3	1	2	5	5	3	3	3	48
南安阳村	4	0	0	2	4	1	1	1	1	1	2	1	3	1	1	1	26
洪上村	4	1	2	2	5	6	1	6	4	1	1	3	5	5	3	1	50
周村镇	5	3	3	2	4	6	4	5	6	2	2	4	4	5	3	1	55
石淙头村	5	0	3	3	5	6	4	6	6	2	3	5	5	5	2	0	60
陡椒村	4	3	3	2	5	6	5	2	4	2	3	5	5	3	2	0	54

第二节 沁河流域古村镇风貌特色

沁河流域古村镇风貌特色评价因子包括以下几点。

1. 山水景观要素

从资源上讲,首先要判断村落的山水环境是否具有稀缺性,是否具有独一无二的景观资源,譬如俊美的山峰、清澈的溪流或成片的苍翠的树木,还包括村落周边的人文遗迹,比如古庙、山寨、古墓等。从遗存条件上讲,调查村落与山水环境的关系,表现为是否靠山临河,特色鲜明且自然风貌保存完好;有的仅仅只靠山临河,特色不明显[1];有的甚至没有明显的地形特征。

2. 防御要素

防御是功能性特征,具有典型的空间及设施遗存特性。防御要素直观组成部分就是城墙及其附属设施(城门楼、瓮城、藏兵洞等),还包括其他家族防御设施,例如村中的小型堡寨、御楼、大家族院落中的护院楼等。判断一个村落是否为防御型村落,不光要看是否具备以上要素,还要看防御要素对村落空间的影响,同时还要视其保存状况而定。

3. 商贸要素

商贸也是功能性特征,具有明显的设施及空间遗存,落实到实体空间就是主街、商铺、货物中转(码头、车马店)、人员流通(驿站、会馆)等,有的村落因商业繁华,在地面上还会出现车辙印记。判断村落是否为商贸型,主要是依据主街的遗存状况,因为以上商贸要素通常都是伴随主街而成。

4. 家族要素

家族特性是社会性的,反映到空间上就是家族院落的集聚。判断一个村落是否为家族型村落,必须以家族院落规模以及和宗祠的关系来判断。

5. 其他参考条件

由于沁河流域中游村落地域较为集中,以上遗存并非判断村落类型的唯一标准。客观来讲,并非每个村子都具有明显的特性,例如上伏村历史上就是一个典型的商贸村落,同时又有家族聚居的现象,此外在村落出入口处各设两道城门,村外封闭严实,而且靠山面水,几乎涵括了所有的类型,如果单纯从上述影响因子判断,势必造成村落特色的误读和曲解。因此,笔者在进行村落风貌特色评价时,还加入了"特色要素"和"村落历史"两部分内容作为参考评价条件。即村中最有特色的场所、最有特色的建筑,村子是由于什么原因形成的、什么原因兴盛的也成为判断村落特色的重要指标。以上伏村为例,虽然上伏村涵括了所有村落的类型要素,但是最有特色的是村落的主街,村落因商贸而起,因商贸而兴,村中所有的特色几乎都源于商业的繁荣(包括家族和防御),因此即使上伏村具备了所有的类型特征,但加入参考条件进行分析,仍断定为商贸型古村落[1]。

---

1 邓巍. 古村镇"集群"保护方法研究——以山西省沁河中游地区古村镇为例[D]. 武汉:华中科技大学,2012.

第三节 沁河流域古村镇遗存分析

村落的遗存状况是判断村落价值和保护方法的重要指标，依据现状总体状况，节选出"古村面积""集中程度""边界形式""古村保存率"和"历史格局分辨率"五个影响因子进行分析（表4-3），古村面积直接反映村落遗存的多少；集中程度是针对现状遗存的空间分布特征，是集中一处遗存还是分成几片遗存，抑或是剩下一些散点；通过历史边界和现代边界的对比，反映边界的遗存状况；古村保存率是现状遗存面积与历史上的村落面积的比值，是反映完好度的重要指标；历史格局分辨率是指历史格局遗存的识别程度。通过对以上遗存指标的构成分析，最终通过"整体型""片区型"和"文物型"形式来反映。

历史遗存的规模有两项重要指标，一是历史街区的规模，二是历史建筑的规模。其中历史街区的规模由古村面积、街巷数量和主街长度来衡量；历史建筑的规模由传统院落的数量和公共建筑数量来衡量。

以下指标参考中国历史文化名镇（名村）评价指标体系，结合沁河流域古村镇基础数据分析。古村镇范围是指以某一要素为主体的历史街区，如郭峪村的古村镇范围包括郭峪古城区和侍郎寨两处；古村落面积是指以上历史街区的面积总和，历史街区范围内，其历史建筑的建筑面积比例至少占核心保护区总建筑面积的50%；街巷数量是指历史街巷或河道的走向、宽度均保持原貌，历史建筑比例应为60%以上的大街小巷；主街长度是指古村镇中起骨架作用的历史街道长度；传统院落是指院落空间完整，主体建筑基本保持历史风貌的传统院落数量，以进为单位。公共建筑是除传统民居以外的历史建筑，以单体数量为单位[1]。

表4-3 沁河流域古村镇遗存形式一览表

所属乡镇	村落名称	影响因子							遗存形式		
		古村面积/m²	集中程度	边界形式				古村保存率/%	历史格局分辨率	整体型	片区型	单体文物型
			集中一处/分散几处	东界	西界	南界	北界		清晰/可辨/模糊			
	曲堤村	不详	分散两处	山体	沁河	自然山体	自然山体	20%	模糊	—	—	单体文物型
端氏镇	端氏镇	村内统计为100万（1平方千米）	集中一处	巍山	沁河、榼山	自然边界	沁河	80%	清晰	整体型	—	—
	坪上村	约50000	分散两处	河流	山体	自然边界	自然边界	95%以上	清晰	整体型	—	—

---

1 邓巍. 古村镇"集群"保护方法研究[D]. 武汉：华中科技大学，2012.

续表

所属乡镇	村落名称	影响因子							遗存形式		
		古村面积/m²	集中程度	边界形式				古村保存率/%	历史格局分辨率	整体型	片区型	单体文物型
			集中一处/分散几处	东界	西界	南界	北界		清晰/可辨/模糊			
郑村镇	湘峪村	32500	集中一处	东城墙	东城墙	东城墙	东城墙	100%	清晰	整体型	—	—
	半峪村	约30000	集中一处	自然边界	自然边界	自然边界	山体	25%	可辨	—	片区型	—
嘉峰镇	郭壁村	68700	集中两处	沁河	山体	古庙	祖师阁	90%	清晰	整体型	—	—
	窦庄村	93000	集中一处	沁河	榼山山体	自然边界	沁河	80%	清晰	整体型	—	—
	尉迟村	5864	集中一处	山体	沁河	街道	自然边界	60%	清晰	整体型	—	—
	武安村	—	分散几处	沁河	山体	街道	山体	50%以下	模糊	—	—	单体文物型
北留镇	大桥村	—	—	—	—	—	—	—	—	—	—	—
	尧沟村	60000	集中一处	凤山	沁河沿岸	虎山	龙山	85%	清晰	整体型	—	—
	皇城村	—	—	—	—	—	—	—	—	—	—	—
	郭峪村	1800000	集中一处	樊溪河	山体	樊溪河	山体	95%	清晰	整体型	—	—
	崇上村	60000	集中一处	山体	农田	农田	农田	40%	可辨	—	—	单体文物型
町店镇	町店镇	—	分散几处	—	—	芦苇河	山体	4%	模糊	—	—	单体文物型
	杨腰村	24000	集中一处	—	—	—	—	80%	清晰	—	片区型	—
八甲口镇	蒿峪村	村内统计约16万（250亩）	集中一处	九泉山	芦苇河	自然边界	山体	村内统计100%	清晰	整体型	—	—

续表

所属乡镇	村落名称	影响因子							遗存形式		
		古村面积/m²	集中程度	边界形式				古村保存率/%	历史格局分辨率	整体型	片区型	单体文物型
			集中一处/分散几处	东界	西界	南界	北界		清晰/可辨/模糊			
润城镇	润城镇	72000	集中一处	山体	自然边界	沁河	自然边界	90.80%	清晰	整体型	—	—
	砥洎城	—	—	—	—	—	—	—	—	—	—	—
	上庄村	50000	集中一处	山体	山体	山体	山体	80%	清晰	整体型	—	—
	中庄村	35000	集中一处	佛堂沟	自然边界	庄河	山体	65%	清晰	整体型	—	—
	屯城村	74000	集中一处	卧虎山	道路	自然边界	自然边界	60%	模糊	整体型	—	—
	上伏村	73000	集中一处	山体	沁河	沁河	山体	96%	清晰	整体型	—	—
	下伏村	67611	集中一处	东街	西街	南大街	北大街	19%	可辨	—	—	单体文物型
	王村堡	82000	集中一处	山体	山体	东沁河	山体	70%	清晰	整体型	—	—
凤城镇	南安阳村	不详	集中一处	—	—	山体	河流	35%	可辨	整体型	—	—
白桑乡	洪上村	31200	集中一处	山体	山体	山体	山体	90%	清晰	整体型	—	—
周村镇	周村镇	142500	集中一处	城墙	城墙	城墙	城墙	70%	清晰	整体型	—	—
	石淙头村	约80000	集中一处	山体	山体	河流	山体	90%	清晰	整体型	—	—
李寨乡	陟椒村	村内统计为25万	集中一处	三官庙	西庙	南街	北街	80%	清晰	整体型	—	—

第五章 沁河流域古村镇保护体系

- 沁河流域古村镇保护理念
- 沁河流域古村镇保护目标
- 沁河流域古村镇保护体系

第一节　沁河流域古村镇保护理念

1. 整体保护理念

在宏观层面上，全面统筹沁河流域历史风貌保存较好的 30 余座古村镇，以沁河空间为依托，沁河文化为根基，进行整体性保护，这是本规划的第一理念。所谓整体性保护，就是要保护沁河流域古村镇历史环境的完整性，保持历史脉络的连续性，保持历史文化的多样性，不仅要突出村落个体特色，更要体现沁河流域古村镇的整体风貌，使得分散的古村镇成为一个有意义的整体。

2. 集群保护理念

在中观层面上，针对沁河流域古村镇的空间分布和历史渊源，将个体村镇群体化，是个体的重新组合，主要目的是解决单个村镇各自为政、无序竞争、资源浪费以及单个保护中文化的流失和破坏问题。所谓集群保护，是以组团为单位，按照整体关联性，对组团内的各历史要素进行统筹保护。在文化上，深入挖掘组团内个体之间的文化脉络，强化各历史要素之间的联系，提升整体文化实力，塑造特色品牌；在空间上，强调各历史要素的空间关联，强化历史要素的一体化保护，避免单一保护造成的空间特色丢失和彼此之间不利的干扰[1]。

3. 特色保护理念

在微观层面上，通过比较分析来寻求个体的差异性，在整体风貌基础上强化各村镇的特色。所谓特色保护，就是综合古村镇的历史功能、环境特色、遗存状况等，以资源的稀缺性和典型性为条件，对村落特色进行保护与强化，避免保护、修复过程中古村镇之间景观的相互复制，造成村落特色的误读和曲解。在整体层面上，形成主次有序、风貌有别、特色鲜明的保护与发展定位。

4. 统筹发展理念

统筹发展即整合区域旅游资源，将分散经营的古村镇集合成为一个有机整体，实现单体经营向集群化发展转变，进而推进资源配置质量和效率的提高，形成"1+1>2"的规模效应、集聚效应、叠加效应。改善经营模式，提升服务质量，实现以最小的成本获得最大的投资回报，并从集群的文化特色出发，统筹发展文化品牌战略，指导组团特色发展的方向，避免不良竞争[1]。

5. 协作发展理念

协作发展即打破传统村界，整合村庄用地，统一规划、科学布局，将沁河流域建设成为一个布局合理的有机整体。在新村建设上变布局分散的农村居住形态为集约高效的城镇型空间，为生活居住、旅游度假、煤炭开采和生态观光等活动提供舒适的环境和条件。

第二节　沁河流域古村镇保护目标

对沁河流域古村镇的规划本着"全面保护，分区引导，个体控制，整体协调"的原则，以文化保护为导向，协调并落实相关规划的内容，从流域、组团和村落三个层面实现规划目标。

---

1 邓巍. 古村镇"集群"保护方法研究——以山西省沁河中游地区古村镇为例[D]. 武汉：华中科技大学，2012.

1. 流域层面

规划从流域层面挖掘文化资源，梳理文化脉络，总结文化特色，并在沁河特色城镇化发展规划、沁河生态廊道景观规划等相关规划的基础上，以凸显沁河文化为导向，以沁河流域古村镇全面发展为目标，以空间相连、地域相邻、文化相似为前提，划分文化组团，明确文化特色，定位组团功能，组织旅游线路，使之成为沁河流域村镇发展的文化纲领，实现沁河流域古村镇的文化复兴。

2. 组团层面

在组团文化战略的基础上，从空间上进一步落实镇、乡规划的相关内容。在组团空间完整性和联系性的前提下，明确古村落保护和控制范围，明确组团生活性用地和生产性用地的布局，制定旅游发展策略，最终形成与上位规划相衔接的空间发展指引。

3. 村落层面

村落层面的保护就是以组团建设指引为依据，落实组团保护的要求，并在全面分析本体特色的基础上，按照历史文化名村保护的要求进行个体保护，明确村落的保护内容和保护要求，为新农村建设提供规划依据[1]。

第三节 沁河流域古村镇保护体系

一、分区保护

分区保护是以组群为单位，按照整体性保护原则，对组群内的各历史要素进行统筹保护。在文化上，深入挖掘组群内个体之间的文化脉络，强化各历史要素之间的联系，提升整体文化实力，塑造特色品牌；在空间上，强调各历史要素的空间关联，强化历史要素的一体化保护，避免单一保护造成的空间特色丢失和彼此之间不利的干扰，这也是村落集群保护的核心内容。每个组群应该有一套独立、详尽地从历史研究到保护策略的保护系统，包括历史文脉分析、历史遗存梳理、风貌体系构架、保护区域划分、协同发展指引等主要内容。

1. 历史文脉分析

通过历史文脉分析，挖掘村落间的历史渊源，找出影响村落共同存在和发展的文化要素，作为个体村落间的文化联系，便于塑造品牌。例如端嘉组群，以端氏为中心，从春秋时期韩、赵、魏三家分晋，迁晋君于端氏聚，到西汉开始设县，在其河防重镇、缫丝之乡、商贸通道的历史背景下逐渐发迹起坪上、曲堤、窦庄、南北郭壁等村落，至今还保留一些古商道和渡口。民间还有"金郭壁，银上窦庄，花花曲堤，乱坪上"的谚语。

2. 历史遗存梳理

组群层面的历史要素较多，包括历史上的和现在仍然存在的。历史遗存梳理包括两个方面的内容：一是为了寻找组群空间的结构性遗存，挖掘个体村落之间的空间关联，指导组群风貌体系的构建；二是盘点现状遗存状况，制定相应的保护策略及要求。

3. 风貌体系构架

构架风貌体系的目的是强化历史遗存之间的空间联系，形成相互关联的历史整体，凸显组群的空间文化。

风貌体系通常由自然山水关系、成片的风貌区以及联系各风貌区的道路共同组成，在山水环境突出的组群，还包括个体间的空间视线。风貌体系构架是组群历史保护的重要内容，风貌体系的构成要素以及组群中存在的其他点状的历史建筑、人工构筑物（水井、码头）、文化遗址、古道、墓葬、古树名木等，共同构成组群的重点保护内容。

4. 保护区域划分

在组群村落的保护中，除明确划定每一个村落的核心保护区外，更重要的是依据村落的集中程度划定统一的建设控制区和环境协调区。由于组群内古村落的集聚度高，建设控制区的范围划定必须遵循"协同控制"的原则，邻近的村落在划定建设控制区时，需考虑本村建设对邻村的影响；跨越行政边界划定协同控制范围，协同控制区内必须遵守两个村的保护要求，避免单方面保护规划效力的丢失。

5. 协同发展指引

所谓协同发展就是不以个体为单位，集中组群的资源，发挥内部成员的优势，分工协作，共同发展。协同发展包括两个方面的内容：土地资源协同利用、旅游资源优势互补。

土地资源协同利用是协同发展的前提，在组群范围内，跳出建设控制区，集中选择一块区域作为组群共同的发展用地，以免对组群的历史空间造成影响，包括新农村建设用地和未来旅游服务用地。

旅游资源优势互补就是集中组群的优势资源，打造一个完整的旅游产品，强调特色和差异，有集中的旅游集散地和一条贯穿所有景点的旅游线路，为所有的村落提供平等的旅游机会，避免无序的竞争[1]。

二、分级保护

分级保护是针对村落保护价值差异提出不同的保护要求，根据村落的价值体系评价，分为一级保护、二级保护和三级保护，如图 5-1 所示。

1. 一级保护

在村落价值体系评价中，把历史环境完整、历史遗存丰富、保存状况优良的村落列为一级保护村落。一级保护要求对村落历史环境及村落周边进行全面保护，包括对山水关系的保护，村落的风貌体系构架（边界、街巷、重要公共建筑）的保护，历史遗址遗迹的保护等，并要求适度复原、修复村落的重要结构性要素，如城墙、重大公共建筑等，对历史遗址遗迹进行标识和再设计，直观地反映历史信息。

2. 二级保护

在村落价值体系评价中，把村落本体空间基本完整、结构清晰、遗存比较丰富的村落列为二级保护村落。二级保护要求关注村落本体空间风貌体系的强化和控制，对村落空间的结构性要素进行适度的修复，以风貌强化措施为主，不要求复原，对已经消失的节点、边界要素采用景观设计手段进行历史的再现与重构。

3. 三级保护

把村落本体空间破损严重、空间结构模糊、历史遗存碎片化的村落列为三级保护村落。三级保护仅要求关注历史遗存本体及周边环境，按照文物保护的要求对本体和周边进行保护控制。

---

1 邓巍. 古村镇"集群"保护方法研究——以山西省沁河中游地区古村镇为例[D]. 武汉：华中科技大学，2012.

第五章　沁河流域古村镇保护体系　115

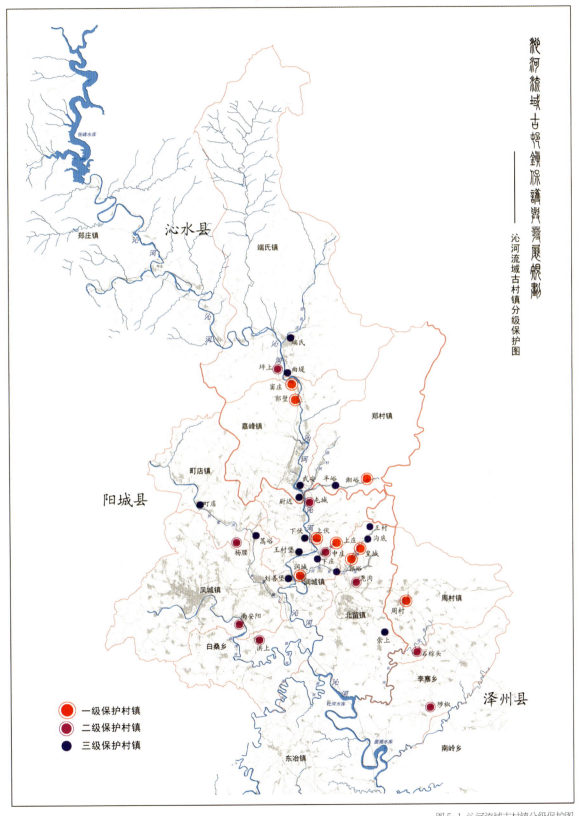

图 5-1 沁河流域古村镇分级保护图

三、分类保护

根据规划对村落集群体系中风貌特色的评价，沁河的村落被分为堡垒防御型村镇、家族院落型村镇、商道市镇型村镇以及山水景观型村镇等（图 5-2），依据其不同的空间风貌特定，制定相应的保护重点。

1. 堡垒防御型村镇的保护

堡垒防御型村镇的保护着重保护和修复防御空间，在村落防御特色研究的基础上，进一步研究防御文化对村落空间的影响，探索防御型村落的空间组织和控制模式，以便针对性地提出防御空间修复策略。探究村落的防御系统是保护的前提，通过对防御系统的核心构架的分析，提炼村落防御的核心要素重点进行保护和修缮。防御型村落的防御体系可总结为外围防御和内部防御。外围防御体系的保护主要是对城墙及其相关自然环境的保护和修复，值得一提的是，城墙的防御往往和村外环境融为一体，在保护城墙防御形态的同时，一定要注意与之伴生的自然环境，例如湘峪村在修缮城墙时，就改变了村外的历史环境，村落变城堡，韵味全无。内部防御体系的保护主要是街巷防御体系，适度地修复一些过街楼、丁字口、巷道端头的圪洞，有利于凸显内部防御结构。

2. 家族院落型村镇的保护

家族院落型村镇的保护着重保护与修复家族空间关系，在研究家族文化与空间结构关系的基础上，以家族文化为核心，界定家族领域，修复家族空间，实现家族文化的保护，凸显家族型村落的空间特色。强化家族领域是家族保护的首要内容。必须分析家族结构的空间格局，通过"围"与"分"的方法，即院墙围合与巷道分隔等外部空间手段，强化领域边界，标识领域环境，达到旧家族空间的相对完整。修复家族空间是家族村落保护的核心内容。在家族领域界定的基础上，进一步对家族内部结构进行修复。通过对各家族遗存密度的研究，选择不同的修复方式。对于过早衰落、信息模糊的家族空间，仅采用非建筑的形式进行纪念；对于大部分结构完整，部分院落毁坏的家族空间，进行织补式修复，通过织家族空间的肌理，增加历史空间的紧凑度，完善村落家族历史空间的面域形态。对于毁坏相对严重的家族空间进行"框架式"修复。针对建筑遗存状况及周边环境，对已不存在的院落用旧建筑的砖石作为材料，仅修筑 0.6 米高的墙体，形成开敞空间，仅对门楼、照壁等实施框架式的纪念性修复，将今日的场地功能融入其中，在虚与实之间隐喻家族昔日的格局与规模。旨在原真性与"假古董"、建筑实物与开敞空间、历史和现状之间寻找一种平衡，丰富家族村落的修复方法。

3. 商道市镇型村镇的保护

商道市镇型村镇的保护必须建立在全面了解村落商业结构的基础上，由于商业等物质交换的影响，通常会伴生一些与商业活动相关的设施，如店铺林立的主街、交易市场、码头、货物中转的场所，其中以主街和交通设施最为主要。

主街是商道市镇型村镇保护的重点。要严格保护商业大街的街巷格局，严禁随意在大街两侧新开街巷；保护原街巷立面和商铺原貌，修复毁损的店面门窗，不得在沿街的历史建筑上随意增开门窗；保护原有街面材质，被改动的地段需恢复传统石板街；按照不同的保护层次，保护传统街巷的空间序列，包括各座券门、街巷圪洞、沿街庙宇、重要院落及看家楼、构成街巷标志的其他重要建筑物、村外的魁星楼及历史商道、古树等。

4. 山水景观型村镇的保护

山水景观型村镇主要是保护村落与周边自然环境的关系，从中国传统的居住模式上看，在古代，人们就形成了"城、郊、林、野"的居住格局,特别是传统村落非常讲究生产、生活、生态三者的结合,而在风水学中,各种自然要素都是村落发展过程中要合理安排的因素。因此,在传统风水建村的指导下,山体、水系、农田、林地等自然要素必须被合理地利用到山水型村镇的保护中去,保持"山麓宜居,山坡宜牧,山下宜耕"的自然关系。

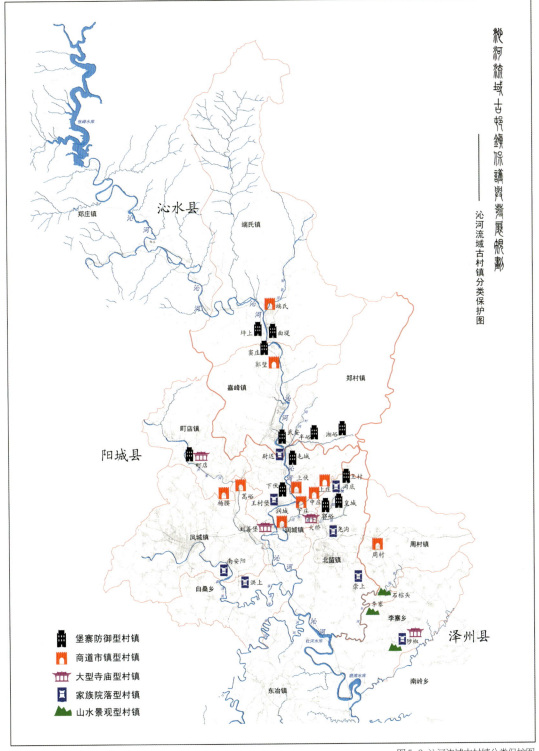

图5-2 沁河流域古村镇分类保护图

第六章 沁河流域古村镇集群建构

- 沁河流域古村镇集群因子
- 沁河流域古村镇集群体系

6

第一节 沁河流域古村镇集群因子

一、地理集群

1. 沁河主河道

根据沁河流域自然地理条件，古村镇的分布集中在中段相对开阔的河谷地区，如图 6-1 所示，沿主河道布局部集中在端氏镇区至润城镇区，沿沁河河道两岸依次分布端氏镇、坪上村、曲堤村、窦庄村、郭壁村、卧龙庄村、下李寨村、潘庄村、刘庄村、磨滩村、秦村、殷庄村、嘉峰镇、武安村、尉迟村、屯城村、望川村、上伏村、下伏村、王村堡、薛家岭村、后滩村、刘善堡、润城镇、河头村、下孔寨村、炼上村、马山村、神子头村、杜河村、东磨滩村、磨滩村。根据历史文化遗存条件，选取上、中、下三个组团进行分析。

（1）端嘉组团。

端氏镇、坪上村、曲堤村、窦庄村、郭壁村以端氏为中心，历史渊源可追溯到春秋战国时期，春秋时期韩、赵、魏三家分晋，曾迁晋君于端氏镇，西汉开始设县，当时端氏地处沁河水口，古村镇在河防重镇、缫丝之乡、商贸通道的历史背景下发展形成。

（2）嘉润组团。

武安村、尉迟村、屯城村等村落的历史渊源关系秦中期的长平之战，造成了大规模村寨营建活动，长平之战前后长达 12 年，战争波及整个沁河流域。沁河防线端氏至润城一段至少有数万军队驻扎，形成一系列密集的防御堡寨，大规模设置屯堡、兵寨等各类军事设施，这些屯堡以后发展形成了本地的大量村镇群。武安村之名来自秦国武安君白起，传说长平之战时，白起曾驻军于此，村中至今仍保留着武安寨和古代军事地道。屯城村因秦军在此屯粮而得名，古堡遗址至今犹存[1]。

（3）润城组团。

上伏村、下伏村、王村堡村、刘善村、润城镇的润城组团，是以润城为中心的阳城冶铁业带动了区域商贸经济的发展，在明清时期阳城以冶铁产业建立起来的村镇体系中，上伏村等地处重要商贸节点，曾一度成为各地商客的中途商站、沁河古渡的水旱码头。集古渡口、古商道、古街市、古寺庙、古城堡为一体，相互协作、功能互补，其形成、发展与变迁是一个相互依存的整体，较全面地反映了明清时期沁河流域社会形态、经济水平和民俗文化。

2. 沁河支流

在规划范围内，沁河支流自上而下主要分布有沁水河、固县河、郑村河、湘峪河、史山河、芦苇河、获泽河、长河、西治河，古村镇沿支流分布如图 6-2 所示。

（1）湘峪河组团：上半峪村、下半峪村、湘峪村。

（2）樊河组团：皇城村、郭峪村、沟底、王街、尧沟村。明末有农民起义，建筑以村防为主，有官宅家族、郭峪大镇等丰富的历史背景。

---

[1] 邓巍. 古村镇"集群"保护方法研究——以山西省沁河中游地区古村镇为例[D]. 武汉：华中科技大学，2012.

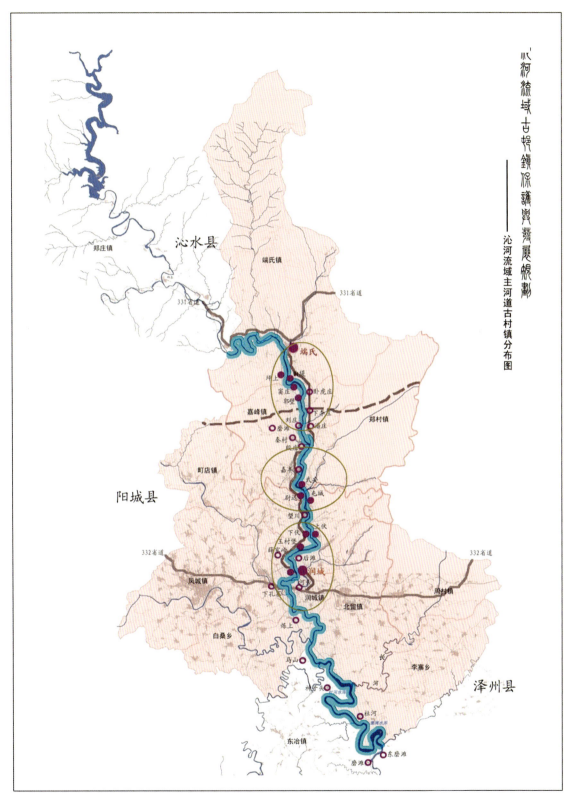

图6-1 沁河流域主河道古村镇分布图

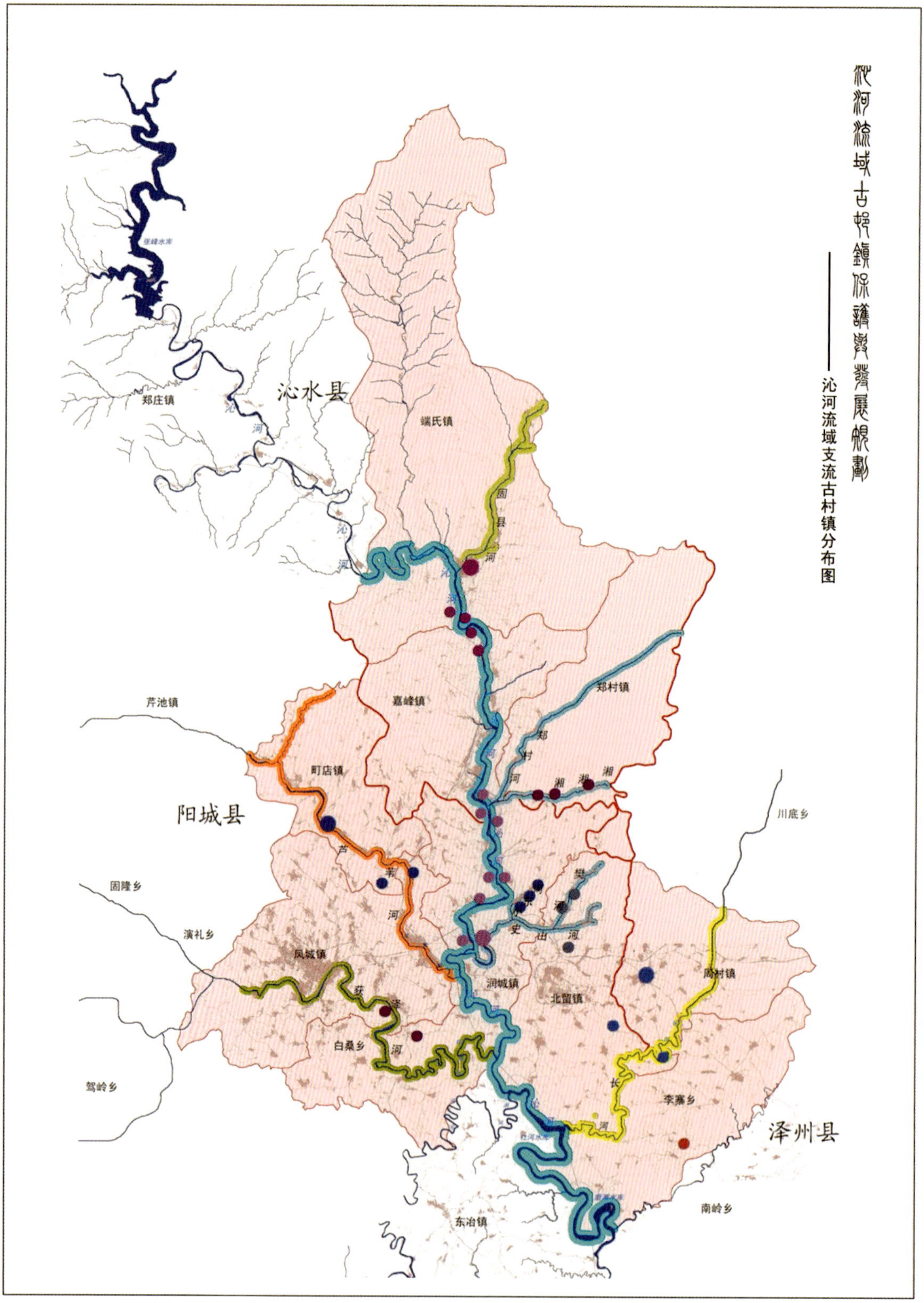

图 6-2 沁河流域支流古村镇分布图

（3）庄河组团：上庄村、中庄村、下庄村。明末有农民起义，建筑为家防形式，以官宅为主，有庄家河集市群、火龙沟、白巷里、小城河街等丰富的历史背景。

（4）长河组团：周村镇、石淙头村、崇上村、陟椒村。该地是古时晋城通往河南、晋南、陕西的必经之路和交通要塞，为太行重镇。

（5）芦苇河组团：町店镇、杨腰村、蒿峪村。

（6）获泽河组团：南安阳村、洪上村。该地建筑以商宅为主，是通往洛阳的"通道"。

二、文化集群

所谓文化集群，就是以村落个体间的文化线索为依据而采取的组群划分模式，是一种文化捆绑措施。一定程度上说，群域内所有的个体都具有共同的文化特性，譬如沁河流域所有的村落都具有农耕文化、商贸文化、冶炼文化、防御文化、家族文化等背景，这种整体性的文化背景形成的是一种宏观层次的集群，表现为"群域"。值得一提的是，在广阔的群域空间里，受区域空间的影响，局部形成一些具有个性的文化，这是古村落群文化集群的基础；此外，有些个体之间虽然没有形成个性的文化，但是历史上是一个完整的个体，具有文化的同源性，这也是文化集群的一个重要组成部分。文化集群主要依靠民间谚语、文化辐射、典型特色、重大历史事件关联和历史成因五个方面来实现。

1. 民间谚语

民间谚语是内生和自发的文化联系，具有根深蒂固的文化影响，是文化集群的直接手段。例如历史上有"金郭壁，银窦庄，花花曲堤，乱坪上"的说法。由于郭壁村临沁河而建，不但是重要的陆路交通要道，同时也是重要的水上运输出口，"日进斗金"而有"金郭壁"的美誉；窦庄为官者多，多为俸银，称"银窦庄"；曲堤虽然不富有，但是姑娘漂亮，嫁到附近的郭壁和窦庄村，称为"花花曲堤"；坪上人好斗，被称为"乱坪上"。同时又有"郭峪三庄上下伏，举人秀才两千五"的说法，从这个意义上说，上庄村、中庄村、下庄村以及上伏村、下伏村属于科举文化盛行的组群。

2. 文化辐射

文化辐射是指某一种强势文化对周边的影响力，表现出明显的向心性和不可逃脱性。例如润城镇的冶炼文化就是强势文化的典型代表。《山西通志》中有在明成化年间"铁，唯阳城尤广"的明确记载。当时润城周边地区有丰富的煤、铁资源，炼铁业出现了较大规模的发展，离镇不远的黑松沟（上庄村、中庄村、下庄村）成为炼铁的好去处，白天铁炉相望，夜晚火光冲天，人称"火龙沟"。因冶炼的需要，加之人口膨胀，在沟内大兴土木。黑松沟原始森林被大量用于冶炼和建筑，不长时间即告罄。沟内形成的村落名为白巷里，以后逐渐成为上、中、下三庄。同时，周边地区也出现许多炼铁的村庄。加之润城地处交通要道的便利条件，大规模的铁货交易在此进行，润城很快成为一个以铁货交易为主的商品交易中心。在铁货交易的同时，其他货物贸易也随之而来，外地的客商和劳动力纷纷涌入，许多本地人也纷纷走上经商的道路。一时间就如《阳城县志（同治版）》所形容的"居民稠密、商贾辐辏"，润城镇改名为铁冶镇，居民达三千余户。当时的冶铁业遍布在沁河、芦苇河沿岸的润城、三庄、刘善、蒿峪、上下孔、尹家沟及郭峪、安阳、东冶等地，现存建于明崇祯十一年（1638年）的砥洎城城墙多数用冶铁用的坩埚和鹅卵石砌成，且使用这种材料的建筑在三庄、刘善、蒿峪、尹家沟、东冶等村或为房舍，或为河坝，或为煤井井口，至今犹存。

3. 典型特色

典型特色是指在一定范围内的村落个体表现出超级相似的文化和空间特色，可以看作区域文化的相互影响，从而作为文化集聚的重要依据。例如南安阳村和洪上村，都位于凤城镇附近的获泽河两岸，都是因自古以来通往运城、山西、济源的商道远距离经商而起的村落，村内并无商道，都是在外经商后回乡修建的府邸，且府邸形制和家族背景都几乎相同，这一点从洪上的范家十三院和南安阳的潘家十三院可以看出。此外还有郭峪和皇城的村落整体防御特色，村外城墙、村内豫楼的双重防御模式，可见其文化的相似度和社会关联性极高。

4. 重大历史事件关联

一些重大历史事件不仅催生出一批具有紧密联系的村落，同时也强化了村落的文化关联，例如武安、尉迟、屯城就是长平之战时期的共同产物。屯城村因秦军在此屯粮而得名，古堡遗址至今犹存。武安村因秦军主帅武安君白起在此筑寨屯兵而得名，相传村内的古地道就是当年由秦军所修。此外，还有因秦将王离筑城据守而得名的王离城（今仅存遗址），以及因秦军筑城牧马而得名的马邑城，都是因长平之战而起，它们之间的文化关联性由此可见。

5. 历史成因

某些个体村落在历史上都是密不可分的，从村落的名称可以清晰分辨。例如郭南村和郭北村在历史上就是一个村子，统称为郭壁；上庄、中庄、下庄历史上合称黑松沟、火龙沟、白巷里，直至近代才分成几个行政单位，单独成村。上伏和下伏本应该称之为上佛和下佛，相传一尊佛像冲至本村时，佛身断裂，上半身落在上佛村，下半身落在下佛村，因此而得名。

三、景观集群

所谓景观集群就是以自然景观为联系而进行空间划分，沁河流域古村落群的自然景观联系可概括为自然山水联系和景观视线联系两个方面。

1. 山水环境

古村落通常依据山水环境的自然形胜进行选址，必须具有一定的山水组合关系，这种关系既可以理解为风水关系，也可以理解为整体的山水环境，是村落形成的基础。在一些山水环境较好、空间容量较大的自然地域中，可能同时坐落几个村落，这些村落在空间上相邻，表现为山水景观联系。

2. 景观视线

景观视线可单纯地理解为看与被看的关系，即一个村子整体或部分成为另一个村落的景观组成部分，表现为视线上的关联。

第二节 沁河流域古村镇集群体系

一、组团划分

1.主河道

端嘉组团：端氏镇、坪上村、曲堤村、窦庄村、郭壁村。

嘉润组团：武安村、尉迟村、屯城村。

润城组团：上伏村、下伏村、王村堡、刘善堡、润城镇。

2.支流

湘峪河组团：上半峪村、下半峪村、湘峪村。

庄河组团：上庄村、中庄村、下庄村。

樊河组团：皇城村、郭峪村、尧沟村。

长河组团：村镇、石淙头村、崇上村、村陟椒村。

苇河组团：町店镇、杨腰村、蒿峪村。

获泽河组团：南安阳村、洪上村。

二、组团紧凑度

根据村镇之间的地形单元、空间距离和交通便捷程度，并考虑行政区划和历史渊源，组团内部的空间紧凑度依次如下排列。

一类紧凑度：端嘉组团、庄河组团、峪河组团、樊河组团。

二类紧凑度：嘉郑组团、润城组团。

三类紧凑度：获泽河组团、芦苇河组团、长河组团。

三、集群划分

根据组团之间的紧凑度，组团之间可形成部分空间集群。

主河道集群：端嘉组团、嘉郑组团（含峪河组团）、润城组团。

支流集群：庄河组团、樊河组团、获泽河组团、芦苇河组团、长河组团。

沁河流域古村镇分区保护如图 6-3 所示，集群建设及特色分别如图 6-4、图 6-5 所示，旅游布局如图 6-6 所示。各组群内景观资源丰富、文化灿烂、历史古迹众多。以防御性的古堡建筑为特色，还包括古墓葬、古寺庙祠堂、古院落等，据权威统计山西现存的古建筑居全国之首，除了这些历史人文旅游资源外，还拥有壮阔的自然风光，风景秀丽，景致各异，拥有大量古树名木。如表 6-1 所示，沁河流域旅游景观资源极为丰富，具有较高的保护及旅游开发价值。

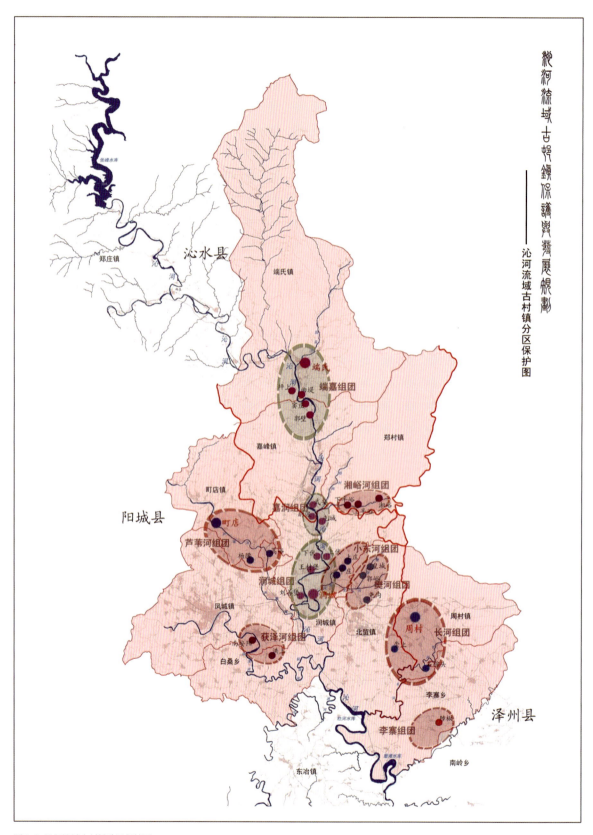

图 6-3 沁河流域古村镇分区保护图

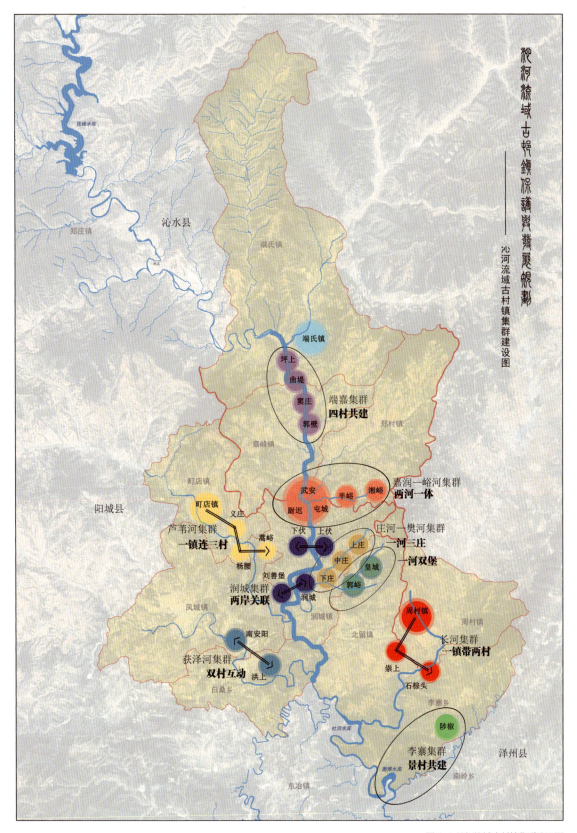

图6-4 沁河流域古村镇集群建设图

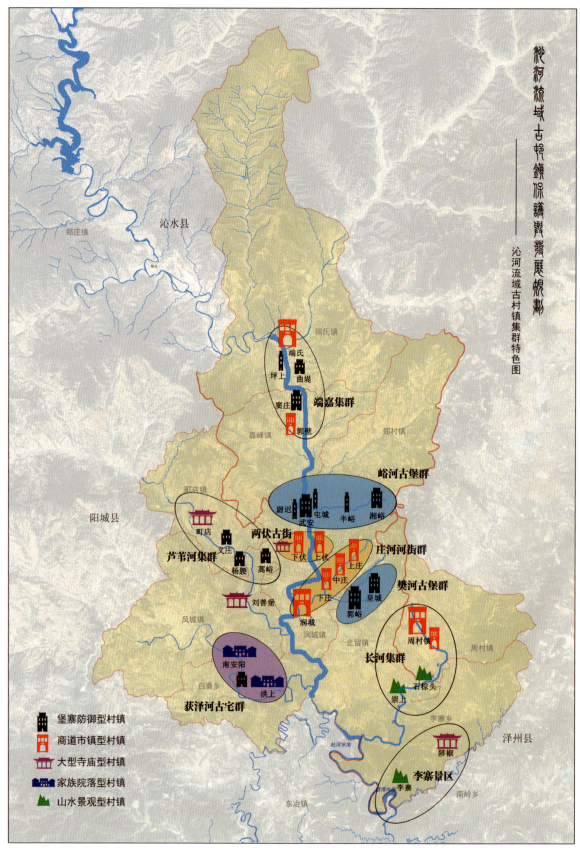

图6-5 沁河流域古村镇集群特色图

第六章 沁河流域古村镇集群建构

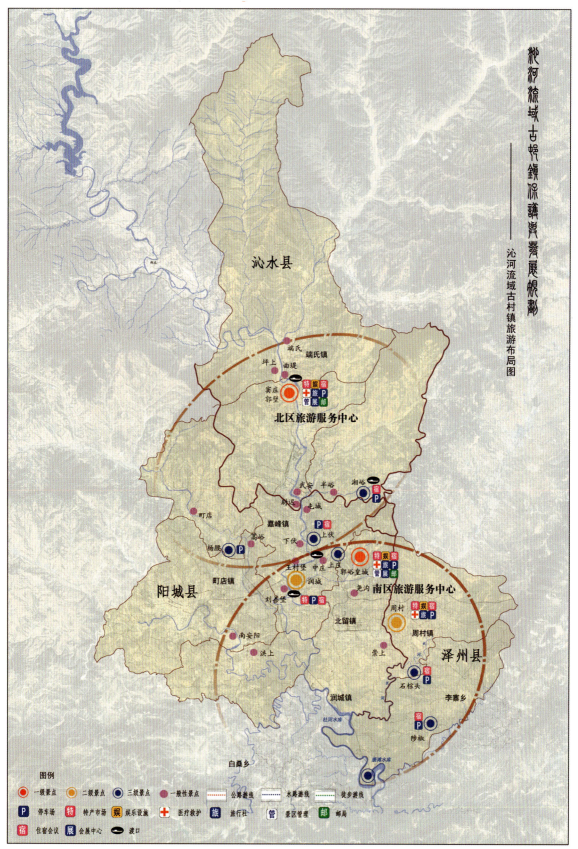

图6-6 沁河流域古村镇旅游布局图

表6-1 沁河流域旅游景观资源一览表

组团名称	景源级别	景源名称	综合评价
端嘉组团	一级景源	窦庄古建筑群、戏台、古公堂、观音阁、佛庙、南街、北街、集上街、十字街；郭壁古建筑群、韩家祠堂、崔府君庙、观音阁、师祖阁、韩氏祠堂、桥上、私塾、极高明院、南院文魁院、中宪第大门、古渡口遗迹、古桥、堡门、古牌坊街、三槐里巷、赵家巷、行宫巷	以窦庄和郭壁的北方传统村落遗存景观为主要特色；以曲堤、坪上村落景观为辅
	二级景源	端氏汤王庙、贾景德故居、南街、北街、东街、西街；坪上张家大宅、刘东星墓、曲堤牌楼、水井、霍高明府第、文昌阁	
	三级景源	端氏张家大院、郭家大院；坪上玄帝阁、圣王庙、南北堡门、西曲堡墙	
嘉郑组团	一级景源	湘峪古堡建筑群、城墙及藏兵洞、东岳庙、明代中街、千年老槐树、石牌坊、明代水牢水井；屯城元渠遗址、张慎言故居、看家楼、东岳庙；尉迟赵树理墓、尉迟恭庙（敬德庙）、赵树理故居	以湘峪古堡景观为主要特色，以屯城、尉迟战事文化、名人故里景观为辅
	二级景源	半峪村胡家掌后马家院、张泰交墓、胡家掌佛庙（上庙）、半峪大庙；屯城关帝庙、文昌庙、张弓楼；尉迟赵家东院；武安兵寨遗址、惠济寺；武安秋闻高捷牌楼	
	三级景源	半峪村反后土寨、都山神庙；屯城古寨巷1、4、6号院，陈府巷3、4号院，春坡巷1、3号院，大门口巷1、3号院等民居院落；尉迟吕氏南院、小东院、马坊院、窑院；武安赵氏院落（山河楼）、牛氏院落	
润城组团	一级景源	润城镇东岳庙、玉皇庙、东坪庙、砥洎城古堡、张敦仁院、张作建院等数百座保存完好的院落、三门街；刘善村天坛山轩辕庙；上伏大庙、上伏主龙街、赵家大院	景观环境以润城古镇砥洎城古堡、上伏村商道文化为主要特色，以刘善天坛山宗教景观为辅
	二级景源	润城镇关帝庙、黑龙庙、观音阁、玄武阁、关帝阁、红阁等；上伏村李家大院、王家大院、天水院等龙街两侧保存较好的历史院落、东内券、东外券、西内券、西外券；下伏大庙	
	三级景源	刘善村延家院、郭家院、贾家院、通天院等历史院落；王村永宁寨、狮院、灵泉观；下伏马家院	
庄河樊河组团	一级景源	郭峪豫楼、城墙、汤帝庙，张鹏云四宅、西都世泽院、王重新院、芦家院、谭家院、侍郎寨、申明亭、上街、下街；海会寺书院；皇城城墙、御书楼、南书院、东书院、管家院、相府、小姐院、樊家院、世德院、河山楼；上庄街、炉峰院	景观环境以郭峪、皇城的堡寨景观为主要特色；以上、中、下三庄河街和尧沟折龙巷街巷景观为辅
	二级景源	郭峪钟家院、陈家后院、恩进士院、张家大院、西院、郭家院、卫家祠堂、紫阳阳居、小狮院、范家院；尧沟曹帅府邸、济渎庙、折龙巷；上庄樊家庄园、参政府、尚书第；中庄棋盘八院、汤帝庙	
	三级景源	中庄曹家祠堂、李家祠堂、三官庙、到圣庙、卫院、曹家院、张家院、酒院；尧沟屋底院、崇德居、外墙院	

续表

组团名称	景源级别	景源名称	综合评价
长河组团	一级景源	周村古堡中的东岳庙、郭象升祖居旗杆院和平顶院、范家大院鸿胪院、新院、刘家院、周村街、长桥、南门、小南门等；石淙头的老龙温、看河厅等自然景观和上宫上院、下宫上院、影壁院、书房院、东头院、西头院等院落	以周村镇的古民居建筑群落景观及商道景观为主要特色；以石淙头村的自然山水环境及崇上村的家族院落景观为辅
	二级景源	周村当铺院、布料店、盐号、魁星楼、周处墓；石淙头村囫囵院、街花院、上疙院	
	三级景源	周村小布店、前北店、骡马院、酒馆、马家槽、小碾道	
芦苇河组团	一级景源	町店镇崦山白龙庙、义城山寨、白岩书院、町店战斗遗址、杨腰古民居院落群	景观环境以町店镇的战争、革命遗存和町店镇、蒿裕村的宗教建筑为主要特色，以民居群落景观为辅
	二级景源	町店镇尚书故里；蒿裕村成汤庙、后头炉上院、东头小庙、甄家院、马家新院	
	三级景源	町店镇驸马楼、躲兵洞；蒿裕村马芳故居、官道遗址、东岭庙、东寺、祖师庙、三官庙、灵关庙、古北寨	
获泽河组团	一级景源	南安阳村潘家大院；洪上村范家十三院、寨上、成汤庙	景观环境以町店镇的战争、革命遗存和町店镇、蒿裕村的宗教建筑为主要特色，以民居群落景观为辅
	二级景源	南安阳村潘式宗祠；洪上村城里、三教神庙	
	三级景源	南安阳村风圪洞一号院、风圪洞三号院、戏台；洪上村下院、后院、李家院、麻地院、后底院、潘家院、上泉院、观音庙、大街	

第七章 沁河流域古村镇集群规划

- 端嘉集群：四村共建
- 嘉润—峪河集群：两河一体
- 润城集群：两岸关联
- 庄河—樊河集群：一河三庄、一河双堡
- 长河集群：一镇带两村
- 芦苇河集群：一镇连三村
- 获泽河集群：双村互动

第一节　端嘉集群：四村共建

一、历史渊源

端嘉集群由端氏村、坪上村、曲堤村、窦庄村、郭壁村组成。本集群的历史渊源与端氏手工业、商贸业的发展相关联，其中养蚕和缫丝的历史最为悠久，以端氏为中心的缫丝、织绢等手工业作坊带动了区域商贸经济的发展，在明清以手工、商贸产业建立起来的村镇体系中，窦庄、郭壁等地处重要商贸节点，曾一度成为各地商客的中途商站，沁河古渡的水旱码头[1]。随着历史的推移，五个古村镇在历史上形成了以窦庄、郭壁为中心，集古渡口、古商道、古街市、古寺庙、古城堡为一体，相互协作，功能互补，其形成、发展与变迁是一个相互依存的整体，较全面地反映了明清时期沁河流域社会形态、经济水平和民俗文化。

二、历史价值

窦庄村非常重视防御功能，也有部分防御性建筑留存至今，成为窦庄的重要特色之一。现存堡墙500余米，有南堡门及小北门各一座，生动展现了沁河流域防御性建筑的特色。郭北村现存名宅十二宅，分别为后四宅、五宅、六宅、小四宅、春五宅、南、北不二宅、十二宅、后宅、窦八宅、十宅，其余两宅认为被拆除。郭南村有明清式的张家十三院，垡上苏家的四合院。

三、集群特征

本集群位于沁河上游地区，河流蜿蜒曲折，河谷宽阔平坦，古村镇分布于山水之间的河谷平原上，一衣带水。其中端氏村位于沁河与固县河的交汇处，坪上村与曲堤村隔河相望，窦庄村三面环水、一面靠山，郭壁村背山面水，形成"端氏、坪上、曲堤、窦庄、郭壁以及沁河水系"共同组成的"五村三组"的空间格局。端嘉集群五村概况及特征如表7-1所示，现状资源如表7-2所示，集群特征如图7-1至图7-3所示。

---

[1] 邓巍.古村镇"集群"保护方法研究——以山西省沁河中游地区古村镇为例[D].武汉：华中科技大学，2012.

表7-1 端嘉集群五村概况及特征一览表

村落名称	古村特色	特色提炼
端氏村	唐时，城内开通了南大街及北大街，和隋末修建的东街连为一体。并在城的东、西、南修有三座城门。而唯有城北的寨上耸立高岗，独成格局。 由于多年来古镇寺庙的不断修建，城内街道逐步形成了完整的丁字形布局。但因数百年的岁月流逝和村镇的发展，大部分庙宇和阁楼已不复存在，有的成了残墙断壁，有的仅存部分建筑。 端氏村古村民居损坏严重。民居中最著名的为贾景德故居	商贸集镇型村落
坪上村	坪上古寨（西曲城）规划个性鲜明，结构方正、脉络清晰、布局严谨，很好地反映了建设最初的情况。南北堡门保存完好，南侧城门与入城道路的防御功能独具特色	堡寨防御型村落
曲堤村	曲堤古村落选址讲究，环境优美，格局独特，建筑遗产较丰富，是一座以清代官宅为主的古村落。村中现存有少量保存较完好的官宅、阁楼等建筑，其中的官宅绝大部分建于清代，有较高的历史、文化、艺术价值	家族院落型村落
窦庄村	窦庄村现存的历史文化遗产非常丰富，共有历史建筑约20543平方米，2008年被国家住房和城乡建设部、文物局命名为全国第四批历史文化名村。窦庄村历史建筑的类型非常丰富，有居住、宗祠、防御、宗教等建筑类型。而且非常难得的是，在时间跨度上，有元、明、清等各个年代的建筑，并按照村落的发展过程，有机组合在一起，形成时代痕迹明显的古建筑群	整体防御型大村落
郭壁村	郭壁村历史悠久，名人辈出，明清时曾出现过韩范、韩可久、韩脖仁、王度等进士。郭壁曾是古代的商贸重镇，现存的文化遗产非常丰富，其中有历史建筑30640平方米，重要的街巷有古商业街、三槐里巷、行宫巷、赵家巷，2006年，郭壁古建筑被公布为全国重点文物保护单位	家族院落型村落

表7-2 端嘉集群五村现状资源一览表

资源类别	村落名称	端氏村	端氏村	曲堤村	窦庄村	郭壁村
物质型资源	古城墙	端氏古寨	坪上古寨（西曲堡墙）	—	窦庄古堡现存堡墙500余米，南堡门一座，小北门一座	土城墙，堡门
	公共建筑	汤王庙、寨上关帝庙、文庙、城隍庙、黑虎庙、南佛堂、铁佛寺	玄帝阁、圣王庙	文昌阁、戏台	上伏大庙、金龙大王庙、阎王堂、文昌阁、三官阁、魁星阁、五瘟阁、双龙寺、三元阁	私塾、师祖阁
	民居建筑	贾景德故居、贾景德府第东院、贾景德府第西院、张家大院、郭家大院五个院落	张家大宅、刘家大宅	霍明高府第、康熙年间建筑群	窦氏老宅、尚书府上宅、尚书府下宅、张氏九宅建筑群、窦氏东关建筑群、旗杆院、耕读院、常家大院、贾氏宅院建筑群、南花园	府君庙、行宫建筑群、张家古建筑群、三槐里古建筑群、青绅里、赵家宅院等院落
	石牌坊	—	西曲古牌坊	—	曲堤牌楼	古牌坊街
	古街	南街、北街、东街、西街	"两纵四横"六街	曲堤L型主街	南街、北街、集上街、十字街	古牌坊街、三槐里巷、赵家巷、行宫巷
	古树	—	—	—	古树1株	石墙石柏、古槐
	古井	古井两口	三柏两眼井	曲堤水井	—	七口古井
	古磨	—	—	—	古磨15个	—
	山水资源	该镇东以巍山为依，西有楢山为屏，从北至南是千年流淌的沁河水，坪曲	磕山	依山傍水	三面被沁水环绕，一面靠山	背山临河，曾是沁河流域的重要古渡口
非物质型资源	手工艺品	—	花篮、花灯	—	刺绣、根雕	剪纸、刺绣
	民间曲艺	—	—	戏剧	上党梆子	唱戏
	特有节日	阴历三月十二、阴历十月十八，物资交流集会；阴历七月十五、阴历十月初一，祭祀	正月十五灯会、九月庆丰收	庙会	正月初七庙会、二月二、三月三	农历三月三
	特色食品	—	—	—	蒸花馒头	花馍、蒸花馒头
	传说故事	楢山聚宝盆、火烧槐庄	—	—	"小北京"传说、张铨舍生取义、"夫人城"的故事	双旗杆、建城训子
	名人、大事件	贾景德	刘东星、李贽	霍明高	张铨	韩范、赵玉其、王度、韩崇朴、韩仰斗、韩可久

第七章 沁河流域古村镇集群规划 137

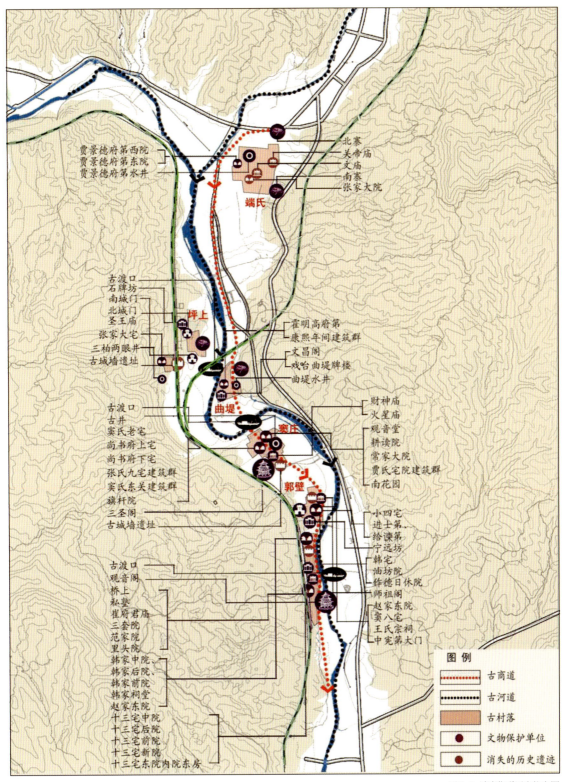

图 7-1 端嘉集群历史信息图

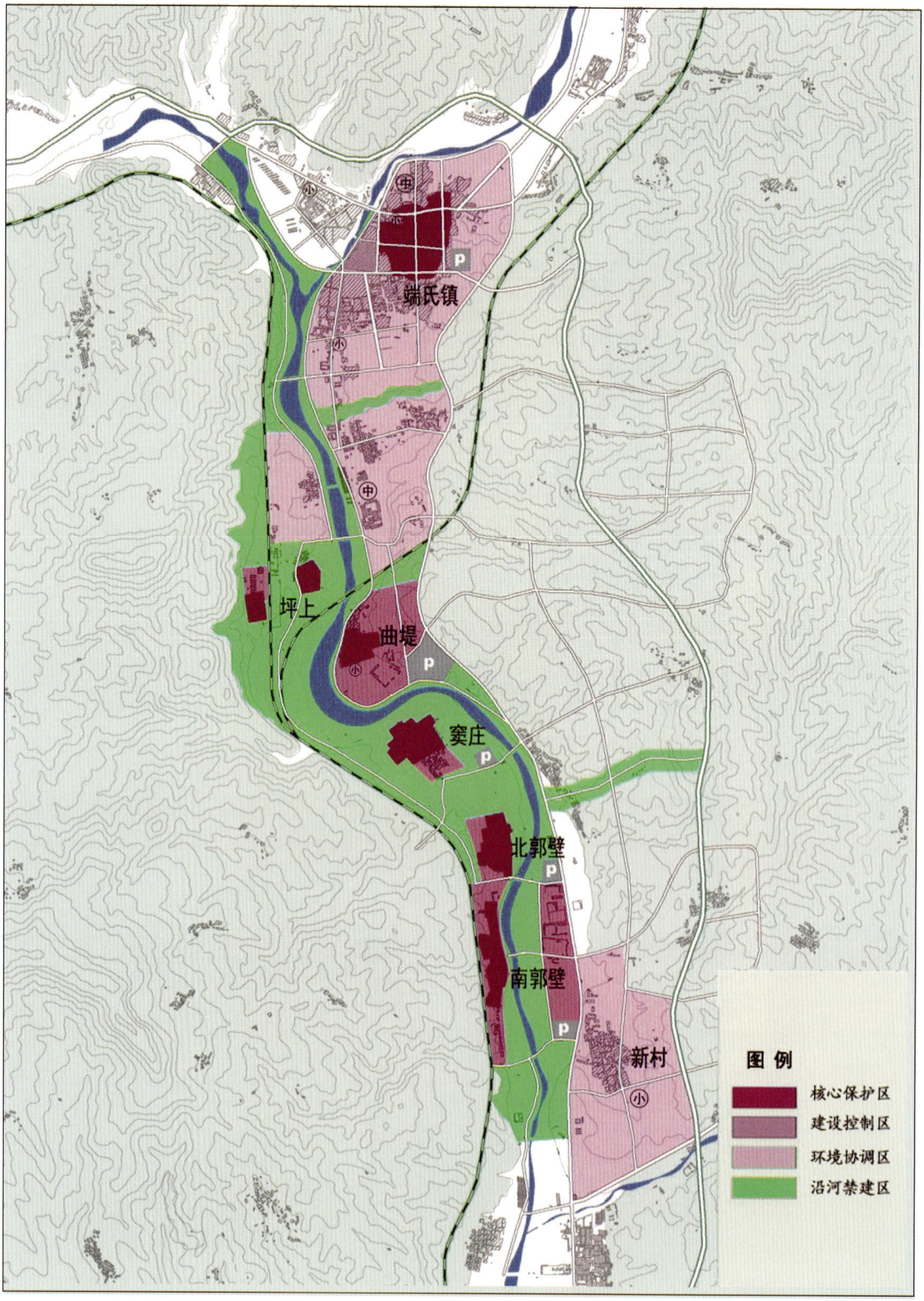

图 7-2 端嘉集群保护规划图

第七章　沁河流域古村镇集群规划　139

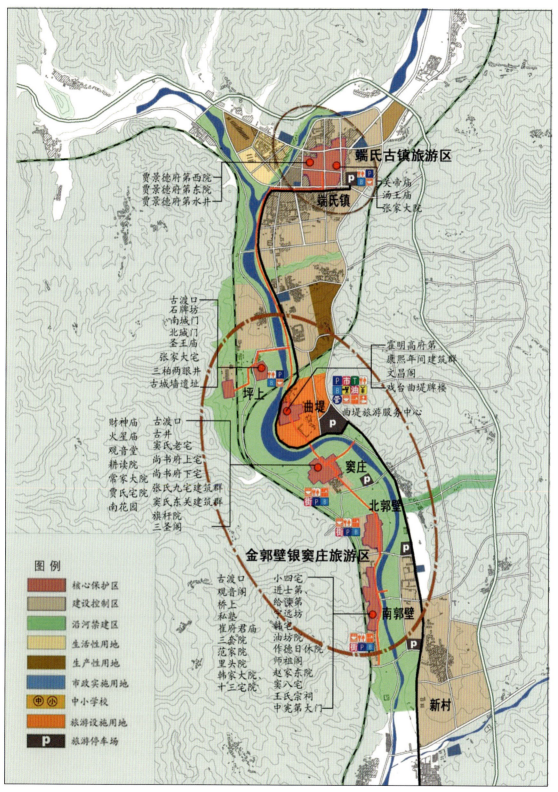

图7-3　端嘉集群旅游规划图

第二节　嘉润—峪河集群：两河一体

一、历史渊源

嘉润—峪河集群由嘉峰镇的武安村、尉迟村，润城镇的屯城村以及郑村镇的半峪村、湘峪村组成。沿沁河流域村镇的历史渊源源于长平之战造成的大规模村寨营建活动。沁河防线端氏至润城一段至少有数万军队驻扎，形成一系列屯堡、兵寨等军事设施，这些屯堡以后发展形成了本地大量村镇群[1]。武安村之名来自于秦国武安君白起，屯城村因秦军在此屯粮而得名。而峪河支流的半峪村（上半峪、下半峪、胡家掌、反后四个自然村组成）由各杂姓避战乱至此建村，湘峪村也是为了避免明末战乱灾难，保卫家园而建古堡，两村以半峪河、湘峪河形成的峪河为纽带，沿河谷集聚而成，具有明显的空间地域关系[1]。五个古村镇在历史缘起上均与战争有关，形成了以湘峪古堡为中心，集古商道、古寺庙、古城堡、古战事文化为一集的整体，其形成、发展与变迁是一个相互依存的整体，较全面地反映了明清时期沁河流域社会形态、经济水平和民俗文化。

二、历史价值

湘峪古堡：沁河流域古堡群的一朵奇葩，完好的城墙和藏兵洞防御体系，还有中西合璧的建筑形式，保存完好的家族院落。

长平文化遗迹：武安村、屯城村均是长平之战屯兵重地，遗留下来的武安兵寨遗址、地道口、屯城堡寨遗址等是体验长平战事文化不可或缺的稀有资源。

名人故居：尉迟赵树理故居、屯城张慎言故居。

三、集群特征

本集群位于沁河中游地区，河流蜿蜒曲折，河谷宽阔平坦，郑村河、湘峪河汇入沁河主河道。武安村、尉迟村、屯城村分布于山水之间的河谷平原上，分沁河而立；半峪村和湘峪村顺应山势建在山上，村落建筑依山就水，形成"湘峪+半峪、武安、尉迟+屯城以及沁河水系、峪河支流"共同组成的"五村两组、两水两带"的空间格局。嘉润—峪河集群五村概况及特征如表7-3所示，现状资源如表7-4所示，集群特征如图7-4至图7-6所示。

表7-3　嘉润—峪河集群五村概况及特征一览表

村落名称	古村特色	特色提炼
湘峪村	保存了从明代至今完整的山城布局结构。城墙与藏兵洞防御设施保存较为完好，明代中街、小巷格局尚存，古民居院落十几处，包括三都堂、双插花院、绣楼、帅府院、二宅院、棋盘四院等，建筑面积约17000平方米，这里有叹为观止的兵洞连城，有明代高楼，还有全国仅三处的明代水牢，被誉为"中国北方乡村第一明代古城堡"	三都古城，壁上之城
半峪村	半峪河从村中经过，沿河庙宇众多，民俗活动也很多	宗教圣地
屯城村	因秦军在此屯粮而得名，长平之战历史遗迹古堡遗址至今犹存；看家楼是民间军事防御工程的杰作；渠遗址为秦军所掘引，为春秋战国时期秦赵长平之战时期，秦军屯兵于此而挖掘，今渠尚存	长平之战历史遗迹
尉迟村	处于商贾要道，为文学巨匠赵树理故乡	赵树理故居
武安村	为长平之战白起屯兵之地，兵寨遗址和古代军事地道口尚存	长平之战历史遗迹

1　邓巍.古村镇"集群"保护方法研究——以山西省沁河中游地区古村镇为例[D].武汉：华中科技大学,2012.

表7-4 嘉润—峪河集群五村现状资源一览表

	资源类别 村落名称	湘峪村	半峪村	屯城村	尉迟村	武安村
物质型资源	古城墙	湘峪古堡	反后古寨	屯城古寨	—	武安兵寨遗址、东阁
	公共建筑	东岳庙、孙氏祠堂、下佛堂	胡家掌佛庙、胡家掌下庙、上半峪三官庙、上半峪关帝庙、下半峪大庙、半峪山神庙	东岳庙、同阁、二郎庙、文昌庙、关帝庙和张弓楼、郑氏祠堂	来翠阁、尉迟恭庙(敬德庙)、赵树理墓	惠济寺、汤帝庙(南庙)
	民居建筑	三都堂、双插花院、绣楼、帅府院、二宅院、棋盘四院、九宅东院与小男院、积庆院、安之居、南山翠拱院、大男院、书房院等	胡家掌村沟左有卧侯院、前街院、后街院、马家院 沟东有东坡院 沟底有沟底院	古寨巷1、4、6号院，陈府巷3、4号院，春坡巷1、3号院，张慎言宅院，大门口巷1、3号院	赵树理故居、赵家东院、南院、吕氏南院、小东院、马坊院、窑院	赵氏院落、牛氏院落、南庙西院
	石牌坊	古堡牌坊		潞国公碑、"启恩祖德"牌坊		武安秋闱高捷牌楼
	古街	明代中街、明代小巷		当街、古寨巷、中院巷、春坡巷、西胡同		
	古树	东街老槐树	胡家掌村老槐树	当街正中异形桧树	—	—
	古井	明代水井三口				
	古磨	若干古磨铺地				
	山水资源	山峦叠翠，苍松翠柏，西有虎山，南有瀑布，北山卧凤，南山藏龙，十山九回头	半峪山水十八景	东面有卧虎山	西边牛岭、东边虎谷	东南山形回抱，有七座圪垯(土堆)
非物质型资源	手工艺品	—	刺绣、剪纸、面塑花篮、花灯	—	编簸箕	
	民间曲艺	—	—	—	上党梆子、晋剧	
	特有节日	元宵节好暗会、地下广场	十五灯会、添仓节、四月初八岳城山迎神赛会、九月九半峪都山神会、三月三进程(珏)山进香	—	—	—
	特色食品	—			蒸花馒头	花馍、蒸花馒头
	名人、大事件	孙居相、孙可相、孙鼎相一门三进士，带头修筑古堡	胡彦邦：胡姓第二代世祖，捐重金带领村民修建胡家掌上庙	张慎言、张泰交	赵树理，尉迟恭敬德(吴国公)	白起，屯兵扎寨

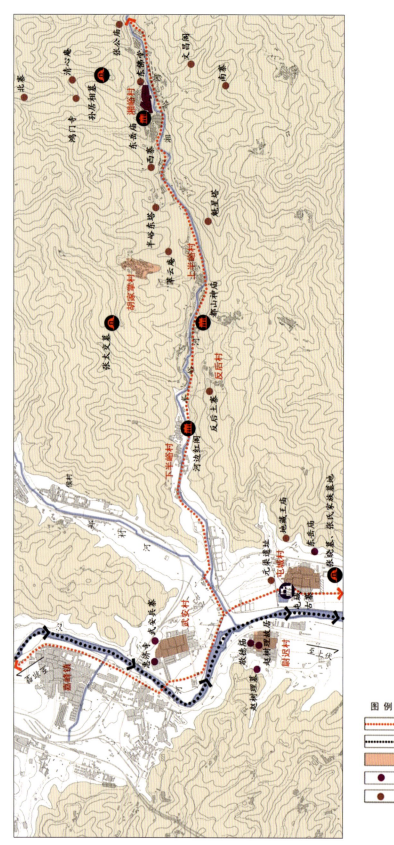

图7-4 嘉润—峪河集群历史信息图

第七章 沁河流域古村镇集群规划

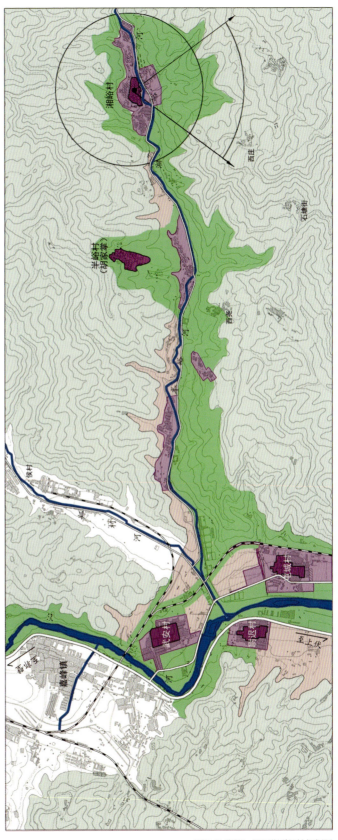

图 7-5 嘉润—峪河集群保护规划图

图 7-6 嘉润—峪河集群旅游规划图

第三节 润城集群：两岸关联

一、历史渊源

润城集群由上伏村、下伏村、王村堡村、刘善村、润城镇组成。本集群的历史渊源与阳城冶铁业的发展相关联，阳城冶铁业在明中叶达到高峰，以润城为中心的阳城冶铁业带动了区域商贸经济的发展，在明清以冶铁产业建立起来的村镇体系中，上伏村等地处重要商贸节点，曾一度成为各地商客的中途商站、沁河古渡的水旱码头[1]。五个古村镇在历史上形成了以润城为中心，集古渡口、古商道、古街市、古寺庙、古城堡为一体，相互协作、功能互补，其形成、发展与变迁是一个相互依存的整体，较全面地反映了明清时期沁河流域社会形态、经济水平和民俗文化。

二、历史价值

砥洎城古堡：明代家族堡寨的典型实物，完好的坩埚城墙是冶炼重镇的重要物证，也是晋东南社会经济发展的历史缩影。

上伏长街：生动地记录了沁河历史上水旱码头的商业形态，并且历史环境完好、街巷空间完整、历史建筑丰富，其历史价值可比晋中的商家大院。

润城三街：包括以樊溪（小东河）为依托的三门街、东河街、南边街，集中反映了沁河流域不同的商业空间和业态形式。

三、集群特征

本集群位于沁河中游地区，河流蜿蜒曲折，河谷宽阔平坦，古村镇分布于山水之间的河谷平原上，一衣带水。其中上伏村与下伏村分河而立，刘善村与润城镇隔河相望，砥洎城三面临水，天坛山高控四面八方，形成"上伏＋下伏、王村、润城＋刘善以及沁河水系"共同组成的"五村三组、一水一带"的空间格局。润城集群五村概况及特征如表7-5所示，现状资源如表7-6所示，集群特征如图7-7至图7-9所示。

表7-5 润城集群五村概况及特征一览表

村落名称	古 村 特 色	特色提炼
刘善村	刘善古村两山相夹，靠山面水，村落道路骨架呈"凤凰"形态	宗教圣地
润城镇	润城古镇的山水与古街、古堡、古庙相映成趣，保存了从明代至今完整的城镇布局结构，具有较高的原真性和整体性：三街依旧，四口尚存，十二坊可寻。其中保存尚好的古巷有9条、古民居数百处、古庙7座、牌楼拱券20余座、园林庭院5处。特别是大量炼铁坩埚和青砖混砌的建筑墙面，直接见证了润城历史上是山西冶炼重镇，是晋东南地区社会经济发展的历史见证物，具有十分重要的历史文化价值	山水城镇、防御体系、冶铁重镇、特色街市、名人杰士
王村堡村	自建村以来的三条主要街道、边界及公共建筑等构成村落空间结构的要素均保存完好。虽经过六百多年岁月的洗礼，但至今村落"三横一纵""五行八卦"的空间结构仍非常清晰	一般性村落
上伏村	上伏古村作为明清时期重要的商业集镇，因商而兴，以商道作为全村经济发展的物质基础，形成独具特色的商道文化，迄今保留下来的钱庄、驿站、商铺等多种商业建筑形式，再现了晋商活动场地，其选址布局与建筑单体都具有历史代表价值	河阳龙址、获泽名区、商贸重镇
下伏村	下伏古村落现存有一些保存完好的城墙、民宅、寺庙、祠堂、阁楼等建筑，绝大多建于明代，最早的建筑汤帝庙可以追溯到元代之前，建筑风格均为明清风格，有一定的历史、文化、艺术价值	一般性村落

---

1 邓巍.古村镇"集群"保护方法研究——以山西省沁河中游地区古村镇为例[D].武汉：华中科技大学,2012.

表7-6 润城集群五村现状资源一览表

资源类别	村落名称	润城镇	刘善村	王村堡村	上伏村	下伏村
物质型资源	古城墙	砥泊城	吴王寨	永宁寨	村两头4券	扦乐寨
	公共建筑	东岳庙、玉皇庙、白龙宫、文昌阁、关帝庙、黑龙庙、师帅府、祖师阁、西梢门、观音阁、玄武阁、关帝阁、红阁	轩辕庙、午台、玉泉寺、大王庙、老君庙、戏台	天竺寺、灵泉观、南岩寺、三教堂、大王券、二郎殿	上伏大庙、金龙大王庙、阎王堂、文昌阁、三官阁、魁星阁、五瘟阁、双龙寺、三元阁	汤帝庙（西庙）大庙、迎翠阁、金龙四大王阁、土地庙
	民居建筑	张敦仁院、张作建院等数百座保存完好的院落	郭家院、贾家院、通天院、延家院	王家院、馆前院、书方院、狮院	赵家大院、李家大院、栗家大院、郭家大院、杨家院等近80座完整的院落	马家院、后街11号院、后街20号院、中央街2号院
	古街	三门街、东河街、南边街	当街、上街、南街、下街、后街	前街、当街、后街、水街	三里龙街	北大街、南大街、中央大街
	古树		千年古槐树	—	千年古柏	—
	古井	近光居、东园、西园、涅涯别墅、怡园	四架辘轳井	—	陈家井、东街甜井、杨家井等11眼古井	—
	山水资源	"枕山、环水、面屏"，四山围固，三水萦流	天坛山	三湾、九坪、十八沟	上伏八景	—
非物质型资源	手工艺品	剪纸、炼铁	剪纸	扎花鞋、纳布底鞋	龙灯制作、手工花灯	—
	民间曲艺	中庄秧歌	—	三班戏、威风锣鼓、耍旱船"老鼠娶媳妇"	舞龙灯、八音会	—
	特有节日	十月初一白衣阁菩萨庙会、四月十八玉贞观庙会	三月十五庙会、七月十五庙会、放河灯、做圆辫、敬山神	六月二十四祭河神、二月二节	春祈秋报、祭祀祭成汤神	—
	特色食品	八八宴、油炸散	浆豆腐	手工制作粉条、面塑蒸饼	蒸枣糕、做花馍	—
	传说故事	杨家筑城卖张家的传说	民间故事："天坛山"的传说、"刘善"村名的传说	—	《东河铁牛扳水清》《上伏赵氏广锡銮驾的由来》	—
	名人、大事件	—	—	张里柱	—	—

第七章 沁河流域古村镇集群规划 147

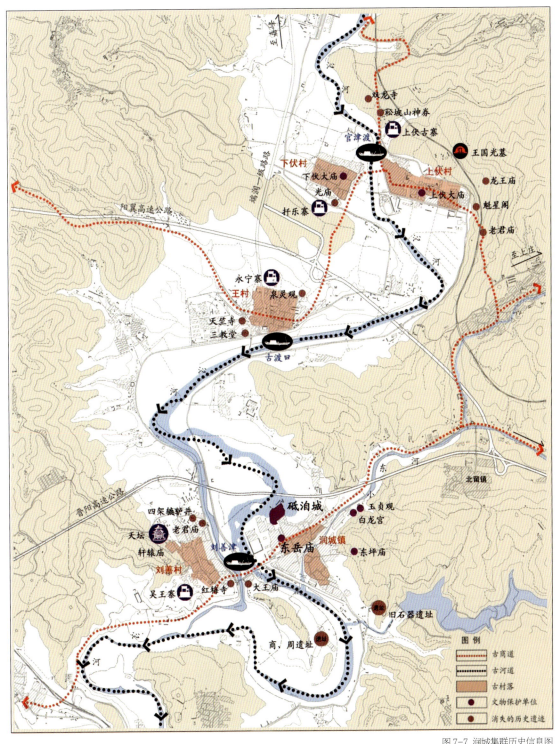

图 7-7 润城集群历史信息图

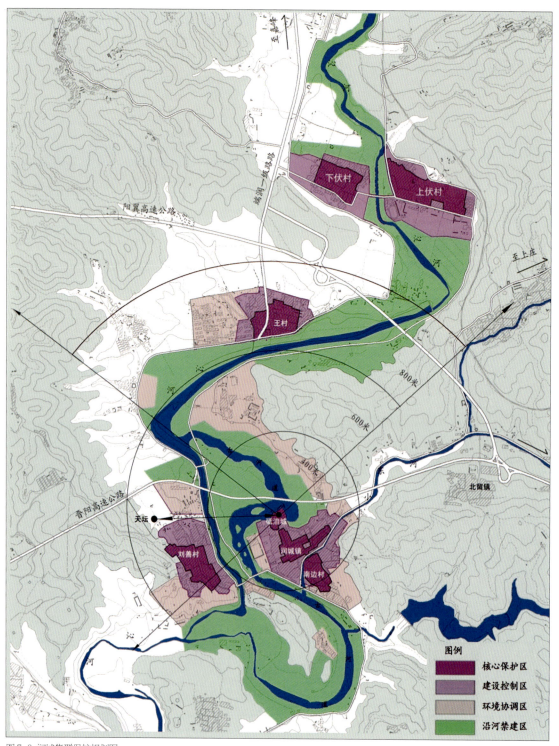

图 7-8 润城集群保护规划图

第七章 沁河流域古村镇集群规划 149

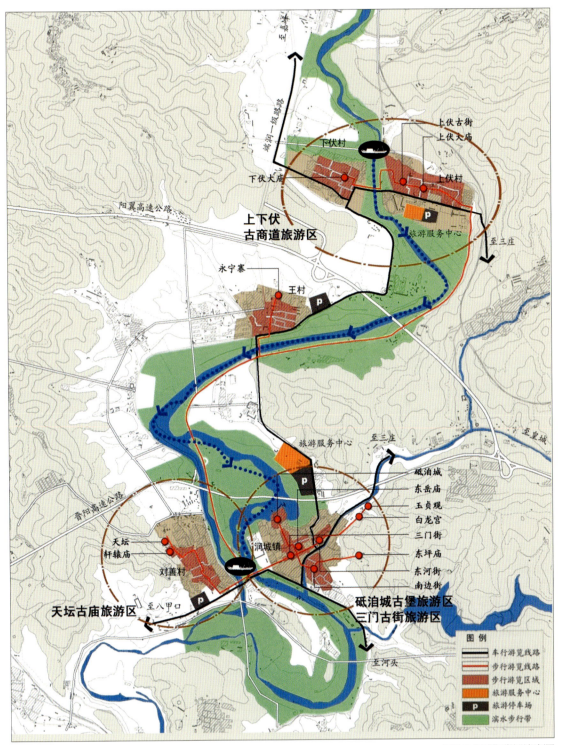

图7-9 润城集群旅游规划图

第四节　庄河—樊河集群：一河三庄、一河双堡

一、历史渊源

庄河—樊河集群由庄河沿岸的上庄村、中庄村、下庄村，樊河沿岸的郭峪村、皇城村，以及尧沟村组成。本集群的历史渊源与北留人民抵御外敌入侵、追求仕途相关联。庄河、樊河沿岸的古村落在明朝前便已有人居住，明代"开中制"及边关的地理位置使得阳城县商业繁荣，两河沿岸古村镇因此也得以发展。明朝末年农民军的入侵促使各村形成了各自独特的防御体系，各古村的范围亦至此确定。清代社会环境稳定后，人们推崇仕途，文人辈出，带动了各村的发展，达到了繁荣兴盛时期。六个古村镇分别以庄河、樊河为依托，形成了沿庄河分布的古村建筑群、沿樊河分布的古城堡，相互协作，功能互补，其形成、发展与变迁是一个相互依存的整体，较全面地反映了明清时期沁河流域古村落防御文化和仕官文化的形成过程。

二、历史价值

郭峪古堡、皇城双城堡：郭峪村、皇城村保存有较完好的城墙、豫楼等防御设施，防御体系保存完善，反映了沁河流域抵抗外敌入侵的堡寨式防御体系的构成特色。

三庄河街：上、中、下三庄沿庄河布置的河街街巷空间独特，尺度宜人，两侧建筑既具有防御功能，外形又美观，是一种独特的滨水街巷空间。

名人故居：庄河—樊河集群内分布有众多明清时期阳城县官宦故居，天官王国光、清朝大学士陈廷敬的故居均在本集群内，反映了沁河流域人民尊书重学、追求仕途的人生目标。

三、集群特征

本集群位于沁河中游地区，五个古村落坐落于沁河的两条主要支流庄河、樊河沿岸，山体之间狭长的河谷间。其中上庄村、中庄村、下庄村沿庄河呈连珠状分布，郭峪村、皇城村在樊河河谷间隔河相望，尧沟村位于庄河集群通往北留的商道边，形成"上中下三庄＋郭峪、皇城＋尧沟＋两条支流"的"六村两组一点，两河交汇沿河分布"空间特征。庄河—樊河集群中五村概况及特征如表7-7所示，现状资源如表7-8所示，集群特征如图7-10至图7-12所示。

表7-7 庄河—樊河集群五村概况及特征一览表

村落名称	古村特色	特色提炼
上庄村	上庄村两山围绕，庄河穿流而过的山水格局至今存在。最具特色的古河街街巷空间仍保存完好。至明代起的众多院落亦保存良好，每家每户均有的河山楼亦反映了上庄人民家家设防，抵御外敌的防御体系特色	山水城镇、防御体系、特色街巷、名人杰士
中庄村	中庄古村两山相夹，庄河穿流而过，形成古河街，独具特色。此外，古村内有汤帝庙、佛堂庙等大大小小共8座庙宇，宗教建筑众多	特色河街、家族院落群
郭峪村	郭峪村是沁河流域堡寨型古村落的代表村落。其明末修建的城墙至今仍存在，保存良好。同时，豫楼、豫楼地道等防御设施均保存完好，反映了郭峪完整的防御体系。城墙范围内古村空间结构清晰完整，众多民居大院保存完好，较完整地反映了明代郭峪古堡的风貌	堡寨、汤帝庙、御楼
皇城村	皇城村是沁河流域堡寨型古村落的代表之一，经过修复后其城墙保存最为完整，且具有双套城墙的特色。村落内的建筑群保存完整，从建筑的规模、格局、形制到建筑细部都严格遵循封建等级制度的要求。同时，不同风格、不同功能的建筑在双套城墙内聚集，体现了皇家建筑工艺和地方传统的高度结合	双套堡寨、名相故居
尧沟村	尧沟村始于明朝年间，是一个明清历史建筑聚集的古村落。其主要特色体现在其具有典型空间序列特征的"折龙巷"以及规模最大的庙宇建筑——济渎巷	街巷、庙宇

表7-8 庄河—樊河集群五村现状资源一览表

资源类别		上庄村	中庄村	郭峪村	皇城村	尧沟村
物质型资源	古城墙	—	—	现存古城墙保存良好	双套城墙，保存完好	—
	公共建筑	炉峰院、北庵庙、永宁寨、王氏宗祠	汤帝庙、龙王庙、三官庙、道圣庙、曹家祠堂、李家祠堂	汤帝庙、豫楼、文昌阁	御书楼、河山楼	济渎庙、大士阁、春秋阁、怡书院
	民居建筑	尚书第、磨坊院、樊家庄园、参政府等数十个民居院落	棋盘八院、卫家院、曹家院、酒院	张家大宅、老狮院、小狮院、恩进士院、上范家院等20余座院落	小姐院、东书院、管家院、樊家院、世德院、南书院	帅府第一、第二、第三、第四院、耕读传家院、崇德居等民居院落
	石牌坊	王家牌坊	—	—	大石牌坊、小石牌坊	—
	古街	古河街、广居门巷、中街	古河街、沟底巷、丁字巷、后圪洞	上街、下街、前街、中街、后街、南沟街、范家胡同、王家圪洞、常家圪洞	—	丫字街、折龙巷、长生巷、前街
	古树	17株古树、8口古井	—	千年古槐	—	—
	山水资源	群山环绕、庄河穿流而过	—	背山面水、樊河村前而过	背山面水、樊河村前而过	群山环绕
非物质型资源	手工艺品	剪纸、面塑、炼铁、土陶制作	—	缂丝、面塑、扎花、剪纸	—	石刻、制醋、打铁
	特有节日	—	—	祭祀祭成汤神、正月初五冲瘟、二月二喂老鸭、正月十五办红火	—	济渎庙会、药王庙会
	传说故事	王国光的传说	—	农民军四次入侵郭峪、郭峪修建城墙	—	—
	名人、大事件	王国光故里	—	陈廷敬故里	陈廷敬故居	—

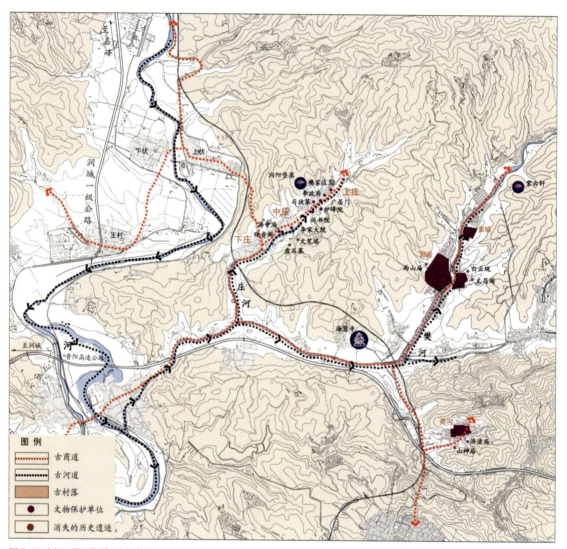

图7-10 庄河—樊河集群历史信息图

第七章 沁河流域古村镇集群规划 153

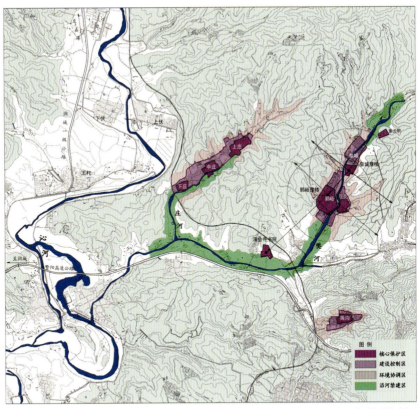

图 7-11 庄河—樊河集群保护规划图

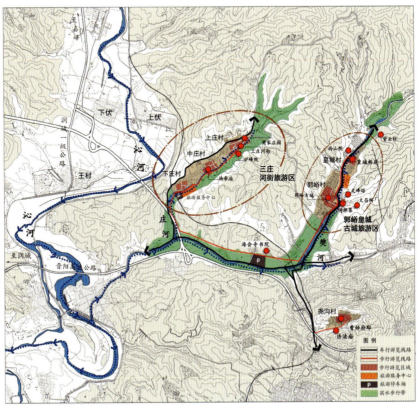

图 7-12 庄河—樊河集群旅游规划图

第五节 长河集群：一镇带两村

一、历史渊源

长河集群由周村镇、崇上村和石淙头村组成。本集群的所在地是古时晋城通往河南、晋南、陕西的必经之路和交通要塞。其中的商道历史可以追溯到春秋战国时期，周村镇当时就是山西境内三条主要商道之一上的重要商贸据点，且在此后长达千年的时间内，长河集群的商道发展有增无减，相继开辟了晋城经阳城、沁水至晋南的驿道以及晋城通往河南、陕西的商道等。周村镇和石淙头村的商道发展在明清时期达到高峰，周村镇的商道数量已增至四条，形成了以周村镇为主要商贸节点，石淙头村为次要节点，周村镇与石淙头村相互补充、影响，崇上村提供商贸发展的农业基础的农商体系。三个古村镇在历史上形成了以周村为中心，集古商道、古街市、古寺庙、古城堡为一体，相互协作，功能互补，形成、发展与变迁为一个相互依存的整体，且较全面地反映了明清时期沁河流域社会形态、经济水平和民俗文化。

二、历史价值

周村古堡：史称"行山重镇"的周村镇为兵家必争之地，从周朝直至明末，这里经受了众多战争的洗礼，为山西家族军事重镇的典型实物。

周村街：早在春秋战国时期就成为重要的商贸街道，至今已有两千多年的历史，如今还存有部分店铺、驿站等建筑，群落较完整，是记录晋城商贸发展的史书。

郭象升祖居：建于清代民国时期，建筑依山就势而建，建筑高大宏伟，高度可达三层，是典型的名人家族院落代表。

周村东岳庙：居于周村镇最高点，为村内历史最悠久的建筑，格局完整，历史价值较高。

石淙头村自然风光：村外西南有一处天然瀑布景观"老龙温"及以巨石形成的"看河厅"，飞瀑流湍的独特自然景观为村落带来别样特色。

三、集群特征

长河集群位于太行山区，山脉绵延起伏，河流蜿蜒曲折，但河谷狭窄。其中周村镇与崇上村位于太行山脉开阔地之间，石淙头村位于长河河谷之中，并且三面环水。总体来说，本集群由于山脉的阻隔，各村镇分隔较远，村落的建设也受到地形的极大限制，与沁水沿岸村落沿河谷发展有很大不同。长河集群中三村镇概况及特征如表7-9所示，现状资源如表7-10所示，集群特征如图7-13及图7-14所示。

表7-9 长河集群三村镇概况及特征一览表

村落名称	古村特色	特色提炼
周村镇	周村古镇的古街、古堡、古商道、古庙相映成趣，保存了从宋代至今完整的城镇布局结构，具有较高的原真性和整体性。其中保存尚好的古巷有8条，古商道有1条，古民居数十处，古铺十几处，古庙2座。周村镇以其坚固的城墙防御立镇，以其重要的商贸地位声名远播，村落的历史见证了晋商发展的全过程，具有十分重要的历史文化价值	行山重镇、防御体系、商贸重镇、特色古街、名人故里
石淙头村	石淙头村是山西通往中原地区的重要门户，史称"河东屏翰""晋南雄镇"，同时也是晋东南晋商文化圈内一处典型的晋商家族聚居地，其建筑形态有浓郁的地域特点。村落选址依山面水，负阴抱阳，风水格局十分理想，有奇特的飞瀑流湍的自然风光，别具一格	自然山水
崇上村	崇上村以农业立村，历史上曾形成了"两纵两横"的街巷结构，作为众多杂姓共存的多姓主大型村落，村内保存了较多的各姓氏历史院落，具有一定历史价值	家族院落

表7-10 长河集群三村镇现状资源一览表

资源类别		周村镇	石淙头村	崇上村
物质型资源	古城墙	周村古堡	屯兵寨（遗址）	—
	公共建筑	东岳庙、大王庙、眼光阁、魁星楼、广福寺（遗址）	大庙、小庙、观音庙	佛堂、大庙、小庙、土地庙（遗址）、龙王庙（遗址）
	民居建筑	旗杆院、平顶院、鸿胪院、福星楼院、张桃喜院等数十座保存完好的院落	上宫上院、下宫上院、影壁院、书房院、东头院、西头院	常家大院、曹家院、王家院、冯家院、苗家院、梁家院、牛家院
	古商道	周村街	—	—
	古街	周村街、南门巷、卫家巷、青石巷、衙道巷、福星楼巷、李家巷、小南门巷等	潘家街、王家街、影壁街、樊家街、下院街等当街、上街、南街、下街、后街	前街、当街
	古桥	长桥		
	古墓	周处墓		
	山水资源	村外东南面有河流穿村而过	四面环山：鱼山（象征年年有余）、猪山（象征诸事顺利）、龙山、凤山（取龙凤呈祥之意）；三面环水：长河绕村；有"老龙温""看河厅"	—
非物质型资源	手工艺品	—	建筑雕饰精美	
	民间曲艺	农历正月十五"圪吃"社戏	上党八音会、泽州秧歌、诗歌《宿石淙院》、戏剧《打油堂断》	
	特有节日	农历十月初一庙会	添仓节、谷神节、石头节	三月三庙会
	特色食品	—	山东煎饼、手工磨面	
	传说故事	范四知列传、卫邦列传	—	
	名人、大事件	范四知、卫邦、郭象升	周处、梁兴、陈廷敬	

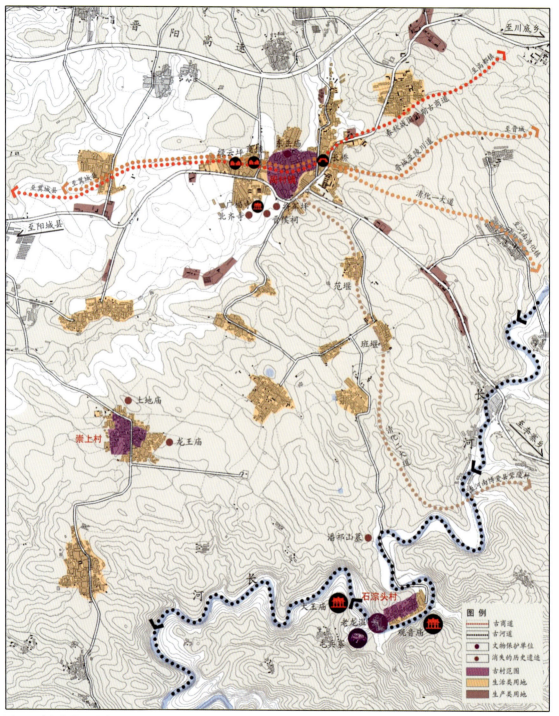

图 7-13 长河集群历史信息图

第七章 沁河流域古村镇集群规划

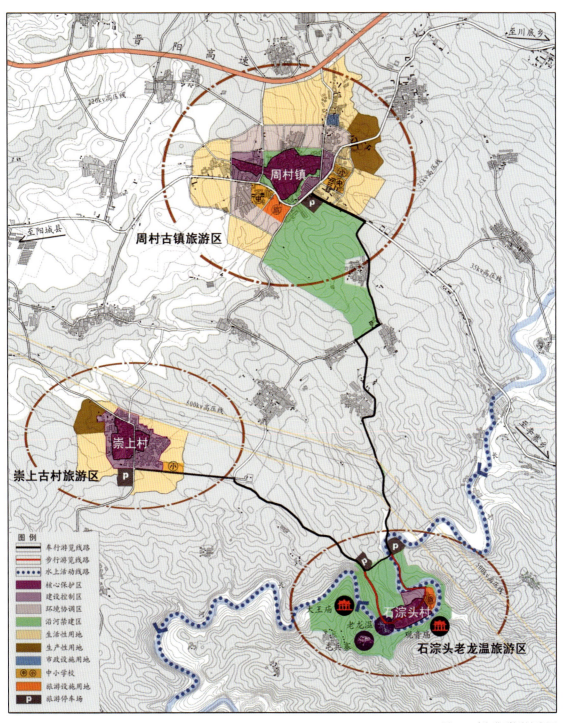

图 7-14 长河集群保护规划图

第六节 芦苇河集群：一镇连三村

一、历史渊源

芦苇河集群由町店镇（杨腰村）和蒿裕村组成。町店镇和蒿裕村的始建年代无从查考。町店镇的杨腰村建于明朝万历年间，由杨家始建。蒿裕村在隋唐时期就有先民栖息，以此推算村子至少在宋金时就已形成。历史上沿沁河支流芦苇河，形成了集古商道、古街市、古寺庙、古寨的历史集群，一定程度地反映了明清时期沁河流域的社会形态、经济水平和民俗文化。

二、历史价值

町店镇崦山庙：罕有的保存比较完整的唐代宗教建筑，也是山西沁河流域宗教建筑的代表。

义城山寨：被学者认为是《水浒传》中的梁山原型。

町店镇白岩书院：阳城县古代教育的重要场所，清初阳城出现的"十凤齐鸣"与白岩书院有不可分割的关系，充分反映了当地的儒生文化。

町店战役遗址：山西抗日战争的重要战场。

杨腰古民居群：依山就势的山西古民居群，生动地反映了当时沁河流域的生活环境和民俗文化。

蒿裕村坩埚院落：形态多样的坩埚院落，反映了沁河流域院落就地取材的特色。

三、集群特征

芦苇河集群位于沁河的支流芦苇河流域，河流蜿蜒曲折，河谷宽阔平坦，古村镇分布于山水之间的河谷平原上，一衣带水。其中杨腰村与蒿裕村分河而立，町店镇的定点村、义庄等村落沿芦苇河展开，形成"一镇一村、一水一带"的空间格局。芦苇河集群两村镇概况及特征如表7-11所示，现状资源如表7-12所示，集群历史信息如图7-15所示，旅游规划如图7-16所示。

表7-11 芦苇河集群两村镇概况及特征一览表

村落名称	古村特色	特色提炼
町店镇（杨腰村）	町店镇是山西省历史文化名镇，完整保存有省级文物保护单位——崦山白龙庙，并且在革命战争年代创造过军事奇迹，留下一批红色遗址，还完整保留了一批有明显地域特色的民居院落	崦山白龙庙
蒿峪村	蒿峪村留下大量的宗教寺庙建筑和极具当地地域特色的民居院落，"两横两纵"的结构自古至今保存完好，还出现了像马芳这样的著名历史人物，极具保护价值	—

表7-12 芦苇河集群两村镇现状资源一览表

资源类别 村落名称		町店镇	蒿峪村
物质型资源	古城墙	义城山寨	—
	公共建筑	崦山白龙庙、白岩书院	东岭庙、成汤庙、东头小庙、东寺、梯上、三官庙、灵关庙、祖师庙、广兹庵
	民居建筑	义城古民居、杨腰古民居群、尚书故里	马家新院、甄家院、后头炉上院、郭家院、马芳故居
	纪念碑	町店战斗纪念碑、九三慰问纪念塔	—
	战争遗址	町店战斗指挥部旧址、躲兵洞	—
	古树	—	百年槐树
	山水资源	芦苇河	九泉山
非物质型资源	手工艺品	—	剪纸、面塑、浆塑、刺绣、编织、扎花灯、纸扎、石刻、木雕
	特有节日	四月初三庙会	破五、骡马节、二月二、根芽饭关爷节、天观节、河神节、吃炒、五豆节、祭灶节
	名人、大事件	白所知、白胤谦、町店战斗	马芳

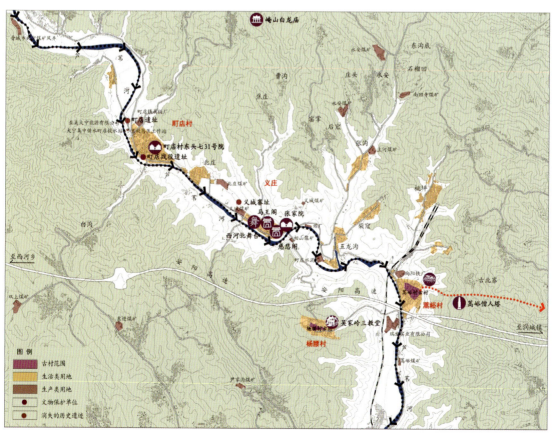

图7-15 芦苇河集群历史信息图

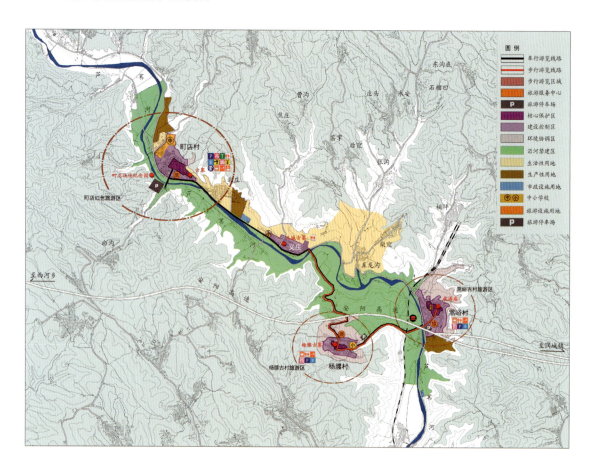

图 7-16 芦苇河集群保护规划图

第七节 获泽河集群：双村互动

一、历史渊源

获泽河集群由南安阳村、洪上村组成。本集群的历史渊源没有明确的记载，传说南安阳村和洪上村均因生产硫黄而发展兴起，而南安阳村更是依靠安阳砂锅买卖声名远播。两个古村镇在历史上都是因商而兴，以一至两个大家族为主，并有较明显的防御特征，反映了明清时期沁河流域家族社会文化和晋商文化。

二、历史价值

家族大院：以南安阳村的潘家十三院、洪上村的范家十三院为代表的家族大院，同时承载了沁河流域家族社会文化和晋商文化。

非物质文化遗产：南安阳村砂锅在 2007 年被评为晋城市非物质文化遗产。

古街：南安阳村明代古街和洪上古街巷保存状况较好，空间结构完整，沿街传统风貌较为连续。

三、集群特征

获泽河集群位于沁河获泽河支流地区，河流蜿蜒曲折，古村镇分布于山水之间的河谷平原或近水坡地上，两村隔河相望。集群两村镇概况及特征如表 7-13 所示，现状资源如表 7-14 所示，集群建设现状如图 7-17 所示，旅游规划如图 7-18 所示。

表7-13 获泽河集群两村镇概况及特征一览表

村落名称	古村特色	特色提炼
南安阳村	潘家十三院保存完好，展现了晋商文化影响下的家族大院魅力	家族大院
洪上村	范家十三院保存完好，是沁河流域家族大院的代表	家族大院、一城一寨

表7-14 获泽河集群两村镇现状资源一览表

	资源类别 村落名称	南安阳村	洪上村
物质型资源	古城墙	—	城里、寨上
	公共建筑	成汤大庙	三教神庙、观音庙、成汤庙、三官古洞、后阁底
	民居建筑	潘家大院、风圪洞1号院、风圪洞3号院	范家十三院、下院、后院、李家院、麻地院、后底院、潘家院、上泉院
	石牌坊	贞节牌坊遗址两处	贞节牌坊遗址一处
	古街	中央街、南大街、北大街	大街、北宫圪洞、潘家圪洞、麻地圪洞、后院圪洞、李家巷、后底巷、郑家巷、上泉巷、城里巷
	古井	—	城内古井一口
	山水资源	背山而坐，三面环水	背山而坐，居高望水
非物质型资源	手工艺品	安阳砂锅	剪纸、扎花、面塑
	特有节日	三月三庙会、集市	正月十五社火、六月十九演木偶戏、七月十五放路灯、春秋社、求子还枷
	传说故事	—	田从典在江树圪垴乘凉
	名人、大事件	南安阳潘家据载为阳城清嘉庆间首富，山西第七富商。其中潘学礼清代任朝议四世大夫	田从典时任清朝文华殿大学士，潘家女婿；范玉江三次赴鲁，任剿匪团团长，保卫县境

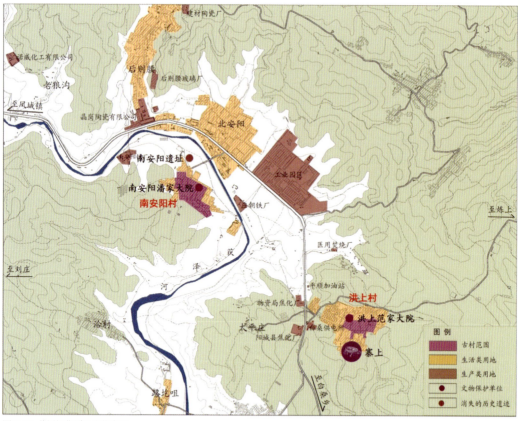

图 7-17 获泽河集群历史信息图

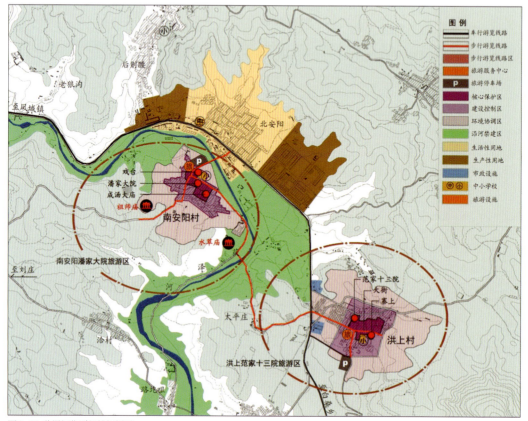

图 7-18 获泽河集群保护规划图

第八章 润城古镇研究案例

- 润城古镇历史格局
- 润城古镇历史遗存
- 润城古镇人文环境
- 润城古镇特色与价值
- 润城古镇保护规划
- 砥洎城古堡保护研究

第一节 润城古镇历史格局

沁河蜿蜒于太岳、太行的群山之中,在沁水、阳城的接壤处留下了一片沃土,造就了一方富庶,润城古镇便是沁河岸上的一颗明珠。润城镇位于山西省阳城县城东七公里处的沁河东岸,东倚北留镇,南靠凤城镇、白桑乡,西邻凤城镇、町店镇,北与沁水县的嘉丰镇接壤。润城镇现辖29个行政村。2002年底,全镇总户数为9378户,总人口为32675人,其中非农业人口为1856人。润城古镇位于润城镇域中南部的沁河东岸润城村,是全镇政治、文化的中心,现状总人口为8820人。润城古镇与沁河流域的关系如图8-1所示。

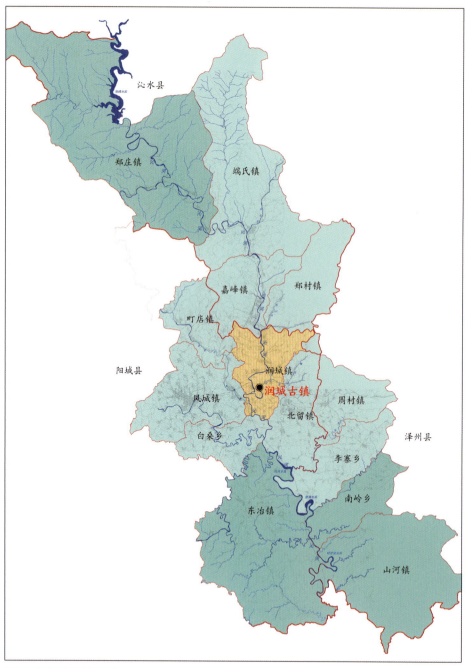

图8-1 润城古镇与沁河流域

一、润城古镇历史环境

早在战国时期，润城已是韩赵相争的重镇，有考证说公元前263年，秦拔野王（今河南沁阳），上党路绝，上党守冯亭率韩十七城归赵，润城就是其中之一。润城古称"少城""小城"，因冶炼业兴旺，曾称"铁冶镇"，明嘉靖三十八年（1559年）改为"润城"。

1. 军事要塞

阳城地理位置重要，自古以来北方的少数民族入侵中原多从阳城经过而渡黄河，因此，阳城既是中原汉族抵御少数民族入侵的屏障，也是北方少数民族入侵的前哨阵地，作为兵家必争之地，从古至今，这里每朝每代都有战事发生。由此，阳城一带有许多村落都修建了如城堡、城墙、城门楼等防卫性的构筑物，润城镇内的砥洎城正是沁河流域防御性堡寨的典型。

2. 商贸驿站

润城历来人多地少，居民多营工商业，民国期间人口多至4000有零，行炉、经商颇为发达。由于地处交通要道，借沁河沿岸沟通晋豫，又扼芦苇河要冲，与晋南贸易，从寺（海会寺）河口河谷与东北部邻县往来，远通潞、沁、辽州，加之润城当时优质特色产品——铁制生活用品，使得往来旅客商贩络绎不绝。即使是荒年凶岁，往来贩卖贸易之势也不见弱。与润城村相邻的贝坡村，有一通雍正二年（1724年）勒石的碑刻，上面记载了康熙五十九年（1720年）至雍正二年（1724年）当地荒年年间润城集市的情景："清化粮食往西边搬运者如水索一般，太行山昼夜不断行人，小城河集市大兴，每一日有两三千牲口往来贩卖。斗形三十多名，每一名外合十多个伙计，自朝至暮，轰轰闹事。扫集儿童三四百有余，抓集群众不计其数，行炉锅厂改作过客店房者十有八九，大街小巷卖饭食火烧者直至三更……郭峪、三庄、阳城县将桌椅箱柜衣服等物具来小城卖者许多。"虽集市不似丰年景象，但往来买卖的人数却有增无减。

到了道光年间，润城三门街市内就已经出现了源泰典、泰昌典、敬茂典等几家钱铺。除了存放银两，兑换银钱以外，业已开始发行钱票。到了民国初年，润城的"裕顺祥"钱庄还代办邮政业务，代农民垫交田赋，代炉主支付原料款和工资款，有了比现代银行更多的职能。这种商业兴旺的景象一直持续到近代。据有关资料的确切统计，直到民国初期，润城仍有铸铁锅业5家、磨坊4家、染坊2家、油坊3家、烟房2家；商店有永兴义、正盛春杂货批零店，协记、织德青等5家布店，药铺4家，盐店、当铺、钱庄各1家，金店银楼3家，铜匠作坊1家，饮食大小店铺30多家，服务业有留人、留畜旅店5家，摊贩50家，总计百余家，共计500余人。

郭峪村现有一通顺治十三年（1656年）的《阳城县额设商税银碑》，碑中记载："按阳城阖县额设商税银贰佰叁拾两。顺治拾贰四镇分认：在城分税银陆拾两，润城分税银壹百壹拾两，白巷分税银贰拾两，章训都郭谷镇分税银肆拾两。"由此可见，润城所分税银将近全县的一半，几乎是县城的两倍。商税银两的数量，也是润城当时商业繁荣的一个佐证。

3. 冶铁重镇

朱绍侯主编的《中国古代史》写到："明中叶以后，全国产铁地区共一百多处，广东佛山、山西阳城、福建龙溪，出现了规模巨大（多村连片）的冶铁业。"润城就是书中所列举的"山西阳城"境内一处多村连片，规模巨大的"铁冶镇"。润城冶铁的历史,最早可以追溯到南北朝时代,据《隋书·百官志》载,北齐时阳城设有冶铁局(为全国七大冶铁局之一),朝廷委有冶官。而从润城古炼铁遗址考察,当时润城"已改用方炉炼生铁,炒炉炼熟铁",冶炼技术也已有相当水平。

润城古镇与周围邻近几个村庄连成一片,形成了规模较大的冶铸业,润城历史上冶铁规模宏大,从三处遗迹可以让人窥见一斑。一处是村东的铁山圪顶,另一处是村西的铁山圪顶,都是炼铁或铸造后的废渣堆成的,巍峨高大,山丘一般,上面都盖有山神庙等建筑。还有一处就是村西北的砥洎城,城的内墙大部分是用炼铁废弃的坩埚修砌而成。除此以外,镇内随处可见的古宅墙面大都是用这种坩埚砌成。

4. 文化之乡

"润城古名小城,脉势围固,水绕山环,人聚风秀,今古无宦。自嘉靖三十八年,蒙县主张爷,嫌村名不好,祈吕仙鸾笔改为润城。"

沁河流泾山西省境内363千米,与众多的支流一起构成独特的沁河文化,阳城古地图如图8-2所示。自古以来,阳城就是一个文化大县,古今阳城多俊彦,清顺治丙戌科一次就有十人中进士,留下了"十凤齐鸣"的美谈。明清时期,阳城更是名人辈出,文峰鼎盛,例如王国光、张慎言、陈廷敬等都是名满天下的风云人物。

"泽州王气在阳城,阳城王气在润城",润城古代多俊彦之士,最辉煌是明清时代,这个镇诞生了进士24名,位居全县第一;诞生了60多位诗人,占全县诗人总数的60%,现存明清诗文集占全县诗文集总数的80%以上。仅白巷里,就诞生了15名进士、15名举人、45名贡生、237名秀才。这种人才密集型的村庄、乡镇在晋东南地区十分罕见,可以说润城文化支撑着阳城这个文化大县的半壁江山。

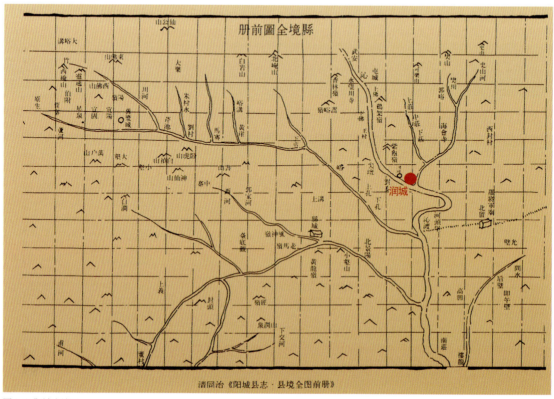

清同治《阳城县志·县境全图前册》

图8-2 阳城古地图

二、润城古镇空间格局

1. 自然环境

润城古镇南的大王庙墙壁上,一块清康熙三年(1664年)立的重修碑记有一句"润城四山围固,三水萦流",形象地概括了润城古镇的自然环境特色。碑记中的"四山",指的是紫台岭、天坛山、翠眉山和烟霞山,"三水"指的是沁河、樊溪(东河)和峪沟河,如图8-3所示。

润城古镇东靠翠眉山,松柏长青;东北面紫台岭山岭圆而肥壮,层层突出,日出时紫气东来,景色迷人;南面烟霞山,襟山带水,烟霞从山间升起,景色秀丽,十分壮观;西面天坛山临江而立,群峰叠翠,巍峨壮观,山上林木葱郁,色彩纷呈。沁河由东而西,再由北而南绕村而过,樊溪和峪沟河分别从古镇中心和南面蜿蜒流入沁河,景物怡人。

山水风光构成了润城古镇自然环境的基本要素,同时古镇建设也因地制宜,择吉而建:沁河由东而西,再由北而南绕村而过,给古镇落带来了丰足的水源;樊溪(东河)由东向西穿村而过,形成了一个宽20余米,长500余米的河谷;村落沿东河向两面坡地展开,东、南、西三面环山布置,主要民居朝向东面和东南面;从西北方向蜿蜒而来的天坛山余脉,挡住了西北面的寒流与霜害。

润城古镇选址遵循"枕山、环水、面屏",不仅符合中国传统文化中负阴抱阳、背山面水,"前有朝山溪水流,后有丘陵龙脉来"的风水观念,更重要的是创造了一个与山、水、天、地融为一体,注重生活环境和聚落景观,自然和谐的人居环境。

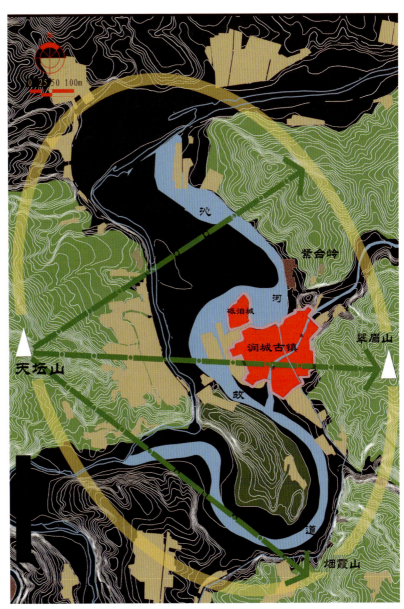

图8-3 润城古镇自然环境分析

2. 城镇格局

据《重建东岳庙碑记》记载，润城古镇在明万历二年（1574年）就分为十二坊，人口规模也非常可观："本村随社一千五百家余，喜舍资帛，木石等项"。城镇的社会空间形态基本形成，并奠定了东岳庙居中，十二坊分列左右，三门街为轴，东西南北四口的城镇格局，如图8-4所示。

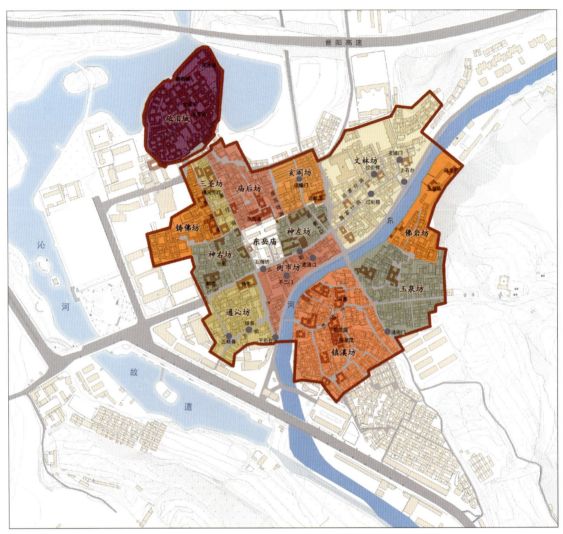

图8-4 润城古镇十二坊格局

①中心：指古镇的几何中心，润城古镇的中心是神权中心，《重修东岳庙记》："镇中，古有东岳庙三进，东西廊，并七十四祠圣像"。东岳庙座北朝南，规模宏大，古镇的街巷里坊、民居院落均以此为中心布局，象征润城古镇神权至上的营建理念。

②轴线：指主要空间序列组织，如图8-5所示，润城古镇的轴线是市轴，三门街是润城古镇的主轴线，与席家圪洞相连贯穿东西，与曾经存在的西梢门、本镇东门、街中的两座贞节牌坊，现存的不二门、来龙卷等构成了古街完整的空间序列。出西梢门，三门街还与天坛庙对应，延伸为镇外的虚轴，这种融工商与宗教为一体的群落布局，是地域文化空前发达的重要标志。

③网络：指古镇内部的交通系统，润城古镇的路网结构以东西为街，南北称巷或圪洞，有三门街、河街、南边街三条商业街市，礼让巷、砥泊巷等数十条居住巷道。以樊溪为界，河北纵横有序，河南自由曲折，表明润城古镇是由理式规划的镇和自然发展的村两部份构成。

④标志：突出于民居街巷标志建筑，润城古镇背山面水，是一处典型的中国古代人居山水空间模式，先辈为了培护文风，多出人才，按照风水理论在山水"要处"建造了东坪庙、天坛神庙、文昌阁等风水建筑，成为全镇的制高点。

⑤边界：是古镇的出入口，润城古镇以各式象征性交通拱券来限定四口，上河—东口，西梢门—西口，后巷口—北口，通衢口—北口，四通八达的开敞布局，是古镇历史上集市繁荣、商贸中心功能突出的体现。

⑥基底：成片的民居院落，润城古镇的基底在明朝时就形成了三圣坊、铸佛坊、神佑坊、街市坊、神左坊、镇溪坊、文林坊、通沁坊、临沁坊、佛岩坊、玉泉坊、玄阁坊，十二坊构成了润城古镇的居住生活体系。

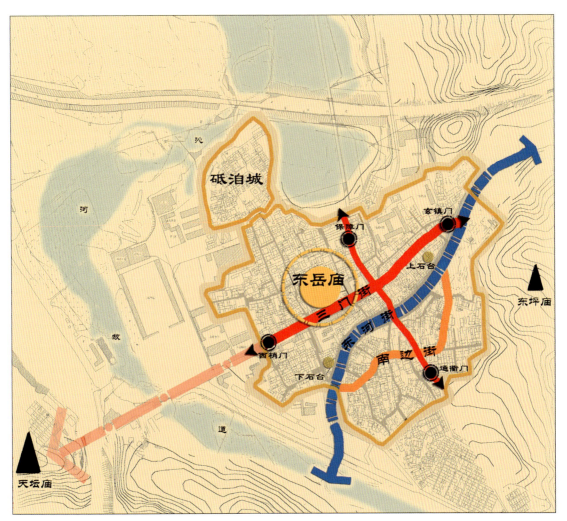

图 8-5 润城古镇空间格局

第二节　润城古镇历史遗存

润城的物质文化遗产十分丰富，虽然由于时代变迁，社会生活的变化对原有的街巷空间和建筑形态有所破坏，但从遗存的物质要素来看，依然格局清晰，风貌完整，具有十分重要的历史、科学和艺术价值。润城的物质要素遗存主要集中在三门街两侧，历史上是润城人生活和商业集市的地方，以东岳庙为中心，各条巷道结构清晰。现存的主要物质遗存有庙宇、城堡、官宅、民居院落、街巷里坊、牌楼拱券、园林庭院、木雕石刻，其中规模宏大的东岳庙、凭水而立的砥洎城是整个遗存的重要部分。

润城古镇保存至今的历史遗存包括庙宇 7 座，古城堡 1 处，园林庭院 5 处，重要街巷 9 条，多处牌楼拱券和数百座传统民居，其中东岳庙和砥洎城为国家级重点文物保护单位，玉皇庙和东坪庙为市级重点文物保护单位，此外，还包括沁河、东河及聚落周边的山体。

一、庙宇

1. 东岳庙

东岳庙为全国重点文物保护单位，位于三门街中心的北面，为三门街的标志性建筑。建造于金朝之前，占地 3600 平方米，三进院落，次第建有山门、钟鼓楼、过庭、戏台、配殿、献殿、天齐殿、后宫等。山门西侧建有供奉先师孔子的文庙，琉璃瓦脊，石雕栏杆，庙前置有双龙戏珠石雕龙坡，工艺精湛，栩栩如生。润城东岳庙建筑群的精华是巍然耸立、结构奇特的八角亭，亭内雕梁画栋、斗拱交错；亭外桂柏参天、郁郁葱葱；亭顶琉瓦飞檐、脊兽排列；亭底石雕围栏、古碑矗立。再加上那精工细雕、巧夺天工的藻井，使八角亭显得庄严肃穆、气宇轩昂。"文化大革命"期间，山门、过庭、戏台、配殿等被毁，现仅存献厅、天齐殿、后宫。

2. 东坪庙

东坪庙为晋城市重点文物保护单位，位于润城镇东坪山腰，为元代创建，供奉玄（真）武大帝。现有碑一块，记录清道光十二年(1832 年)重修。碑文云："……历年既久，风雨摧残，将有崩圮之虞。而大殿春秋阁、西庭与黑虎灵官等殿，亦皆崩圮可虞，岌岌不可终日。则备观美者，犹后无以妥。神灵而泯怨恫是，则有心者之所以大不安也。本镇潆回延君，目击心伤，既然兴修葺之念，一人独倡于先，假亲友以募于四方，谋社众以募于本土。更联育之阁君、族容斋为同伴三人者，戮力同心，朝夕部暑督理，越五月而工告竣。于是向之崩圮可虞者，今皆焕然一新矣。则安神灵，而壮观瞻，不大有赖于斯举也哉。"东坪道院是清代文人们的聚会吟诗之所。乾嘉年间以延君寿为首的"樊南吟社"，别名"骚坛四逸"，他们时常结集于东坪道院，赏景、写诗、饮酒。道光、咸丰年间，润城又崛起了"七逸老人诗社"，他们紧步前贤足迹，来东坪道院更多，亦是赏景、写诗、饮酒。

3. 文昌阁

文昌阁位于砥洎城中心，阁楼有三层，占地 14 平方米。底层除了中间有 2.3 米宽的一通道外，全部用石料砌成。正面过道两边设石梯，从两侧步上中层四周阳台。阳台内陈放石条桌子、磁鼓凳，桌上放有笔砚，供游人题词留赋。东西两厢石碑林立，其中最具考证价值的是"山城一览"图。中层后面主体从两边拱向中间步入三层。三层周围是阁字门窗，中间"魁神"琉璃塑像手持朱笔，单足点地，神气逼人，栩栩如生。阁顶琉璃脊兽、回廊斗拱、走龙飞凤，造型古朴典雅。正顶是三层琉璃星楼，均出自阳城乔氏之手。四角飞檐高挑，风铃叮当，是文人墨客的幽静之所。文昌阁现已被毁，仅存基座。

4. 关帝庙

关帝庙位于砥洎城中心文昌阁的正前方。庙正北是一层大厅，但比两厢、两层楼房高出许多。门前建有"月台"，占地约 3 平方米，高 1.2 米，两厢建有偏房，大门朝南，高大气派。大门两侧置钟鼓楼，钟楼上的铁钟比城门楼上的铁钟大了许多，铁钟口直径约 5 尺（1.67 米），声音沉闷威严，犹若公堂上衙役喝堂威之声。在关帝庙的右翼还有丰都殿、三清庙、三官庙、雷神殿、土地庙等庙宇。

5. 黑龙庙

黑龙庙位于砥洎城东北角，是全城的至高点（城下便是顺治三年（1646 年）修的后瓮城）。在城头坐落着白衣洞，白衣洞之上倒座着黑龙庙，城脚下是深不可测的黑龙汪。黑龙庙靠河的山墙上有两个五尺见方的镂阳凸大字"忘暑"，至今犹存。黑龙庙正面右下脚镶着一大石板，长约 1.2 米，宽约 0.8 米，上镌刻着"大观"二字，更是名笔所为。

6. 玉皇庙

玉皇庙位于古镇东河南岸，如图 8-6 所示，庙宇背对翠眉山，依山而建，始建年代无考，庙内供奉玉皇大帝。该庙曾经是古代润城著名的道教场所，吸引了无数善男信女，现为市级重点文物保护单位。

7. 白龙宫

白龙宫位于古镇东河南岸玉皇庙的西侧，始建年代无考。白龙宫依翠眉山坡地而建，由于年久失修，现已残败。

图 8-6 东河岸边的玉皇庙

二、古城堡

座落在润城古镇北部沁河岸边的砥洎城是国家级重点文物保护单位,建于明代,三面临水,城墙基本完好,面积约 37000 平方米,周长 700 多米。南有正门,北有水门。城墙由砖、石和当地的炼铁坩锅城墙建成,四周设有马面、炮台、哨所、藏兵洞等,城内建筑有金代以前的文公祠、明代的文昌阁、关帝庙、三官庙、黑龙庙、大士龛、祖师阁等。城内民居有国家级数学家、汉学家张敦仁故居,敕封鸿胪寺鸣赞郭登云"鸿胪第",福建盐运司王崇明"师帅府",祠堂、花园、书房等建筑。城内道路迷离曲折,民居院院相连,巷道隔开的街坊上有过街楼相同,下有地道串联。水井、碾、磨等生活设施俱全,整个建筑浑然一体。现存有明崇祯十一年(1638 年)"山城一览"图碑刻。

三、民居院落

润城的明清民居院落是典型的四合院风格,四大八小,正房以二至三层小楼为主,虽不宽大,但高峻巍峨,宏伟气派,加上牌楼、砖雕、木雕、石雕等装饰小品,更具高超的建筑艺术水平。院落有一进、二进或三进,十分精致,木石建筑工艺精细,极具地方特色。保护较为完好的有郭宅、陈宅、近敬居、职思居、平阳家苑(图 8-7)、皇明戚里、福址等民居院落。

图 8-7 民居平阳家苑

四、街巷里坊

1. 三门街

三门街西起西梢门，东接席家圪洞，长约140米长，宽3~5米，是古镇主要的交通道路和商业集市。三门，即西梢门、不二门、本镇东门。东、西门街上均有一贞节牌坊，不二门也意为"忠贞不二"，现除不二门外其他建筑均已被毁，仅存遗址。

三门街在宋代已成规模，为一镇的社会、经济、文化中心。明清时期，这里商业鼎盛，街上店铺字号密布，钱庄、当铺、邮政、百货、布匹、杂货等应有尽有，人流络绎不绝。店铺为坐北向南或坐南朝北，多为二层楼房，砖木结构。房屋底层临街为商店，二层多为居住。街道正中北侧为规模宏大的东岳庙，是古镇整个建筑群的核心。此外，三门街两侧还有郭宅、杨宅、巡抚官邸等众多保持完好的深宅大院。三门街上有与之呈丁字相交而生长出的礼让巷、砥洎巷、庙后圪洞、后巷口，上街等若干次要街巷，深入古镇内部。

三门街作为润城古镇的商业贸易场所，至今保持着它的活力。现在三门街两侧依然商铺林立，往日的繁荣依稀可辩。只是古街的三门已不存，但两侧建筑依旧，风韵犹存。

2. 东河街

东河集市大约形成于明末清初。东河（樊溪）由东向西穿镇而过，形成宽20余米、长500余米的河床，沿河两岸排列工商业用房，有水时是一条行洪的河道，无水时便是热闹的集市。

东河是明清时期阳城县乃至泽州府名闻遐迩的商业集市，河街的首尾沿河各建有一个古戏台，是迎神赛社的演出场所。两个戏台之间的河道便是河街的街市区：伸入河心桥梁式的梯道，青石排列凌空而行的栈道，前店后场的手工作坊，下层经营、上层居住的楼阁式店铺。街上店铺字号密布，钱庄、当铺、邮政、百货、布匹、杂货等应有尽有，人流络绎不绝，商业极其兴旺，侯马、翼城等地批发客商均在此进货，外来行人必在此留连一两日且去。据清雍正二年（1724年）碑文记载："小城河集市大兴。每一日有两三千牲口往来贩卖。斗行三十多名，每一名外合十多个伙计。自朝至暮，轰轰若市。扫集儿童三四百有余，抓集群众不计其数。行炉锅场改作过客店房者十有八九，大街小巷卖饭食火烧者直至三更。"河南、河北、山东一带，不知小城者甚少，实属商贸阳城之首。

小城河街的繁华一直延续到20世纪30年代。《阳城县志》记载："1936年（民国25年）前，境内每日贸易的集市只有县城和润城（小城）两个"。抗战之前小城河街工商店铺甚多，在小城河街两岸可叫出名字的店铺、作坊就有四十余家，再加上河滩临时搭建的棚市，上河与河口的牲畜市场，足以反映出20世纪30年代小城河街商贸活动的繁荣景象。

小城河街的衰落是在日寇入侵阳城之后，最后几家店铺关闭于"文化大革命"期间。即便如此，这里还是小城的主要商贸活动区，每逢农历四月十八、十月初一大型庙会时，仍是人头攒动，拥挤难行。沿河街而行有白龙宫、玉皇庙、祖师阁等古建筑群，现由于修筑沿河街而上的公路，河街遭到了大规模的毁坏。

3. 南边街

南边街位于东河南岸，由西北而东南随沁河走向形成，街宽 1.5~3 米。与商铺林立、人头攒动的三门街和河街相比，以生活为主要功能的南边街更显得幽深宁静。古时有索道与三门街相连，街道从樊溪边自下而上随翠眉山坡地向上生长。南边街通衢口是润城古镇的南口，在河街繁荣时期，街上曾经布满了供来往商旅休息的客栈和马房。南边街现在仍很好地保存着古镇的聚落形态，保存完好的古民居建筑群落鳞次栉比，青砖铺筑的街巷曲折幽静，过街楼、入口门楼、古树点缀其中，明清古街风韵犹存。

五、牌楼拱券

1. 玄镇门

玄镇门位于文林坊，是古润城的东口。半圆型拱门上写有"一券来龙"，因此又叫"来龙券"，续风脉而建。

2. 保障门

保障门位于后巷口，是古润城的北口。保障门有两层，上层为阁楼，下层为半圆型拱门通道。古时为防沁河大水设有闸门，保障古镇平安，因此得名。

3. 不二门

不二门取"忠贞不二"之意，位于三门街南侧，正对东岳庙大门，是连接东河街与三门街的重要通道，两侧商铺林立。原为高大石牌坊，现已被严重毁坏，只一侧牌楼还依稀可见。

4. 三眼券、错券

三眼券是三条道路交叉时的券拱门，现存于上下街交叉口处。错券是两条交错的道路连接时的券拱门，现存于下街。

5. 砥洎城南北城门

砥洎城南门与城墙建于明代，上有城门楼，门内有更房。清顺治十年（1653 年），砥洎城修建了瓮城，并在瓮城南面修建了"水门"。门上额书"山泽通气"，在当时从风水角度出发，是为了贯通南北脉气，同时也方便了城内居民洗濯。

六、园林庭院

1. 近光居

近光居相传是大学者张敦仁家的私家花园，花园与黑龙庙紧密相邻，亦处于砥洎城的制高点。园林虽小而且已经破败，但是仍能看出当年花园主人对生活的追求与热爱，庭园精致，内有连廊建筑，至今园子里还留有奇花异草和"勺泉"。

2. 东园、西园

东园和西园分别位于砥洎城外东西两侧，原为张家的私家花园，园内遍植花草，绿树成荫，现已改建为民居，仅存几株古树。

3. 涅涯别墅

涅涯别墅为清康熙年间刘家建造。刘家在清代诞生了一批文武官员，其中武举人刘烈就是康熙年间人。此别墅现存门楼和前墙，门楼上"涅崖别墅"四字清晰可见，其余全部拆除。从清嘉靖、道光年间进士刘混之弟、诗人刘灏的诗《和张子正涅崖八咏》来看，这座别墅规模宏大，亭台楼阁，轩塘坞池皆有，且富丽堂皇，美不胜收。田澍中先生在《明月清风》中道："有了涅崖别墅这个好去处，就有了村内诗人们的唱和。"

七、历史遗址

1. 祖师阁

砥洎城"水门"过道上原有四层楼房，最上边的一层是"祖师阁"，内塑祖师爷神像和龟蛇二将，阁楼四面开窗，屋檐飞挑，每逢涨大河，凛然其上，视野开阔，看沁河横滥，听惊涛拍岸，点点山峰浮于水面，会觉得心潮澎湃，意境倍增，你会觉得整个镇区象一艘远洋巨轮，乘风破浪，逆水而上要把整个古镇载往人间最美的地方。在祖师阁右方的小窑顶上还有一座小的"看河亭"，构建更是别致非凡。现在祖师阁已不存在，只有水门上墙基还依稀可见。

2. 西梢门

西梢门位于三门街西侧，为古润城西口，历史上是沁河的水旱码头，即西梢门外沁港古渡。

3. 通衢门

通衢门位于南边街三槐堂，为古润城南口，是古镇的南侧边界。

4. 上、下石台

河街的首尾沿河而建的两个古戏台，是迎神赛社的演出场所，两个戏台之间的河道便是河街的街市区，故又称上、下石台，由于东河北岸沿河公路的修建，现已被毁。

八、木雕石刻

润城古镇几乎所有古建筑的屋架及梁、枋、桁、柱均装饰上飞禽走兽、花鸟树木及人物等精美木雕，在庙宇前则是精致的石雕群，特别是东岳庙的石雕工艺也强于其他，龙、狮、象、猴、凤等动物栩栩如生，石栏的各种雕刻美妙绝伦，既有着中华民族悠久历史的学说记载，又代表着一个时代民族工艺的高超技艺，每一个石雕一种形态，每一幅图案一个故事，耐人寻味。此外，润城还保留了许多碑刻，如"山城一览"碑刻为砥洎城建筑规划平面图，是明崇祯十一年（1638）杨载简记。石碑高54厘米，长86厘米。图中详细标出城廓的地理方位及主要建筑分布、每宅占地面积以及巷道和设施。这种明代小城镇建筑规划图，是我国古代建筑史上稀有的珍贵资料。

图 8-8 为润城古镇历史遗存。

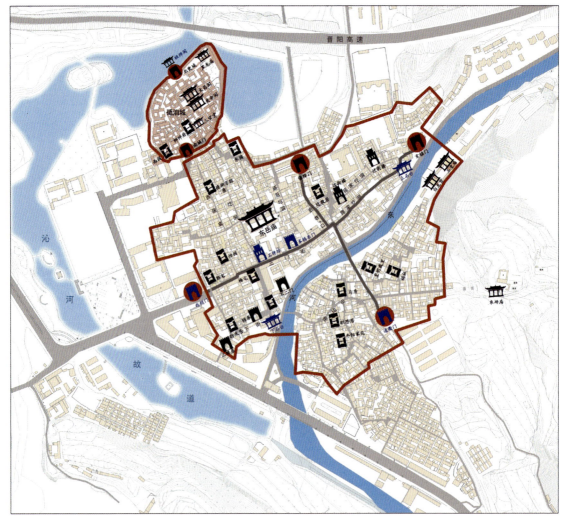

图 8-8 润城古镇历史遗存（蓝色为已毁仅存遗址）

第三节 润城古镇人文环境

沁河孕育了润城的繁荣经济，润城又推进着沁河流域的古代文明，明清时期，润城富商豪贾迭出，文风鼎盛，科举入仕人数众多，沁河文化名人星罗密布于润城周边，方圆 10 千米内，名人迭出。

经济与文化的繁荣，为润城留下了许多珍贵的文化遗产，以砥洎城为代表的沁河古城堡群、润城东岳庙的精美石刻、屯城元初的古戏台、海会寺的琉璃塔、开明寺的藏经楼，这些文化瑰宝，无不折射着沁河文明的源远流长，印证着润城文化的灿烂辉煌。

一、小江南，山水诗画

润城自古就被誉为"小江南"不无道理。无论建筑风格，还是人文环境，润城当之无愧为江南缩影。在这里，二水盘桓，碧波荡漾、扁舟摆渡的沁河三角洲畔不仅分布着48座庙宇，还有三面环水的砥洎城。更有古时河街，其江南水乡风格尤为突出，同时也是卓尔不群的人文荟萃之都。

二、铁冶镇，工商并举

润城冶铁的历史，最早可以追溯到南北朝时代，而且"已改用方炉炼生铁，炒炉炼熟铁"，冶铁技术已经相当先进。润城不但冶铁技术先进，而且铸造技术也有相当水平。有贾氏一家，为镇上冶铁铸造世家，不仅铸造铁锅、铁笼、铁壶、铁鏊等生活用品，而且铸造铁钟、铁狮、铁佛等工艺品。砥洎城的镇寨铁牛，润城村内外的48座庵寺庙观中的铁狮、铁佛都是贾氏几代人的作品。润城屯城东岳庙里至今还存有贾氏铸于明万历二十三年（1595年）的一只大钟。明代贾氏还有专为皇室宫廷冶铸器物的"待诏炉"。润城不仅是铁器制造的大工厂，也是一个铁器集散的大商场。润城镇河东的山岳上有座玄武庙，庙中现存一道清代石碑，陈廷敬侄子陈贲懿在其撰写的碑记中赞道："润城阳邑巨镇也。居民稠密，商贾辐辏。"

三、文化乡，儒学渊源

阳城是三晋文化之乡，历史上曾出过一百二十多名进士，进士之多，在山西名列第二。阳城东乡（即是现在的北留、润城镇）所出进士占阳城一半以上。阳城至今流传着一首古代民谣："郭峪三庄上下伏，举人秀才两千五，如若不够数，小城寨上补。"据田澍中先生考证，仅这一时期，润城籍进士占全县总数的23.5%，诗人占全县总数的60%多，现存明清诗文集占全县总数的80%以上。仅白巷里（上、中、下三庄）就诞生了15名进士、15名举人、45名贡生、237名秀才。文化人才云集，文化产品丰富，是润城文化的立镇之本。

四、砥洎城，精神堡垒

砥洎城一改传统"藏风避水"的消极风水观念，以积极的态度"迎风劈水"，其城似龟，金龟探水；其镇若凤，凤凰展翅；又如舟船，击水中流。整个城池东北高、西南低，坐阳朝阴。城内院落皆按八卦方位为序，封闭的堡垒、双重的城门、水门的瓮城，皆为藏风纳气考虑。重视良好的生态环境，加之有效的地利优势，使人因借天时在自然万物中获取保障。

砥洎城人稠地窄，院宅密集，和其他传统聚落一样，庙宇及宗祠建筑不仅未因此而逊色，反而数量更多，规格更高。在小小的弹丸之地，分布着"关帝庙""黑龙庙""三官庙""三圣殿""土地庙""文公祠""丰都殿""雷神殿""黄禄殿""文昌阁""祖师阁""白衣洞"等庙宇，民俗意义上的各路诸神应有尽有，在精神上庇护着城寨的安康。"文昌阁"和"关帝庙"两组规模相对较大的建筑前后相邻，占据着城寨的中心位置。

五、传家训，生活哲学

在深厚的儒学根基之上，几乎家家户户都有不同的家训代代传承下来，"淑善""谦益""俭静""素履""安处善"……无不体现了人们生活的精神传统。这样的传统通过一代代人的口传身教，形成了各具特色的家风家训，尽管社会经济在不断的进步和发展着，子孙后代仍保持着这份先辈传下来的生活哲学。

六、惊四方，能人迭出

润城镇自古名人迭出，根据田澍中先生的统计，润城曾出过两尚书、一布政、三参政、四按察使、两评事、两巡抚、两运使、六知府、三同知、三主事、十一知县。

王国光 (1512—1594) 字汝观，号疏庵，上庄人。是一位杰出的经济学家、政治家、文学家。他的一生充满传奇性、戏剧性，是一个有争议的人物，正如《明史·王国光传》中所说："及是受制执政，声名损于初"。作为万历首辅张居正的得力助手，对明王朝万历中兴起到了积极的作用。

张慎言 (1577—1645)，字金铭，号藐山，屯城村人，万历庚午 (1610 年) 中进士。是明末著名的书画家、诗文家，政治家，官至南京吏部尚书，加太子太保。和他外公王国光一样，为正一品重臣。《明史·张慎言传》云："除寿张知县，有能声。调繁曹县，出库银籴粟备赈，连值荒岁，民赖以济。"

李豸，字西谷，生卒年代不详，明嘉靖辛丑 (1541 年) 中进士，是润城镇第一名进士。官至山东左布政使，是明代继王国光之后最大的官。65 岁告老回乡，安度晚年，71 岁去世。现今下庄人称他为"李布政"，其故居尤在，比王国光的"尚书第"宽敞高大，可见经济实力非凡。

张瑃 (1623—1665)，字伯珩，润城村人。崇祯十六年 (1643 年) 进士。十五岁为弟子员，十九岁登举人，二十岁即中进士，为兵部观政。顺治八年 (1651 年) 任淮盐巡抚。顺治十七年 (1660) 又擢升为工部右侍郎兼副都御史，巡抚陕西。

李春茂，字震阳，下庄人，生卒年代不详。明万历甲辰 (1604 年) 进士，入朝之初为"行人"。后升任陕西、湖广布政司使钱粮官。朝廷念其功绩，加右都御史，仍管顺天府，诰授资德大夫，正治上卿，享受正二品待遇，是润城镇知府中级别最高的。退休后回到村里，适逢陕西农民起义军西来阳城，他组织村民筑工事抵御，免遭大的损失，受到村人的拥戴。

张敦仁 (1754—1834)，字仲篙，号古愚，亦号胡臾，润城村人。最大的成就是数学，南宋秦九韶的《求一算术》和元代李治的《天元术》等重要数学著述，具有当时世界先进水平，但未被时人所理解，明中叶后几至失传。直到清代，经张敦仁等人才被发掘出来。他著的《求一算术》3 卷，是在总结《求一术》的基础上，更加详细地阐明了整数论中的一次同余方式解法，使这个成就得以发扬光大，应用到工程计算中。

张茂生，字存源，号体斋，张瑃子。历任户部主事、升员外郎中、监督右翼兴平仓，为正五品。为给老母尽孝，养老送终，辞官回里，居住 27 年。期间，大力兴办教育，修建周、程、张、朱五贤祠，以培养学风，并设经、蒙两学，请师教授，培养后进。同时，修桥补路，立社仓、置义田。每遇饥荒，支大锅设粥棚，救活多人。他积极参与村中公事，出谋划策，细致周密，深受乡亲爱戴。同时，他既是诗文家，又是出版家，着有《息斋诗文集》（已失传）。刻有《朱子薛子要录》《苹阁文抄》《阳城诗抄》等书。还校印了张慎言的《泊水斋文抄》。享年 72 岁，出殡之日，小城人罢市哀悼。

七、八八宴，饮食文化

"鸿胪第"三字趣味无穷，包罗万象，鸿胪二字：有水、有江、有鸟、有兽、有田地、有火炉、有器皿……五谷山珍，珍禽异兽，江河湖海，鱼鳖虾蟹，鼎鼒器皿无不尽含其"第"，还仿佛隐隐散发着一股诱人的香味，使人思而生津。

鸿胪第是康熙年间"鸿胪序班（司饮局）"郭璋的府第，其家中曾藏《内经》《礼记·内则》《金匮要略》《饽饽席单》《宫廷素菜》《满汉全席等级单》等书籍。郭璋不仅仅是一位出色的宫廷御厨，而且还是一位造诣颇高的食疗医师。

润城"八八宴":先上九个酒盘,象征"位列九鼎"。酒毕,八八六十四碗不同菜肴,以二为单位,四为基数,八为一巡。每八碗中间还要穿插各色造型精美、口味独特的腰食。整个八八宴席贯穿周易太极理念,寓含太极生两仪、两仪生四象、四象生八卦、八卦生万物,寓意好事成双、发发大吉、万寿无疆之兆。一桌上乘的"八八宴席",就是一济丰富的"十全大补汤"。世间一物一性,相生相克,互补互济,它们既是吃的食物,更是调和阴阳、益寿延年的仙药。

郭璋主管"鸿胪序班(司饮局)",潜心钻也中华饮食文化,在润城"八八"的基础之上,综合各地菜系之特点,结合历代宫廷菜肴之特色,吸取"饽饽席"之精华,研制了一种独具特色的"大清国宴",就是传世至今的"满汉全席"。

八、探历史,传说故事

砥洎城金牛:相传润城村北的砥洎城下有一个很难被人发现的石门,石门打开后有一石洞,洞中有一盘石碾,一头金牛在拉碾,由旁边一人看着,没日没夜地推,推出来的都是金子。

砥洎城金船:相传,很早时候,在黑龙庙下的黑龙潭经常于月圆之夜万籁俱寂的三更时分,在水面浮出一条金船,金光闪闪,十分诱人。这一奇特景观,传了一代又一代,润城人把它当作镇寨之宝倍加爱护,把它当一方神灵供奉。

小黑龙的传说:很久以前,润城叫小城,离小城东南15余千米的地方,在太行、中条二山交汇处的沁河峡谷之中有一九女台,湖水深不可测,是龙王太子小黑龙的府邸。有一年天旱,小黑龙不忍百姓受苦,私自降雨解旱,违反天条,玉皇愤怒,下旨将小黑龙压在太行山下,小城百姓深感不安,在黑龙汪修造黑龙庙,并用铁铸成小黑龙神像。每逢大旱之年,人们急于农事,纷纷求神祈雨。

关于润城的传说故事还有很多,如隔岸掌中的寨上女、布鞋底的"九针心"、大岭圪堆的金牛、火烧红梅寺、会唱歌的茶壶、土埋脖桑股、润城软米饭、天官王府的迎客松、奇水奇事、"二月二"中庄庙会、抓风草、古庙怪钟、神奇的灵泉花、老鼠娶媳妇、冲瘟、南岩寺的故事、香盏婆婆、二龙沟传奇、龙须布等。

第四节 润城古镇特色与价值

一、润城古镇特色研究

1. 历史形态演进

润城地处太行、太岳、中条三山的交汇处,位居中枢,由北而南的河道,由西而东的官道,均要在这里交汇渡过沁河,渡口就在润城镇下游,称为河头堡,润城自然就形成了阳城一带的商贸中心。

从现有的遗存分析,三门街在宋代就初具规模,集中在东岳庙四周形成三圣坊、铸佛坊、神佑坊、街市坊、神左坊、镇溪坊,三门街则是沁河的古渡口北上潞沁并汾,南下怀庆孟津的过往商客的驿站。明中叶以后,冶铸业的发展,大批迁民至润,古镇与南边的临沁庄、西口的老槐庄、东坪上的山野庄连成一片,形成了规模较大的镇区,即明万历二年(1574年)《重建东岳庙碑记》中记载的 "十二坊", "润城四口"也在此时形成。明末,为防御流寇,杨家又以沁河为屏障筑砥洎城,成为十二坊外的一个堡寨,当地称"寨上",明崇祯十一年(1638年)"山城一览"记录了砥洎城的规模和布局。明末清初,交通优势进一步将冶铸业发展为铁制生活用品交易市场，形成了东河集市，张广善先生的《小城河街》生动地描述了这一时期的盛况，河街首尾的上石（市）台、下石（市）台，便是这一时建造。至此，润城古镇的繁荣达到了空前，经济和文化相互辉映，形成了"泽州王气在阳城，阳城王气在润城"的全盛时期。

2. 古镇特色总结

润城古镇现存规模宏大的明清建筑群，庙宇、街市、民居、城堡和园林比比皆是，古镇布局依山傍水，聚散有序，在具有和谐自然美的同时，还寓有一种人文之美。润城古镇的特色主要体现在以下几个方面。

一是山水城镇。"县东二十里曰润城镇……四山环绕，三水潆流，居民繁衍日中为市，五方杂集称雄镇雄焉……"康熙三十四年（1695年）《重修无量殿碑记》。润城古镇建在沁河之畔，东河穿城而过，四面环山，从选址到城镇布局，皆体现了中国古代聚落的风水观念，又反映了城镇建设的营造理念。

二是防御体系。润城古镇背山面水，地势较高处易守难攻，形成村落的天然屏障。砥洎城以炼铁坩埚筑城，坚固异常，道路皆为"丁"巷，而无"十"字巷口直穿，形似迷宫，城内院与院之间在厢房或不显眼处留有暗门可以互相串通，道路隔开的街坊又有"过街楼"相连。此外，还有高耸的楼阁，既可赏月、听泉、观水，又能了望敌情，积极防御。

三是特色街市。润城古镇历史上是一个繁华商贸集散点，三条街市由东向西穿城而过，各俱特色：三门街东岳庙居中，牌楼林立，是古镇的社会文化中心；东河街工商业用房排列两岸，有水时是一条行水的河道，无水时就是繁华街道，是人与大自然和谐相处的典范之作；南边街深巷幽居，明清风貌保存极为完整。

四是名人杰士。润城自古文风鼎盛，造就了许许多多的历史文化名人，如砥洎城，一城3进士、10举人。这些文人雅士在文学、书画、戏曲等多个方面取得很高的成就。大量的名人杰士留存的不仅有丰富的物质遗存，更有崇尚诗书、仕宦传家的精神文化财富。

二、润城古镇价值评价

1. 综合价值

润城古镇的山水与古街、古堡、古庙相映成趣，保存了从明代至今完整的城镇布局结构，具有较高的原真性和和整体性：三街依旧，四口尚存，十二坊可寻。其中保存尚好的古巷有9条，古民居数百处，古庙有7座，牌楼拱券有20余座，园林庭院有5处。特别是大量炼铁坩埚和青砖混砌的建筑墙面，直接见证了润城是山西冶炼重镇的历史，是晋东南地区社会经济发展的历史见证物，具有十分重要的历史文化价值。

按照《中国历史文化名镇（村）评价指标体系》中价值特色评价的条件，润城古镇在以下方面较为突出。

文物价值：拥有砥洎城、东岳庙国家级文物保护单位。

历史事件：曾是当地水陆交通中心，成为闻名遐迩的客流、货流、物流集散地。

名人影响度：清代数学家张敦仁，是在科学历史方面做出一定贡献的人物。

历史建筑规模：现存历史传统建筑的总面积达 78800 ㎡。

历史街巷规模：拥有砥洎城、三门街、南边街三片保存较为完整的历史街区。

典型特征古迹：《山城一览图》、明代坩埚城墙、清代瓮城、藏兵洞等防御设施；玄镇门、不二门、索道口、保障门、三眼券、错券等交通标志。

空间格局特色：空间格局保持十分完整，中心、轴线、网络、四口等均反映了沁河流域古镇整体布局理念。

明显特殊功能：砥洎城具有明显特殊功能——防御性。

历史真实性：历史建筑及环境用地面积的比例为91.2%；原住居民比例为76.3%。

2. 砥洎城价值

①防御文化价值。

砥洎城因地制宜构成防住合一的聚落体系，是在自然环境条件和社会因素的影响下，基于抵御外敌，防守自身的目的，进行了创造性的规划，城堡内的民居与巷道与城墙一起被全部纳入整体防御体系，并由外向内分护河—城墙—街巷—宅院四级防御体系。

体现出鲜明独特的防御为本、平战结合的设计风格和建筑特点，是沁河流域民间堡寨的典范，尤其是坩埚城墙，更是传统构筑物中的稀缺者。

②聚落文化价值。

对照城内明崇祯十一年（1638年）"山城一览"图碑刻，砥洎城保留了明代街坊的型制，虽是一个弹丸之地，但楼阁、庙宇、园林一应俱全，成片的居住单元——世泽坊，不论是物质形式还是人文精神，都是从整体聚落层面上研究山西民居的难得实物。

3. 存在问题

① 沁河改道失去历史环境。

沁河改道工程于1970年动工，1977年10月完成，工程包括劈山、改河道和筑坝拦河三部分。劈山工程在刘善村，新开河道由山口向上游995米，并在旧河道上筑河坝，将河水截入新河道。劈山改河后，一是抻直了沁河河床，河道西移，使润城古镇失去了历史环境，西梢门外沁港古渡、砥洎城挺立中流已不存在。

②东河筑路毁坏河街风貌。

2003年的"村村通"公路规划，通往三庄的公路，从河街北岸过去，拆除了上石市台及大量明清时期的古民居、店铺，瓦砾成堆，仅留南岸，成了半边街，著名的东河集市不复存在。而沁河改道使樊溪淤积，泥沙无法排走，沉积在东河把"河街"埋了半截，人们仅能从上庄想象出河街的旧貌。

③镇西建设威协砥洎城古堡。

由于对古镇保护缺乏认识，镇西的建设从布局到风格都欠考虑，如砥洎城南部修建的三栋新居住建筑和清真寺就严重破坏了砥洎城周边环境和润城古镇的传统风貌。

第五节 润城古镇保护规划

一、规划原则

1. 整体保护与特色保护相结合

润城古镇以三街四口十二坊为构架,实施整体保护,保护的方法由古镇——三个历史街区——十六条古街(巷)——三十二个历史建(构)筑共四个层面,严格保护古镇的传统空间风貌、传统街巷、历史建筑,保护传统建筑的空间布局、群体组合、结构形式、色彩材料与门窗细部等。

润城古镇内的坩埚城墙在全镇乃至全国范围内都是首屈一指的,是润城镇冶炼业发达的集中体现,是润城镇内最有特色的文化遗产,在规划中采取特色保护的原则。此外,古镇街巷内的各式拱券、边口是润城古镇古驿道的象征,针对这一特色,规划要进行系统的整合,并进行传承。

2. 一般保护与重点保护相结合

润城古镇共计一寨十二坊,根据现存的条件,十二坊以维护现状,适度修复为主。对国家重点文物保护单位砥洎城和东岳庙实施重点保护,保护历史遗存的原真性,保护历史环境的整体性,保护历史信息的过程性。

3. 适度修复与合理利用相结合

针对文物、街区、古镇及自然环境的现状特征,以整治环境为主要方法,对严重损坏的历史遗存进行适度修复,避免过度、过量修复而丧失其中的历史信息。

本着合理利用、永续利用文化资源的原则,在保护的前提下,进一步发挥历史遗产的持续价值,实现将资源转变为产业的目标。

二、规划策略

①恢复沁河古道,治整樊溪,保护翠眉山、烟霞山、紫台岭,营造润城古镇和谐的历史环境。

②整合润城古镇的历史文化遗存,突出防御古堡、商贸古镇、冶铁重镇、文化之乡历史环境信息的识别性及可读性。

③采取整体保护、分片对待的保护方式:重点修缮砥洎城,保护性利用三门街,整治东河的自然和人文景观,维护南边街的传统风貌。

④建立润城古镇历史建筑(构)物登录制度,制定相关条例和措施,有效保护古镇范围内的民居院落、牌楼拱券、木雕石刻、庙宇等。

三、保护范围

根据润城古镇历史文化遗产的特点及其所在的自然环境特点,确定润城古镇保护规划的范围划分为三级:即保护区、建设控制地带和环境协调区。其中保护区面积为 28.1 公顷,建设控制地带面积为 32.5 公顷,环境协调区面积约 5 平方千米。

1. 核心保护区

根据古镇历史文化遗存的特点，保护区由三个历史街区构成：以东河为界，河南设南边街历史街区；河北设三门街历史街区；砥洎城城墙范围为一个独立的历史街区。

其中三门街历史街区西起西梢门，东抵来龙巷，北至砥洎城，南界东河，街区面积微14.5公顷，规划建立以东岳庙为中心，三门街为轴线的保护体系。南边街历史街区地处东河与东坪山之间，沿东河上界上石台，下界下石台，东南至公路，街区面积为9.9公顷，规划以保护依山就势的村落形态为主体。砥洎城历史街区下一节专述。

三处历史街区集中体现了沁河流域古镇、古村、古堡、古街、古宅的营建方式，是沁河流域历史与文化的缩影。

2. 建设控制地带

由于润城独特的山水环境，沁河古道以内的范围是整个历史环境重要的组成部分，本规划在保护区外，沁河古道以内，设建设控制地带。西、南两面以沁河古道为界。北到晋阳高速公路南侧，东至翠眉山东屏庙，面积为32.5公顷。建设控制地带内的建筑要在建筑性质、体量、高度、色彩及形式上与历史风貌相协调，并以文化、服务与居住等功能为主，建筑体量宜采用小尺度，色彩整体控制为灰色，沿沁河建筑应采用青砖、青瓦传统屋顶建筑形式，突出历史风貌。对于严重影响历史风貌的建筑予以改造。

3. 环境协调区

为保证保护区、建设控制地带外围的人工建设环境与润城古镇历史风貌相协调，如图8-9所示，本规划划定建设控制地带以外的环境协调区，根据润城地形地貌特征和保护重点，环境协调区主要以砥洎城以北、以西为主，包括后滩、枣山、王家庄、史家沟、老君沟、刘善六个村，面积约5平方千米。环境协调区内以保护山体、河流等地形地貌，增加绿化抚育力度，恢复植被为主，不得进行开山挖石、挖土活动。

4. 保护内容

保护内容分为自然环境要素的保护、古镇整体空间的保护、历史街区的保护、重要街巷的保护、重要保护建筑（文物建筑）和建筑遗址的保护等六个内容。

（1）自然环境要素的保护。

由于沁河的改道，使润城古镇周边的历史环境、自然环境和生态环境均受到了较大的破坏。本规划特划定环境协调区，保护润城"四山围固，三水萦流"的聚落环境特色。

（2）古镇整体空间的保护。

本规划特划定保护区，保护以"东岳庙居中，十二坊分列左右；三门街为轴，东西南北四口"的城镇格局。

① 保护古镇中心东岳庙。

历史上的东岳庙规模宏大，古镇的街巷里坊、民居院落均以此为中心布局。规划划定一定范围的保护界限，建议远期搬迁小学，改为东岳庙公园。留下少量建筑改造为书院，成为润城文人雅集的场所，并设古镇保护的民间机构，传承"樊南吟社""骚坛四逸""七逸老人诗社"的文风，振兴文化之乡。

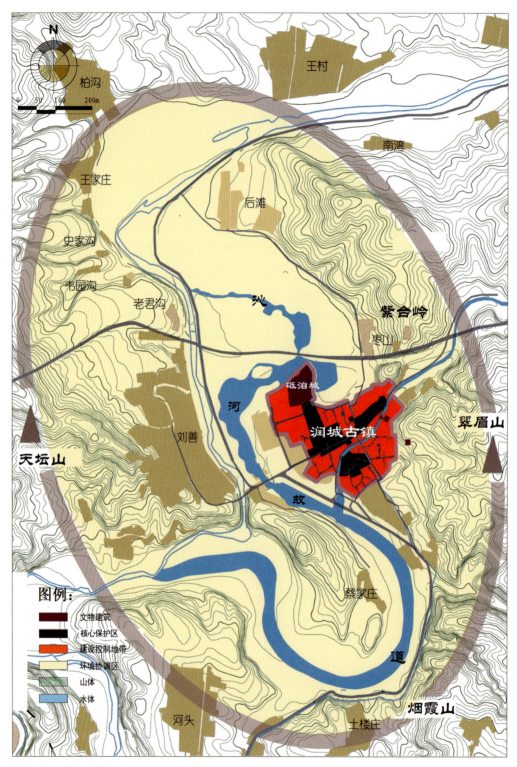

图 8-9 润城古镇环境协调区

②保护古镇轴线三门街。

三门街是润城古镇的主轴线，是润城地域商贸文化空前发达的重要标志。现存的不二门、来龙卷等构成了古街完整的空间序列。三门街做为润城古镇的商业贸易场所，两侧依然商铺林立，风貌依旧，往日的繁荣依稀可辩，至今保持着它的活力，只是古街的三门已不存。规划对三门街的宽窄尺度，两侧传统店铺的形式，建筑的高度、材质、色彩、风格等进行严格保护。保护的内容从明清至"文化大革命"时期所有的历史信息，对部份粗劣的"现代建筑"进行整改。同时维护传统生活的延续性，创造街区社会生活活力。

③保护古镇街巷网络。

润城古镇的路网结构东西为街，南北称巷或圪洞，有三门街、河街、南边街三条商业街市，数十条居住巷道，目前依然纵横有序，体系完整。规划保护南边街、礼让巷、砥洎巷、后庙圪洞、后巷口、严家圪洞、席家圪洞、上街、下街、世泽坊、中古街等。保持原有空间尺度和格局，如地势起伏、开合变化、空间节点、地面材料等，尤其是街巷中的过街楼、拱券等对丰富空间层次起到了关键作用，要严格进行保护和维修，不得有任何拆除。

④保护古镇空间标志。

润城古镇背山面水，是一处典型的中国古代人居山水空间模式，先辈为了培护文风，按照风水理论在山水"要处"建造了风水建筑，成为全镇的制高点。东坪庙在风水关系中有着"祖山"的意义，是古镇的制高点和心理依托，规划对东坪庙按照省级文物的保护要求设定保护范围，包括保护山下巷道的空间对应关系。规划进一步修复砥洎城内的文昌阁、祖师阁，有条件则复建紫台岭和烟霞山的标志物，形成空间上的呼应之势。同时对天坛神庙加强管理，严禁违建。

⑤保护古镇边界四口。

润城古镇以各式带有象征性的交通拱券来限定边口，上河—东口，西梢门—西口，后巷口—北口，通衢口—北口。其中，东口玄镇门、北口保障门尚存，西口西梢门和南口通衢口均已不存在。玄镇门位于延家圪洞东端，是一座街巷转折处的拱券式门洞，润城古镇的东入口，半圆型拱门上写有"一券来龙"。现门洞已封，但保存完好，周边没有新建筑，基本上保存了历史环境，规划修复以"修旧如旧"原则，结合古街巷体现古镇出入口的意象。保障门位于后巷口，有两层，上层为阁楼，下层为半圆型拱门通道，是润城古镇现存较有价值的历史遗存，规划以整治周边环境为主，突出古镇落边界的特征和形态。对西梢门和通衢口根据条件进行修复或保护遗址。

⑥保护古镇基底环境。

润城古镇在明朝时就形成了十二坊，构成了润城古镇的居住生活体系。现状古镇内部除了卫生院、粮站、小学及村委会等相关配套设施外，大规模的成片建设集中在西梢门外的古河上，因此，润城古镇相对完整的保留下来。规划为保护整体环境，对古镇的空间轮廓线进行控制，即凡在保护区范围内进行新建和改建活动高度控制在三层以下，外墙不得使用瓷砖贴面和有色玻璃。建筑控制地带内新建筑高度宜在六层以下。

（3）历史街区的保护。

规划按照自然地形条件、城镇空间关系将保护区划分为南边街街区、三门街街区、砥洎城街区。润城古镇保护规划区如图 8-10 所示，保护内容见表 8-1 所示。

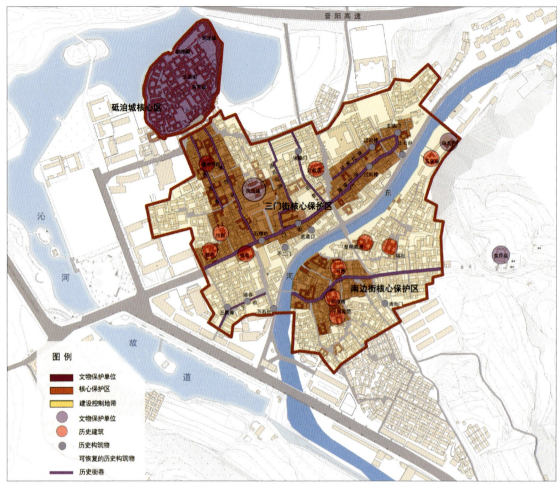

图 8-10 润城古镇保护规划图

表8-1 历史街区的保护内容一览表

历史街区	古街巷	庙宇建筑	民居院落	园林庭院	牌楼拱券	历史遗址
砥洎城历史街区	世泽坊 中古巷	文昌阁 黑龙庙 关帝庙 土地庙 三官庙 三清庙	鸿胪第 素履居 安处善 懿文硕学 怡宅 天然居 简静居 有恒居 笃庆居	近光居	水门	祖师阁 师帅府
三门街历史街区	三门街 礼让巷 砥洎巷 延家圪洞	东岳庙	德溯芳踪 郭宅 近敬居 杨宅	涅崖别墅	玄镇门 过街楼 保障门 索道口	本镇东门 上石台 下石台 石牌坊
南边街历史街区	南边街	白龙宫 玉皇庙 东坪庙	职思居 平阳家苑	—	—	通衢口

(4)历史建(构)筑的保护。

①文物保护建筑。

在保护区范围内,所有的文物保护建筑单位均要按文物保护法的要求进行保护,不允许随意改变原有风貌及环境。如需进行必要的修缮,应在专家指导下按原样修复,做到"修旧如故",并严格按审核手续进行。该保护范围内现有影响文物原有风貌的建筑物、构筑物必须坚决拆除,并且保证满足消防要求。

润城古镇目前共有两个国家重点文物保护单位——东岳庙和砥泊城,两个市级文物保护单位——东坪庙和玉皇庙。

东岳庙现仅存献厅、天齐殿、后宫,其琉璃瓦脊精工细雕,无以伦比,是现代技术无法企及的,规划对已毁的部分不予复建,但由于润城小学建筑的挤压,使东岳庙仅存的部分缩在建筑的夹缝中。规划远期拆除小学教学楼,建东岳庙文化公园。

东坪庙位于东坪山顶,为元代创建,近年进行了大规模的修复,规划按省级文物保护单位的要求划定建设控制地带,并加强东坪山林木培育,禁止任何不利于山体保护的建设活动。

玉皇庙背对翠眉山,依山而建,曾经是古代润城著名的道教场所,东河畔的景观标志,规划将玉皇庙与白龙宫整体保护修复,搬迁工厂,恢复宗教场所。

②保护建筑物。

对于民居院落、庙宇建筑等保护建(构)筑与环境均要参照文物保护法的要求进行保护,不随意改变和破坏原有建筑的布局、结构和装修,不得任意改建、扩建。除经常性维修和抢险加固工程外,保护建筑的重点为修缮和局部复原。

③保护构筑物

润城古镇街巷中的牌楼、门楼、拱券等构筑物,是古镇的空间标志和特色,也是历史的见证。对附属于两侧建筑的过街楼、拱券要结合建筑整体保护、原样修复;对独立的门楼如保障门,在原样修复的基础上,要进一步整治环境,突显历史构筑物。

西桥头公园,选择一组历史故事,形成雕塑故事园。

(5)历史遗址的保护。

① 保护小江南的诗画意境。

通往三庄的公路,从河街北岸过去,拆除了北岸的古民居、店铺,仅留南岸,成了半边街,著名的东河集市不复存在。规划对南岸进行保护,对北岸采用绿化修复,并保留依人巷残垣,沿公路设绿化带,历史的残片掩映在轻风杨柳之中,在一段废墟中追忆当年河街的盛况。

②保护铁冶镇的坩锅墙体。

润城冶铁的历史,最早可以追溯到南北朝时代,不但冶铁技术先进,而且铸造技术也有相当水平,砥泊城的镇寨铁牛，润城村内外的48座庵寺庙观中的铁狮都已不复存在。但随处可见的坩锅墙体记载了民间因地制宜、变废为宝的绝妙创造，是润城古镇古代发达的冶炼业的写照。随着旧宅的翻新，坩锅墙体越来越少，规划不仅保护整体坩锅建筑，对残存的墙体也应加固保护。

(6) 非物质文化的保护。

沁河孕育了润城的经济繁荣，润城又推进着沁河流域的文明发展，现存的堡寨、庙宇、老街、民居院落，还有街巷各处众多的历史建筑（构）物遗存，见证了小城的兴衰，是古镇传统文化脉络中的物质遗产。为延续小城历史文脉，在对物质遗存保护的同时，也注重对非物质文化遗产的挖掘和保护，使大量的历史信息在古镇中释放，使保护区成为传承文化的载体，保留记忆的容器。

①修复石刻匾额。

润城古镇的建筑工艺丰富，砖雕、木雕、石雕做工精细，尤其是分布在巷道中的拱券上的匾额，是古镇中极具传统特色的细节，最能反映古镇的审美情趣和文化底蕴。

规划对现状保存完好的砖雕、木雕、石雕进行重点保护，部分十分珍贵的应该拓片保存，对已有破损难辨的匾额应按照原来的风貌应积极修复，并将拱券中匾额集中的巷道文林巷、席家圪洞重点修饰，作为讲述古镇悠久的历史的窗口。同时，重点挖掘砥洎城的门匾文化，使小城的处世精神得以展示。

②振兴文化之乡。

"郭峪三庄上下伏，举人秀才两千五，如若不够数，小城寨上补。"润城不仅富商豪贾迭出，更是文风鼎盛。近年来，随着《润城古代诗文选编》《润城文化丛书》的出版，并带动了一批润城本土文化人，各显身手，共同发掘当地文化，掀起了研究润城文化的小高潮。

规划为润城文人供空间场所，设立润城书院。

③设立名人纪念馆。

润城镇自古名人迭出，根据田澍中先生的统计，润城曾出过两尚书、一布政、三参政、四按察使、两评事、两巡抚、两运使、六知府、三同知、三主事、十一知县。

规划在三门街设立"润城名人纪念馆"，将润城镇域历代名人的生平进行介绍，唤起后人对本地文化的骄傲感。

④讲述传说故事。

在古镇的发展过程中，会口口相传下来一些传说故事，带有宗教和神话特色，从中我们可以探究出一些古镇的历史。关于润城的传说故事很多，如金牛的传说、金船的传说、小黑龙的传说等，还有许多奇人奇事，香盏婆婆、土埋脖桑股、布鞋底的"九针心"、会唱歌的茶壶等不尽其数。规划去封建迷信糟粕，弘扬优秀传统文化，将能代表润城文脉的故事以雕塑的形式展示出来，用石头讲述历史。规划建议在镇西桥头公园，选择一组历史故事，形成雕塑故事园。

第六章 砥洎城古堡保护研究

一、砥洎城的缘起

阳城县地处太行山南端的沁河流域，自古是三晋通向中原的要道，在中国 2000 多年的中原文化轴心时期，这一带始终是兵家必争之地。明朝末年，山西不靖，起义和匪祸不断，使沁河流域的宅院和聚落建设具有明显的防御特征，砥洎城作为全国重点文物保护单位，是一座集生活、居住和防御功能于一体的家族堡寨，整个聚落基本上完好地保留了明代型制，对应《中华人民共和国文物保护法》，是"反映历史上各时代、各民族社会制度、社会生产、社会生活的代表性实物"。

砥洎城是润城古镇十二坊之外的一个独立堡寨，和沁河流域村庄聚落一样，建城的初衷是为了抗击流寇和自卫，为典型的家族式防御聚落。修建砥洎城的主人叫杨朴，字贡闻，润城人也，时任北京大兴县知县，为正六品。相传崇祯五年（1632 年）及崇祯六年（1633 年），农民起义蜂起，流寇亦起。西有李自成部正准备北上，攻占北京；北有河曲王家胤部南下沁水、阳城。是年，被罢官的原刑部右侍郎张慎言在《同阁记后序》中写道："贼王家胤以辛未夏首坌坪上，依磕山而南，入获泽犯郭谷、白巷诸村，杀掠无算，有死于井者，至投于圊、没于河，子女玉帛厌而去炭窑深广者，什一苟免，复用硫及诸毒熏而毙者，可以壑量。"于是，杨朴为保护自家及乡里安全，倾巨资建砥洎城，有文字记载："壬申、癸酉公相度高下，量广得若干亩，计亩敛直费数千金，筑砥洎城，屹然金汤。"

杨家搬进砥洎城，仅过一年，便易手同城张家，其中具体缘故无人知晓，但是长期以来一直流传了这样一个传说：崇祯十一年（1639 年）竣工，杨家搬进城里，却不料在次年，杨朴突然去逝，接着又发生了几件死伤事件。于是，杨氏家族人心惶惶，遂请来阴阳先生扶正祛邪。得知城外有白虎、卧虎二山，杨家搬入，形成"羊入虎口"局面。最后只得在阴阳先生指点下"卖城消灾"。

而城内另一杨张姓大户是在同一阴阳先生"弓长（张）驱虎""弓长（张）守城易"的提示下，巨资购得此城，搬进去却一住就是几百年，家族兴旺发达。

虽是传说，但却为砥洎城增添了不少神秘色彩。

二、砥洎城防御模式

砥洎城的防御模式是我国古代家族聚落设防的典范，通过聚落选址、空间形态和街巷布局等，将防御环境、防御空间及防御形态，在不同的层面上表达出来。

1. 以水制塞的防御环境

有城必有池，自古城池并称，这里的池指护城河。在冷兵器时代，城池的防守作用十分有效，而利用天然河流作为屏障，可造成得天独厚的防御条件，民间有"宁隔千山，不隔一水"的俗语，于是近水选址便成为营造防御空间的首要因素。沁河流域的聚落大多沿河设寨，高台筑堡，利用河流及河岸高地等进行整体防卫。

砥洎是润城镇十二坊之外的一个独立城堡，沁河由北向南左盘右旋，在这里形成了一个大弯道，砥洎城因地制宜，以伸入河中的一块大砥石为基座，构成三面临水的防御环境，是沁河流域独一无二的"水围城"，远观城堡，如砥柱屹立，击水中流，有诗曰："一巨砥基筑城台，三面水绕门南开。"从防御的角度看，城周仅南部 1/4 着陆,并有效地将防御力量集中在南城门,左右各设一座炮台进行封锁,达到事半功倍的防御效果(图 8-11)。

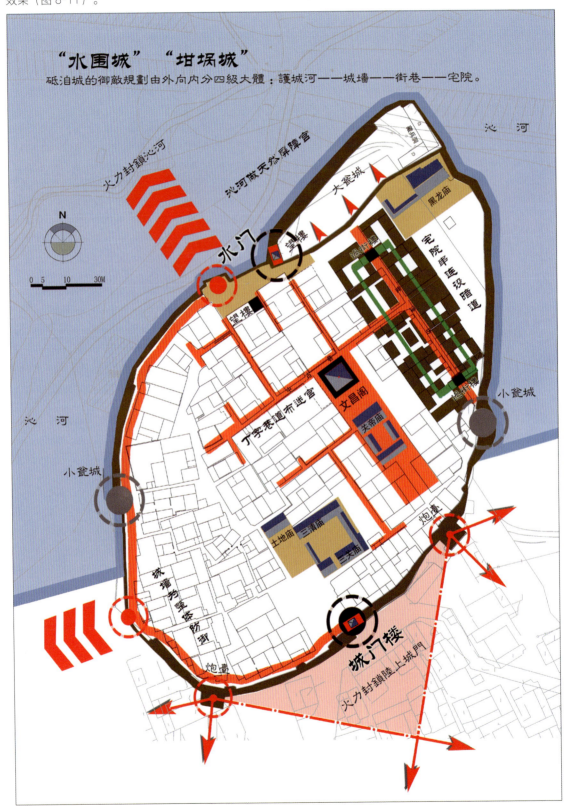

图 8-11 砥洎城防御系统分布

2. 向心聚合的防御空间

城墙厚筑，豫楼高耸是沁河流域聚落的显著特征。城墙及城门、瓮城、炮台、藏兵洞（城窑）等是堡寨最基础的防御设施，相对城池，这些设施多是平战结合，一物多用，体现出住防的双重功能。豫楼又称御楼或堡楼，是堡寨重要的防御性公共建筑，出于安全需要，一般择中而建，楼身高达二三十米，可容纳全村数百人，楼顶有神阁，战时用于观察敌情，楼内有粮仓、水井等生活储备设施，楼底有地道通向城外，是破城后的防御屏障。砥洎城以砥石筑城台，平面呈龟形，城墙团状围合，居中而立的是文昌阁，城中各里坊据此环绕，形成了围墙锁城、高阁统领、城外深涧、城内窄巷的防御空间。这种神阁居中的向心闭合空间无论是物质形式还是心理意识，都反映出血亲聚落中自我保护的内敛性和封闭性：一方面，借助巩固边界表达场所的领域感；另一方面，通过标识中心产生心理的安全性。这一起源于人类早期的生存空间，在漫长的生活与艺术实践中，被历史地、约定俗成地确定下来，并借助于集体，无意识地固化为一种相对稳定的社会共同体，投射在建筑类型的自组织形式中。按照新理性主义的观点，建筑的本质是文化习俗的产物，文化的绝大部分都已经编入类型中。形式的意义依赖于那些早已建立的类型，它是隐藏于建筑形式无限变化背后不变的常数。砥洎城作为特定时期的聚落组织形式，承载了相关的文化，有着建筑类型中"常数"的意义。

3. 形似迷宫的防御形态

堡寨是设防的聚落，相对一般村庄而言，沁河流域堡寨的防御功能不仅是防御实体，而且在里坊划分、街巷布局等聚落形态上也异于一般村庄，体现了住防结合的营造理念。

砥洎城周长704m，全城占地面积约2.32公顷，城内有民居院落70余户，崇祯十一年(1638年)竣工时留有石刻"山城一览"图（图8-12），记录了砥洎城的平面布局。出于防御需要，砥洎城内的街巷交通组织皆为"丁"字交汇，迂回曲折，避免穿透，大小"丁"字巷又与城墙下的环城路相接，形成体系，方便作战。此外，还在局部设有端巷，即有进无出的"口袋路"，在巷道上方设有跨街楼，将各里坊连接成整体。由于地基局限，建筑密集，街巷更显狭窄、幽邃，形成良好的防卫氛围，乍入其中，百折迂回，如入迷宫。

文昌阁

关帝庙

南城门楼

图8-12 明崇祯年间石刻"山城一览"图

砥洎城有效地将布局纳入防御形态，是利用了环境心理的虚拟效应，用西方学者的易识别性(legibility)理论进行分析：环境的识别度量可借助观察者对主要交通方向的指认，自身所处位置的判断并找到要去的目的地等因素来确定。易识别的环境有助于定向、定位、寻址，相反，不易识别的环境令人情绪上感到不安定和不安全，对入侵者来说，则可产生巨大的精神压力。此外，砥洎城内的每一个拐弯处，直角外墙都被削去尖角，用意是扩大隐藏在墙角处防御者的视野，墙壁上凿有一个小坑，可固定弓箭手握弓的拳头。由此可知，对于突入城内的侵略者，街巷空间是最后的防御屏障（图8-13）。

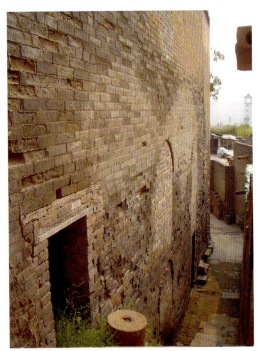

图 8-13 砥洎城街巷防御

三、砥洎城聚落文化

聚落的构成分心物层和心理层,其中营建技术和艺术为心物层要素,而营建思想和意识为心理层要素。砥洎城又名小城,虽是一个弹丸之地,城内却分有十个街坊,民居院落、庙宇、楼阁、花园一应俱全,体现了防御为体、生活为本的人居环境理念。除周密的防御体系外,还有独特的人文精神,聚落文化更多地呈现在心理层要素中。

1. 诗意栖居的聚落环境

唐代《诗格》提出诗有三境:一曰物境,二曰情境,三曰意境。中国传统聚落中因势利导的设计意匠,以追求诗意地栖居的意境为上,在自然环境中寻求其中契合的文化价值和审美习惯,精心营造出人工与自然对话的天人合一境界。

砥洎城在充分顺应地形的基础上进行村落建设,对于制高点的利用尤为突出。东北角坐落着黑龙庙,城角下是深不可测的黑龙汪,水深、楼高、临风,酷暑之际凉风习习,庙外是一片疏林,墙上镌刻着"忘暑"两个大字,夏令时是乡邻们纳凉的好去处。与黑龙庙紧密相邻的是大学者张伯纻的私家花园,因处于砥洎城的制高点,故名为"近光居",园林虽小但不乏精致,内有回廊、奇花异草和小小的"一勺泉"。清顺治十年(1653年)补筑的水门上还立有看河亭,阁楼屋檐飞挑,四面开窗,每逢涨水,凛然其上,看沁河横溢,听惊涛拍城,砥洎城如同一艘大船乘风破浪,逆水而上,"不怒自威"的意境由然而生。

2. 喻理劝世的门匾语言

砥洎城的诗画意境还存在于各街坊内一户户的门匾中。图8-14为砥洎城的院落格局,城内没有门牌号码,但每个院落都拥有一个极富书卷气质的名字,被雕成木匾镶嵌于门楣之上,居民就凭借街坊和院落的名称来定位。"耕心居""素履居""笃庆居""怀德居""简静居""谦益居""淑善院"等,这些门匾言简意赅地展示了小城居民的生活态度和处世哲学,潜移默化地建立起一个共同的价值尺度与人生准则;反映了主人在乱世中对桃源生活的向往,颇有古代文人士大夫"出世"的意味,使得坚固的堡垒凭添了几许儒雅和灵秀。

3. 求安心理的宗教文化

砥洎城人稠地窄,院宅密集,但庙宇及宗祠并没有因地基紧缺而缺失,弹丸之地,分布着五庙、三殿、二阁、一洞、一亭。民俗意义上的各路诸神应有尽有,各司其职,禳灾祈福,护佑城寨安康,为小小的砥洎城增添了些许迷幻色彩。这既是古人在一个封闭结构的空间内,心灵空虚无助的必然表现,更反映了动乱岁月人类寄托神灵的忧患意识。

四、砥洎城保护研究

砥洎城所体现出的高度理性特征,尤其是建设的计划性、整体性和系统性,使其有别于一般自下而上、从自然发生到逐步发育的传统村落,因而具有村落和城池结合的特点。对砥洎城的价值认定不能局限于单一的防御构筑物,应视为整体和谐的人居环境,因此,保护方法也应兼有文物保护和历史文化村镇保护的双重性。砥洎城的保护重点基于两个方面:一方面,是在解读营建理念的基础上,整体地反映我国古代聚落设计的原型和文化;另一方面,对城墙、街巷、标志物、民居院落、园林等物质要素,采取不同的修复方法,体现原真性的历史价值。

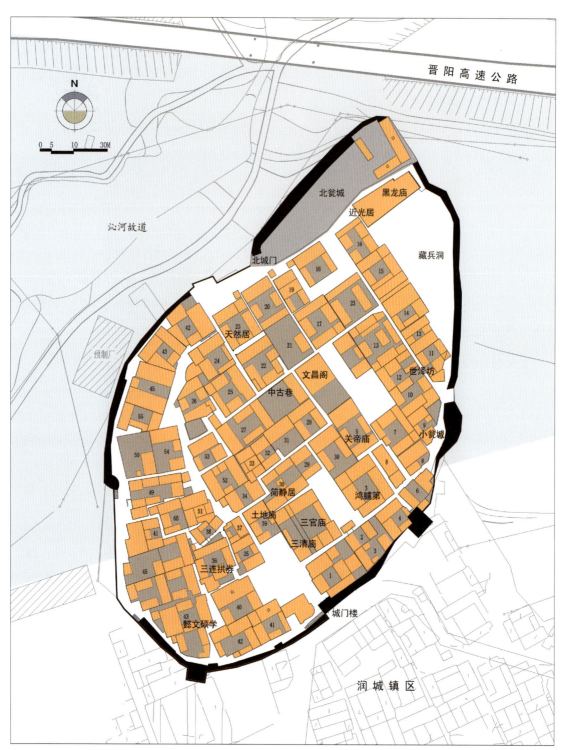

图 8-14 砥洎城院落格局

1. 意象格局的保护

砥洎城的意象格局浸透在与自然环境的融合、对精神生活的关注中，在"明代堡寨"这一具体的空间形式中，蕴藏了这座"袖珍小城"形而上的美学精神和生活哲理，空间只是形式，意境才是归宿。

规划在对砥洎城历史环境充分研究的基础上，引用中国文人画的文化内涵和美学意境，通过强化特色景点，重构砥洎城的审美构架。如图8-15所示，特色景点由"砥洎城十二景"组成，其中外围沿城墙八景：红阁听涛、双牛镇河、残垣夕照、铁壁锁城、小洞藏密、疏林古窑、黑龙忘暑、水上瓮城；城内四景：一勺近天光、世泽坊中匾、二庙六神龛、文昌览小城。规划以可读性为原则，采用刻画意境、点拨画题、解说典故、引发联想等手段，将砥洎城铁壁铜墙内的世外桃源生活，在保护中进一步呈现出来。十二景不是孤立的，城内城外、城上城下共同作用，相互交织，并且不局限纯粹的自然审美，更影射出人文内涵的关联，形成一种叩古怀旧、化育人文的"诗意"生存空间。

图8-15 砥洎城景观格局

2. 空间要素的修复

砥洎城作为国家文物保护单位,按照《关于〈中国文物古迹保护准则〉若干重要问题的阐述》所规定的原真性的状态,提出适度修复的原则,注重保护多样的历史信息、动态的历史过程,并根据不同的要素和遗存状况,进一步制定相应的修复内容与方法,分别采取完整修复、分段修复、平面修复等方式,呈现不同形式的历史状态(图8-16)。

图 8-16 砥洎城保护与修复

① 维持部分残缺。

砥洎城所在的润城镇是山西著名的冶铁重镇,冶铁历史最早可以追溯到南北朝,北齐时冶炼技术已有相当水平。坩埚是冶炼的用具,用耐火粘土制成坯,装铁矿炼成铁水制成铁锭。润城的许多地方民居用冶铁坩埚作为建筑材料砌筑墙体,由于当地冶铁业发达,废弃的坩埚俯拾即是,砥洎城因材致用,用坩埚做城堡内墙,既经济又坚固,还有独特的质感韵律,是沁河流域独具特色的"蜂窝城"和"坩埚城"。砥洎城城墙历经300多年至今相对完好,与坩埚墙体的坚固性有关。

鉴于砥洎城炼铁坩埚筑城的罕见,城墙的修复重点在保护地方特色材料、呈现历史久远性、恢复城墙连续性三方面,对一部分风化和破损的城墙,在不影响城墙承重和造成进一步坍塌的前提下适当维护现状,严禁过度修复而造成原真性的破坏,严禁单一模式的修复而造成多样性的丧失。

② 恢复标志物。

标志物是砥洎城内最具景观价值的建筑,突出于整体轮廓线之上的楼阁、庙宇,是人们感知和识别砥洎城的重要途径,同时也是城内的公共活动场所。标志物的形式、内容和布局是砥洎城的结构性要素:南城门楼是砥洎城的门户;文昌阁是砥洎城的中心;东北角的黑龙庙是全城的制高点;祖师阁于城北高悬沁河之上,曾是沁河流域重要的标志。砥洎城由于城池狭小,标志物也以玲珑轻巧见长。但由于自然的老化,这些标志性建筑大多部分倒塌仅存基座,使砥洎城的意象格局无法整体呈现。

砥洎城作为聚落式文物,而非建筑文物,恢复标志物是从整体风貌上体现原真性的重要措施之一。参照明代石刻"山城一览"中标志物的轮廓,借鉴同期同类实物,并以建筑部分残垣和相关信息为依据,制定原状缺失部分的修复措施。如图8-17所示,为祖师阁与望河亭的修复示意。恢复可以是相对的,没有固定的标准,包括完整恢复、框架恢复和构件恢复,建议明确区分复建部分与残垣部分。

图8-17 祖师阁与望河亭修复示意

3. 修复街巷空间

巷道不仅是砥洎城的基本构架，也是防御体系的组成部分。街巷空间的变更主要在两个方面：一是部分民居倒塌，使街巷空间的连续性中断，二是部分民居扩建使巷道堵塞。如中古巷是砥洎城的一条主要巷道，由于巷道中途的部分房屋坍塌而成为一块块空地，使原有的"丁字巷、口袋巷"无法连续，狭窄幽邃的空间形态在一定程度上遭到破坏。而"山城一览"中的神路由于人为的搭建，沦成左右两条小巷道，使文昌阁和关帝庙处在夹缝，中心地位无法显现。为保证街巷空间的连续性和完整性，对已坍塌的部分房屋原则上不再复建，原址采用院墙来隔离出街道，院内绿化。这种墙院式的修复，重点在空间环境而非实体的原真性，体现适度修复的原则，避免了大量新建筑在保护区出现。

4. 强化里坊单元

砥洎城始建时，城中以巷道为单元划分了 10 个里坊，在街头巷尾用过街楼或拱门进行限定，并将坊名用匾额悬在出入口上，坊内的串串院使居民亲密沟通。300 多年的岁月流逝，冲淡了家族、房派的社会结构，里坊空间随之瓦解，仅存一个世泽坊完整地保留下来。规划在对民居建筑进行普遍整治的基础上，重点以里坊为单位，对建筑群域进行剥离，整合空间结构，包括过街楼、拱券等出入口的强化及坊名的修复（图 8-18）。

5. 象征历史格局

砥洎城东端原有一个里坊，巷道和两侧建筑已不复存在，成为一片林地。由于倒坍时间久远，长期以来成为居民解暑纳凉的"忘暑"之地。规划采用遗址式的设计方法，结合庭院功能，将"山城一览"中消失的里坊通过地面材质和矮墙刻画出来，这里并不强调整旧如故，而是以一种平面的形式重现历史格局，达到开敞空间的目的，将一侧的城墙及窑洞展现出来。砥洎城的修复后的模型如图 8-19 所示，最终修复效果如图 8-20 所示。

图 8-18 砥洎城标志物修复示意

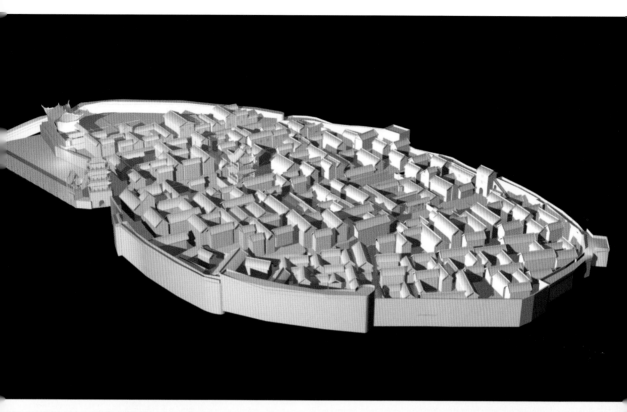
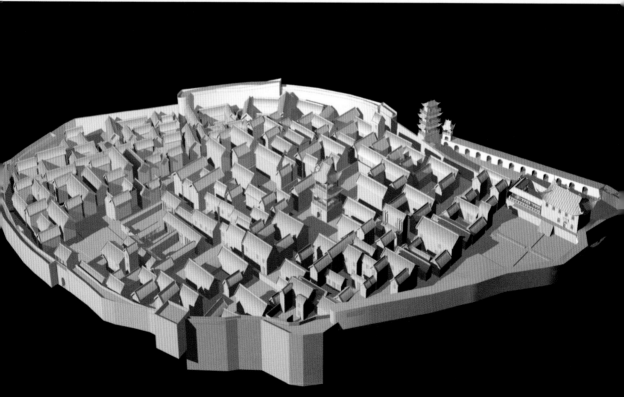

图 8-19 砥洎城模型

风华荟萃出人才。
脉气造就多奇景,
三面水绕门南开,
一巨砥基筑城垒,

图8-20 砥洎城修复示意

第九章　沁河流域古村镇名录

- 一级古村镇
  - 郭峪村
  - 湘峪村
  - 郭壁村
  - 窦庄村
  - 润城镇（略）
  - 上庄村
  - 上伏村
  - 周村镇
  - 皇城村

- 二级古村镇
  - 洪上村
  - 南安阳村
  - 中庄村
  - 石淙头村
  - 陟椒村
  - 屯城村
  - 尧沟村
  - 町店镇

- 三级古村镇
  - 坪上村
  - 端氏镇
  - 曲堤村
  - 半峪村
  - 尉迟村
  - 武安村
  - 下伏村
  - 刘善堡
  - 王村堡
  - 蒿峪村
  - 崇上村

第一节 郭峪村

一、村落概况

保护级别：一级古村镇。

主体特征：堡寨防御型。

相关特征：家族院落型、商道市镇型。

遗存规模：整体型历史村镇。

保护名录：全国重点文物保护单位、中国历史文化名村。

郭峪村位于山西阳城县之东，北留镇之北；南北长 2.7 千米，东西宽 2.5 千米，总面积约 4 平方公里；松山耸于前，庄岭倚于后，可乐雄峰踞其左，海会双塔矗其右，樊溪穿村而过。东去 30 千米为晋城市，西去 15 千米为阳城县城，滨沁河的主要支流——樊河，常住人口有 960 人。古村地形以河谷为主要特征，背山面水，形成天然的防御格局，外敌的屡次侵犯促成郭峪城墙的修建，使得这座以防御型堡寨著称的古村远近闻名。现今的郭峪城墙保存较为完整，城墙内古城格局清晰，建筑遗产丰富，是一座以明清时代官宅为主的古堡，具有很高的历史、文化、艺术价值。

二、历史沿革

①形成：据文献记载，最迟在唐昭宗时此处便有郭姓的村社，但由于战乱和自然灾害等原因，在宋代、元代的几百年间，郭峪的居民都很不稳定，村落也未形成一定的规模。

②发展：明朝初年，山西地位的提高促使大量外地人口向处于边关要道的阳城迁移，郭峪村规模初步形成。

③兴盛：明朝末年，战争频发，郭峪村几经农民军洗劫，于是村民合力修建城墙，郭峪古城正式形成，如图 9-1 所示。在安全的环境下，郭峪人民生活日渐繁荣，郭峪发展至巅峰阶段。

三、价值特色

格局完整，中国乡村第一城。郭峪村保存完整，城墙至今保存完好，除东门外，还保留北门、西门和水门；村内街巷结构完整，前街风貌依然完好，其他巷道井然有序；除保留的 40 余座完好的院落外，整体建设风貌相对比较和谐，历史风韵犹在。

遗存众多，保存完好的古院落。现仍有保存完好的明代民居 40 院、1100 余间。院落门楼多呈高挑牌标式，斗拱层叠，样式华丽，等级很高。民居多为四合院，为北方典型的"四大八小"格式。该村民风淳朴，居民生活中仍有用纺花车、织布机、碾磨、车驾、犁耙等用者。一些居民至今还保留着烧香拜佛、求神祭祖的习俗。村内曾建有大小寺庙 20 余座，保存最为完好的是汤帝庙，为九开间大殿，庙内飞檐挑角的元代戏台高达 20 米，气势恢宏，全国少有。

特色鲜明，村落防御的典范。郭峪村有健全的村落防御系统，城墙仍保存较为完好，敌楼威严，雉墙整齐，宽阔高大，内墙上分三层用砖石修砌了 628 眼窑洞，是沁河流域防御、居住功能并举的"蜂窝城"式城墙的典型代表。村内多为丁字巷，设过街楼和关卡，利于防御；村内有 7 层高的豫楼，高大厚实，内部设施齐全，

图 9-1 手绘郭峪村古地图

有暗道通向村外,可进可退。

四、遗存现状

郭峪村为国家级历史文化名村,结构完整、遗存丰富,如图 9-2 所示,全村现存历史建筑面积约有 5.1 万平方米。

街巷:上街、下街、前街、中街、后街、南沟街等。

院落:张鹏云四宅、郭家院、范家院、小狮院、老狮院、恩进士院、西都世泽院、王重新院、谭家院等。

寺庙:汤帝庙,历史上还有文庙,现已被毁。

公共建筑:申明亭、豫楼等,分别是村子的公共中心和防御中心。

其他:三个城门券。该村历史遗迹众多,有侍郎寨、豫楼地道、关帝阁、菩萨阁、白云观、文峰塔等,留有一些诗词匾额。

重点文物保护单位:侍郎寨寨址、白云观遗址、汤帝庙、张鹏云宅院、陈廷敬祖居、张好古宅院牌楼门、王维时宅院、王重新院、陈氏楼牌、谭家院、常家院、豫楼、郭峪城、张景星院、郭峪村槐庄 12 号院、张家院、郭金山院、范荣兴院、窦家院、张我生院、王启瑞院、容安斋、上范家院、侍郎寨蔡家院、黑沙坡刘家巷 1 号院。

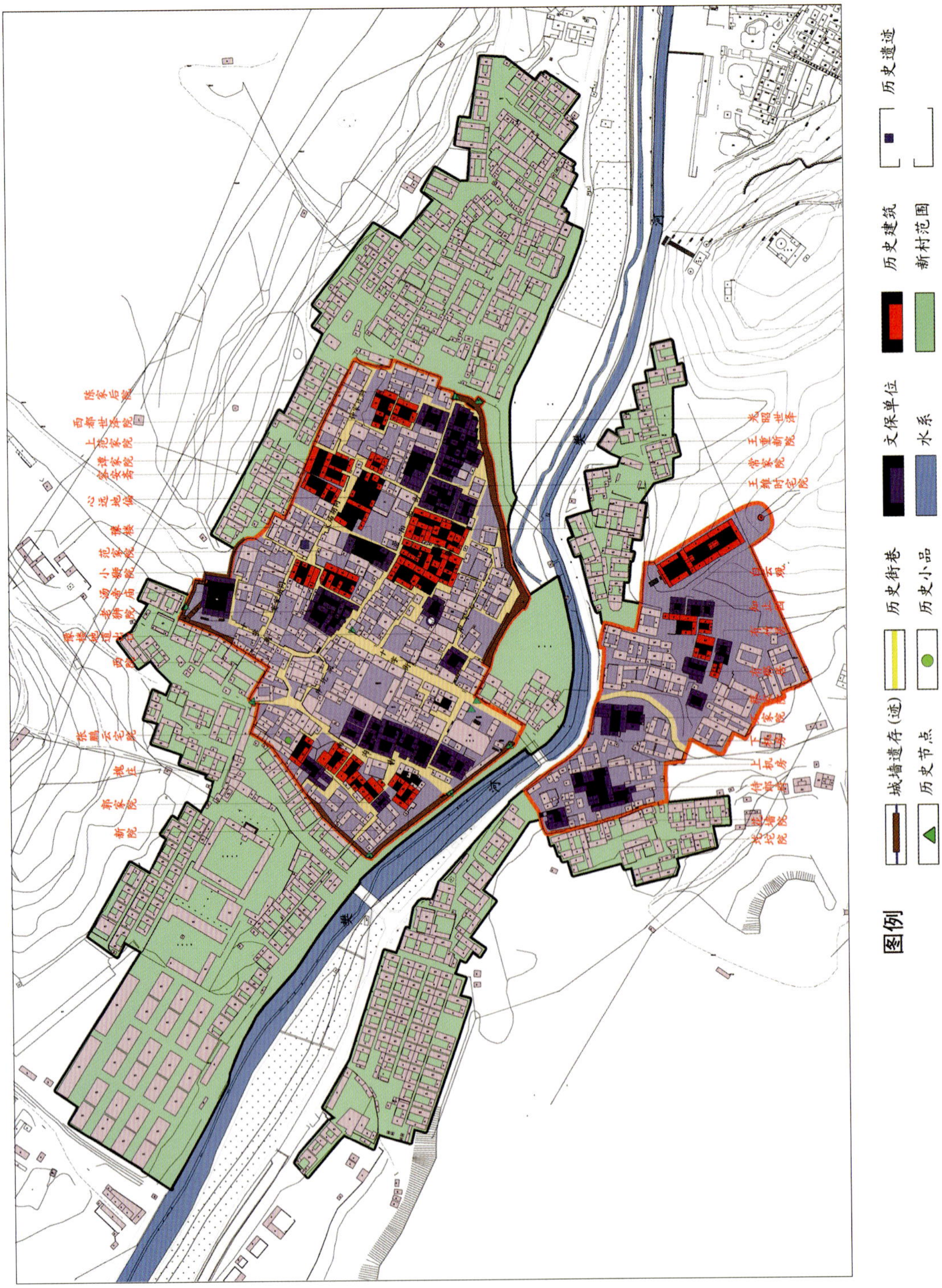

204　沁河流域古村镇集群保护规划方法

图 9-2　郭峪村遗存现状图

第二节 湘峪村

一、村落概况

保护级别：一级古村镇。

主体特征：堡寨防御型。

相关特征：家族院落型。

遗存规模：整体型历史村镇。

保护名录：全国重点文物保护单位、中国历史文化名村。

湘峪村位于沁水县东南部郑村镇，东与泽州县接壤，南距阳城皇城相府约3千米，西距尉迟村赵树理故居约3千米。山峦叠翠，苍松翠柏，西有虎山，南有瀑布，北山卧凤，南山藏龙。其山为二龙戏珠，其水为五龙相汇。谚言曰："十山九龙头，辈辈出诸侯。"青山绿水，环境优美。古村现状总人口有1240人，村落的山水与古街、古堡、古民居建筑相映成趣，保存了从明代至今完整的山城布局结构。城墙与藏兵洞防御设施保存较为完好，明代中街、小巷格局尚存，古民居院落十几处，包括三都堂、双插花院、绣楼、帅府院、二宅院、棋盘四院等，建筑面积约17000平方米，这里有叹为观止的兵洞连城，有明代高楼，还有全国仅三处的明代水牢，被誉为"中国北方乡村第一明代古城堡"。

二、历史沿革

①形成：湘峪村，原名为"相谷村"，因该村位置优越，群山环绕，清泉奔流而更今名。明末农民起义军风起云涌，李自成和其他农民军由陕西多次进入富裕的沁河流域，烧杀抢掠。人们为了保护家园，奋力自救，在窦庄古堡成功抵御起义军后，沁河流域纷纷建起了古堡，有郭庄、湘峪、屯城、郭峪、皇城、砥洎城等多达二三十个。

②发展：湘峪村本是一个普通的自然村，明代名宦孙氏三兄弟在明末战乱中为防御外敌，保卫家园，带领村民们举全村之力，历时十二年，修筑了这座坚固的城堡。如图9-3所示，这座城堡不仅城墙高大厚重，城内生活设施齐全，而且还有防御系统，能够以村为单位独自为战。

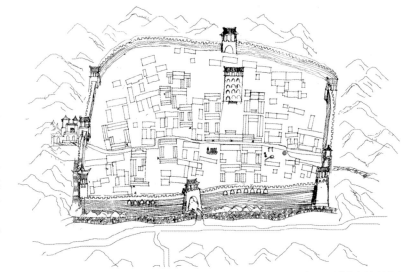

图9-3 手绘湘峪村古地图

三、价值特色

格局完整，依山傍水的雄伟山城。湘峪村背山面水、北高南低、坐北朝南、九山环抱，可以从中看出其匠师水平之高。充分利用北高南低的地形特点，层楼叠院、错落有致、下洞上房、构图起伏，加上与自然和谐的建筑色彩(灰瓦、土黄、青色墙)，与天际线和谐的圆拱门，共同构成雄伟美丽的山城。

固若金汤，民间防御工事的杰出典范。湘峪古堡寨由蜂窝式砖石土木结构建造，周长2300多米，规模盛大。堡内现存防御性建筑有南堡门、东堡门，南面和北面的几段古堡墙和藏兵窑洞；城墙与藏兵洞修建得极富创造力，形式丰富多样，可守可攻，洞内四通八达，功能完善，是沁河流域民间军事工程的顶峰之作，也是中国冷兵器时代防御工事的杰出典范。防御性宅院建筑有三都堂帅府、十大宅院、大小男院、双插花院等；另外街巷的过街楼是院落防御的"天桥"。

一层防御：古城东面及西面高地设有东西寨，村南樊山、北虎山山头设有南北寨，且修有烽火台，面向帅府大院。

二层防御：古城背山面水，修建于湘河北岸峭壁之上，易守难攻。

三层防御：古城城墙高10米至25米不等，四面设堡门、四角设角楼，城墙，上有瞭望口。南面城墙挖空作藏兵洞。其中东段藏兵洞为"串珠式"，任何两道门都可将敌人堵死，西段为"后廊式"，各藏兵洞各自为战、相互协防。

四层防御：城内的丁字巷道、过街楼便于巷战，并有看家楼。帅府大院作为指挥中心，日夜有人看守，与南北寨烽火台用旗语交流。

特色鲜明、中西合璧的建筑风格。孙鼎相在工部任职时，曾出访西欧，了解欧式建筑风格，在湘峪三都古城的设计与建设中得到了充分体现。从建筑形式与建筑风格上说，湘峪古城的民居建筑正房更为高大，高层建筑更为集中，气势更为恢宏。同时，它还拥有自己的特色，那就是中西合璧的建筑装饰风格，弓形门窗、砖雕旋цами、眉檐垂柱等装饰在三都堂、双插花院等设计中充分体现出来。

人杰地灵，名人杰士辈出的古村落。湘峪村是万历年间政治家、军事家孙居相、孙可相、孙鼎相一代名臣的故里。"三都堂"是明代反贪御史孙鼎相的府第。孙居相、孙鼎相兄弟均以敢言特立、言气正性、反对腐败、惩治贪污而闻名，他们大义凛然、执法如山、无所畏惧，"挺身与抗，气不少沮"，是明朝末年难得的反贪清官，故有"铁面御史"之誉。因此"三都堂"具有名人故居的重要价值，其品位之高，是其他乡村古民居建筑无法相比的。湘峪村作为拥有悠久历史文化的古村落，其历史文化源远流长。

四、遗存现状

湘峪村为第五批中国历史文化名村，全国重点文物保护单位，如图9-4所示，现存的文化遗产非常丰富，其中有历史建筑近20000平方米，占地面积约32500平方米。

街巷：明代中街、藏兵洞走道、北面土路以及南北向明代小巷形成的三街九巷的格局。其中中街长约280米，藏兵洞防御通道长约220米。

院落：三都堂、双插花院、绣楼、帅府院、二宅院、棋盘四院、九宅东院与小男院、积庆院、安之居、南山翠拱院、大男院、书房院等，建筑面积约17000平方米。

寺庙：东岳庙，现存建筑面积900平方米，占地1500平方米。

祠堂：祠堂建筑有孙氏祠堂及残余下佛堂。

公共建筑：过街楼、牌坊。

其他：孙居相墓、明代水牢、明代石碾、三眼古水井以及若干古磨。

国家级重点文物保护单位：双插花院、城墙及藏兵洞、棋盘院北院、牌楼、孙氏祠堂、绣楼院、东岳庙及湘峪整个古村。

省级重点文物保护单位：孙居相墓。

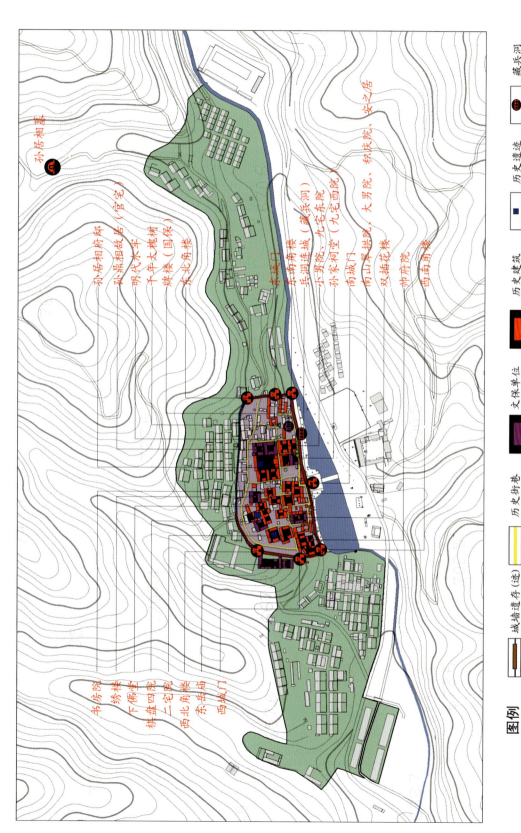

图9-4 湘峪村遗存现状图

第三节 郭壁村

一、村落概况

保护级别：一级古村镇。

主体特征：家族院落型。

相关特征：商道市镇型、堡寨防御型。

遗存规模：整体型历史村镇。

保护名录：全国重点文物保护单位、中国历史文化名村。

郭壁村西距沁水县城 50 余千米，东距晋城 40 余千米，地处沁河西岸，隶属嘉丰镇[1]。古时，这里曾是沁河的渡口之一。由于它背山临河，村人遂在河边高筑堤坝，远望如郭，实仅一壁，故名郭壁[1]。其中郭北村现占地约 3.8 平方千米，有 260 余户，693 口人。郭壁村历史悠久，名人辈出，明清时曾出现过韩范、韩可久、韩肫仁、王度等进士。该村曾是古代的商贸重镇，现存的文化遗产非常丰富，其中有历史建筑 30640 平方米，占地 16717 平方米。

二、历史沿革

①形成：郭壁古镇始建何时无考，不过从现存金石碑记中，在北宋元丰八年(1085 年)，该镇西有一位武举人，曾官至中尚，他回乡建造崔府君祠供奉并且虔诚祭祀，由此可以肯定，在北宋哲宗年间，这座古城就很有名，所以郭壁古镇至少也是北宋初期建制，甚至还要更早些。图 9-5 为手绘郭壁村古地图。

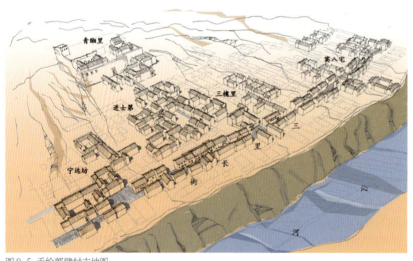

图 9-5 手绘郭壁村古地图

②发展：北宋哲宗年间(1086—1099 年)，郭壁古镇得到进一步的发展。

③兴盛：郭壁古镇最兴盛时期在清末，当时约有 120 户，400 余人口。郭壁古镇兴盛的原因有两种说法，一说是因族人做官兴盛，另一说是因沁河渡形成贸易往来的古商道，郭壁古时为沁河商渡的重要渡口。

三、价值特色

独特的自然地形。据记载，明朝成化、正德和天启年间，沁河三次暴涨把村子冲毁，村民纷纷西迁，依山傍河兴建新房。沁河河道几经变迁，为了不受水淹，郭壁村渐渐形成了高台缓坡，逐级攀升的趋势[1]。村落沿沁河大堤筑于山壁之上，南北山绵延 2.5 千米，高低错落，绵延起伏，仿佛一条金龙偎山而卧，珩水而息，

1　王牧青．公共建筑为线索的古村落保护及肌理修复研究——以山西省晋城市沁水县嘉峰镇郭壁村为例[C]//中国城市规划学会．城乡治理与规划改革——2014中国城市规划年会论文集（08 城市文化）．北京：中国建筑工业出版社，2014．

形成了一座依山面河的挂壁山庄。外为城壁，壁立千尺，内为城郭，挂壁山间。

昔日的商贸重镇。 昔日郭壁古镇利用沁河水旱码头的交通优势，早在明清之际就成为晋东南的商贸重镇。据说仅古镇的主街就长达 2.5 千米，几乎跟窦庄村连在了一起，因其日进斗金而留下了"五里金郭壁"的美誉。20 世纪初，古街上仍商铺林立，商贾云集。青石铺就的石板路上，每日驼铃声声，马蹄如织。在古街的中央，原本有五座象征着文官下轿、武官下马的石牌坊，现在已荡然无存，只剩下两条兀然高耸的骨架。

特色鲜明的古建筑群。 两城三寨作为郭壁最有代表性的建筑遗产，包括以下五个建筑群：郭南的行官古建筑群、张家宅院（十三串院）古建筑群、赵家宅院古建筑群、郭北的王家三槐里、青缃里古建筑群。古建筑群连绵 2.5 千米，十分壮观。

国宝级历史建筑。 崔府君庙创建于北宋元丰八年（1085 年），重修于金元时期，后又于明正德十六年（1521 年）修葺。明天启三年（1623 年）洪水暴涨，侵入庙宇，便迁建于此处，后在清代屡有修葺。崔府君庙坐北朝南，东西宽 26.5 米，南北长 65 米，为两进院落，前一进院祭祀关帝，后一进院祭祀崔府君。崔府君庙现存有大殿、献殿、钟鼓楼、舞楼等建筑。其中舞楼为元代的典型建筑，呈方形，内部梁架结构系八卦藻井。屋顶为琉璃瓦脊兽，显得古朴雅致，玲珑别致。

四、遗存现状

郭壁村为第一批省级历史文化名村，全国重点文物保护单位。郭壁村曾是古代的商贸重镇，现存的文化遗产非常丰富，其中有历史建筑 30640 平方米，占地 16717 平方米。

1. 郭壁村北

郭壁村北遗存现状如图 9-6 所示。

街巷：街巷主要骨架为连接南北的古商道，现在依然是郭壁主要的机动车道路，其中较有特色的街巷有古牌坊街、三槐里巷。

院落：王家院前宫廷（王度进士第）、小四宅、王纪进士第、青湘里建筑群（极高明院、南院文魁院）、给谏第、宁远坊、韩宅、油坊院、韩范进士第、作德日休院。

祠堂：祠堂建筑有韩家祠堂、王氏宗祠。

公共建筑：武温阁、三官庙。

历史遗迹：古城墙、古堡、古桥。

其他：古树，古井、牌楼在郭壁保存较为完好，非物质文化活动有六月六宴席、八八系列、庙会等。

国家级重点文物保护单位：郭壁古建筑群。

2. 郭壁村南

郭壁村南遗存现状如图 9-7 所示，背山面水、地形起伏，院落依山而建，形成错落有致的村落格局。

街巷：郭壁村南特色的街巷有赵家巷、行宫巷。

寺庙：寺庙建筑有崔府君庙、观音阁、古庙等。

祠堂：韩家祠堂。

公共建筑：私塾、雨花阁、文昌阁等。

城寨：郭南有两寨，赵家寨和泰安寨（俗称小寨）。

院落：宫上建筑群的韩家中院、韩家后院、韩家前院和韩家祠堂；赵家东院、张家宅院的十三宅中院、十三宅后院、十三宅前院、十三宅新院、十三宅东院内院东房、三套院、范家院、里头院。

节点及小品：古渡口遗址、古井、舞台。

国家级重点文物保护单位：郭壁古建筑群。

图9-6 郭壁村北遗存现状图

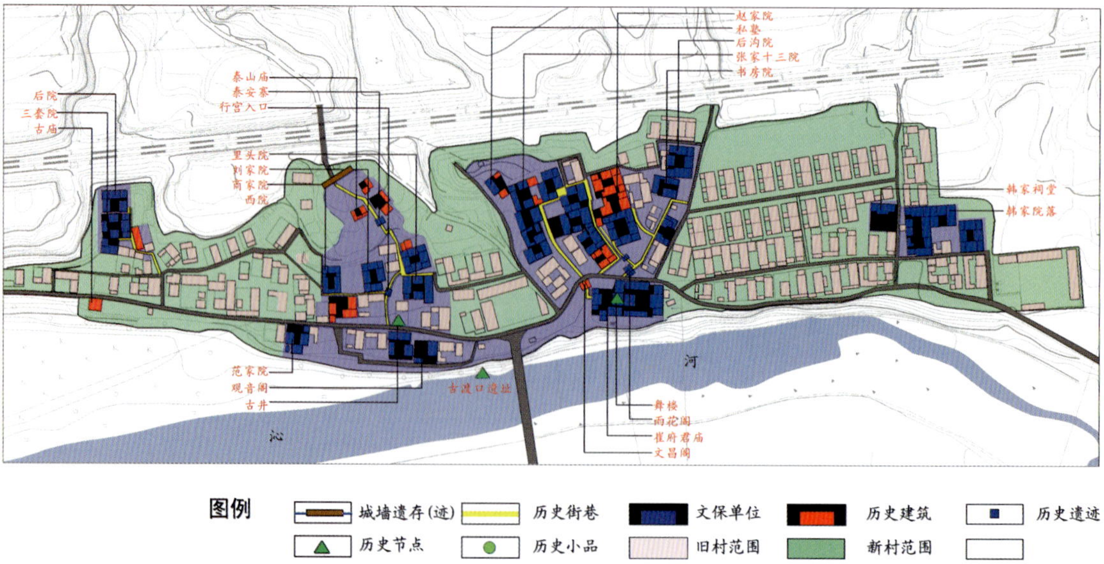

图9-7 郭壁村南遗存现状图

第四节 窦庄村

一、村落概况

保护级别：一级古村镇。

主体特征：堡寨防御型。

相关特征：家族院落型、商道市镇型。

遗存规模：整体型历史村镇。

保护名录：全国重点文物保护单位、中国历史文化名村。

窦庄村在沁水县城东部，属沁水县佳峰镇，距县城 50 千米，是以窦氏、张氏家族为主要姓氏的村落，沁河自北向南从村北绕东流过。窦庄村选址在沁河西岸的一块宽阔的河谷平地上，西靠百里植山，土肥水美，风光旖旎[1]。

窦庄村现存的文化遗产非常丰富，其中有历史建筑 20543 平方米，占地 10647 平方米。重要的街巷共长 990 米，重要的宅院有窦氏老宅等共 18295 平方米。另外，窦庄村还有丰富的非物质文化遗产，2003 年，窦庄村被公布为第一批省级历史文化名村；2006 年，窦庄古建筑群被公布为全国重点文物保护单位。2008 年被国家住房和城乡建设部、文物局命名为全国第四批历史文化名村。现今的窦庄村环境优美、格局独特、建筑遗产丰富，具有很高的历史、文化、艺术价值，无愧"小北京"之名。

二、历史沿革

窦庄村历史沿革如图 9-8 所示。

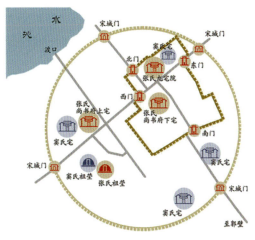

图 9-8 窦庄村历史沿革图

三、价值特色

"堡中有堡，九门九关"。窦庄村的总体格局中，最有特点的就是防御系统，这个结构是从宋朝到明清时期，一步步不断完善起来的，构成了整个窦庄村的基本骨架，也是它与众不同的地方。宋朝"八卦四方一点穴"的格局，现在几乎没有建筑遗存，但村内四座窦氏老宅的基址都还在。明代时期修建的内堡，根据还

---

1 毕毅. 山西窦庄古村景观特质及其变迁研究[D]. 北京：北京交通大学，2010.

残留的几段堡墙和堡门，可以大致看出它当时的形状。另外还有各式各样的庙宇、楼阁与堡墙配合，分列在城堡的四面出入口，有不同的作用和意义。

布局精巧，群体布局，相互串联，各成体系。如图9-9所示，窦庄村的建筑群分布很有条理，从总体上看，内堡内历史建筑比较集中，主要是明朝张氏家族的宅院，有张氏九宅、尚书府下宅，另外还有清末所建的常家大院。内堡以外有旗杆院、慈母堂、窑上院等连成一片，与之相邻的古公堂、古地牢等，堡外以西有尚书府上宅及三串六院。每个院子是一个独立的整体，这些独立的院子又串联在一起，院院相通，百走遍村。

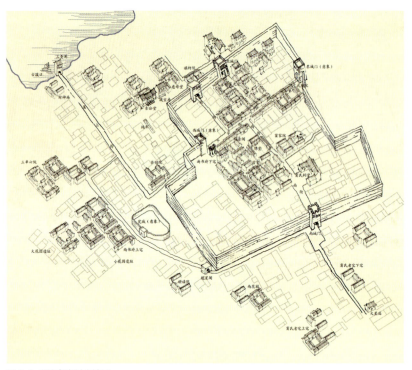

图 9-9 手绘窦庄村古地图

方式众多，构思巧妙，因形就势，可居可防。首先沁河与植山是窦庄村的第一道天然防线，再者，在张氏严密的策划与督建下修建的窦庄堡防御系统是第二道防线，当年被流寇围攻时，在只有妇孺保卫的情况下仍然久攻不破。另外，防御性要素还包括现在已经消失的瓮城，可供守堡兵丁藏身的藏兵洞，堡墙和民居院落完好地结合在一起，室内设有暗道，遇到紧急情况可在屋内直接登堡[1]。

如同其他各地传统建筑一样，窦庄村建筑的基本构成单位是"间"，不管建筑功能、形制如何，由柱子和墙体围合的这个矩形空间都是其他空间的初始。窦庄村院落空间排列生长成组团的方式有三种基本模式：纵向生长、横向生长、混合生长。

(1) 纵向生长：主要指院落沿东南、西北纵轴递进发展。这是一种最为常规的生长方式，当一个院落的空间达不到使用要求，或者达不到某些心理需求时，纵向成了最易被选择的方式[1]。对于单户人家来说，这样的院落组合交通流线最为清晰，引导性强；另一方面，这样的递进空间有利于"从公共到私密"的功能安排。

(2) 横向生长：指院落沿东北、西南横轴扩展，这种方式主要是作为纵向生长的补充。当一个院落的空间不够容纳其功能，或需要一些附属空间与之配合时，就必须横向扩张。

(3) 混合生长：此类型较特殊，它不同于简单的纵向生长加横向辅助，而是纵横交错。九宅院格局最为典型，其具备纵向及横向连接的特征，错综复杂。这种组织方式主要是为了满足防御需要。

---

1 毕毅. 山西窦庄古村景观特质及其变迁研究[D]. 北京：北京交通大学, 2010.

四、遗存现状

窦庄村现存的文化遗产非常丰富，其中有历史建筑 20543 平方米，占地 10647 平方米，如图 9-10 所示。

街巷：南街、北街、集上街、十字街，共长 990 米。

院落：窦氏老宅、尚书府上宅、尚书府下宅、张氏九宅建筑群、窦氏东关建筑群、旗杆院、耕读院、常家大院、贾氏宅院建筑群、南花园等，共 18295 平方米。

寺庙：佛庙、财神庙、火星庙（遗址）、观音堂，共 499 平方米。

祠堂：祠堂建筑有窦氏祠堂慈母堂，共 902 平方米。

公共建筑：私塾、古公堂、武房院、戏台，共 847 平方米。

其他：古井 25 口，古树 1 株，古磨 15 个。窦庄人崇尚文化，喜读诗书，在窦庄中随处可见匾额、碑文和题记。

另外，窦庄村还有丰富的非物质文化遗产。2003 年，窦庄村被公布为第一批省级历史文化名村；2006 年，窦庄古建筑群被公布为全国重点文物保护单位。

重点文物保护单位：小坡沟遗址、佛庙、尚书府下宅、凝瑞院、寅宾院、书房院、尚书府门楼、三圣阁、小北城楼、旗杆院、慈母堂、常家大院、怡善院、财神庙、古公堂舞楼、世进士第门。

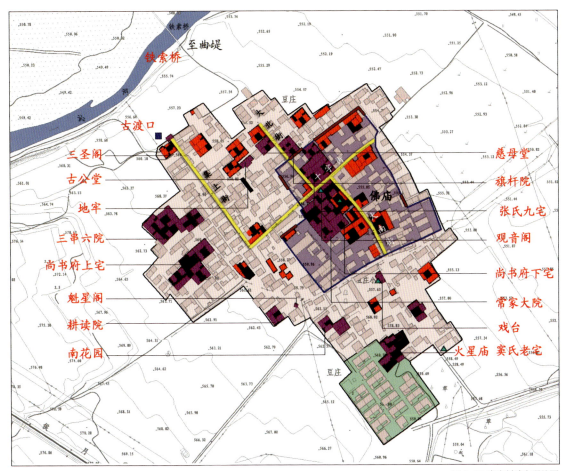

图 9-10 窦庄村遗存现状图

第五节 上庄村

一、村落概况

保护级别：一级古村镇。

主体特征：商道市镇型。

相关特征：家族院落型。

遗存规模：整体型历史村镇。

保护名录：中国历史文化名村。

上庄古村位于山西省晋城市阳城县东部，润城镇东北部，东西宽 1.4 千米，南北宽 1.6 千米，总面积为 2.24 平方千米，常住人口为 960 人。如图 9-11 所示，村落周边地貌以丘陵为主，素有"十山九回头"之称。庄河自村东向西横穿而过，故称为上庄村。上庄煤炭、铁等矿产资源丰富，亦充满人文色彩。明代重相王国光故里正是上庄村"天官王府"的真实写照。现今的上庄村环境优美，格局独特，建筑遗产丰富，是一个以明代官宅为主的古建筑群，具有很高的历史、文化、艺术价值。

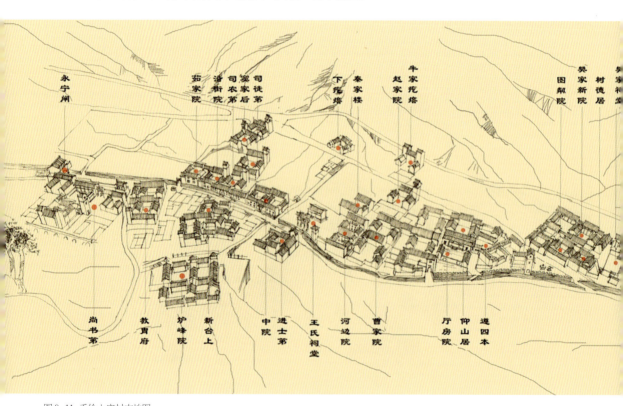

图 9-11 手绘上庄村古地图

二、历史沿革

①形成：据碑文记载，元代时，上庄古村开始有人定居，至今约有600年的历史。宋末元初，为逃避战乱，李、曹、孔等姓由太原等地先后南移，来到此地繁衍生息，逐渐形成上、中、下三庄格局。

②发展：明朝初年，随着"王"氏家族迁入，上庄逐渐形成现有格局。科举制度的诞生使上庄村进入了私塾、村学高度发展和人才辈出的时期，同时工商业的发展亦促进了村落空间结构的完善。

③兴盛：明朝中期至清朝中期，明万历年间杰出政治家、思想家和财政家王国光的发迹，使上庄村的文教仕途发展到了顶峰。明洪武年间，上庄村所在的阳城县冶铁业位居全国第五，在冶铁业的带动下，上庄村的商业也发展至兴盛。

三、价值特色

自然与生活完美融合。水街是沿庄河河道而形成的街巷空间。它既是河道（建筑对河水需有所退让），又是道路（具有行车走人的功能）。因而其独特的尺度、沿河布置的院落和景观，以及季节性的复合功能，使水街成为上庄村具有代表性的街巷空间。

家家设防的代表设施。几乎每个院落均有的看家楼兼具观察地形和竖向交通的作用，是沁河流域村民以家为单位抵抗外敌入侵的代表，与传统院落建筑相比，更大的尺度使其具有特殊的美学价值。

名人辈出的仕途之乡。上庄村的文教仕途尤为兴盛，"天官"王国光的故里所在也使得上庄村成为明清年间沁河流域人民仕途发达的杰出代表。

四、遗存现状

上庄村遗存现状如图9-12所示。

2008年，上庄村被评为中国历史文化名村，为晋城市重点文物保护单位，现存的文化遗产非常丰富，其中有历史建筑25000平方米。

街巷：古河街、中街、居仁巷、茹家巷、广居门巷，共长990米。

院落：尚书第、望月楼、参政府古建筑群、进士第、樊家庄园、新台上古建筑群、司徒第等，共8710平方米。

寺庙：炉峰庵、北庵庙，共1150平方米。

祠堂：祠堂建筑有王氏宗祠、樊家宗祠。

公共建筑：永宁寨、炉峰院，共1100平方米。

其他：有古树17株及引水工程天官神泉。此外，牌匾、碑文等在村中亦保存有很多。

市级重点文物保护单位：上庄古村。

图9-12 上庄村遗存现状图

第六节 上伏村

一、村落概况

保护级别：一级古村镇

主体特征：商道市镇型

相关特征：堡寨防御型、大型庙宇型

遗存规模：整体型历史村镇

保护名录：山西省历史文化名村

上伏村位于晋东南沁河流域，属山西省阳城县润城镇。东北两面为高山，西南沁河环绕，风景优美。现在总人口为1772人，共480户，建设用地为39.6公顷。上伏村是沁河流域的商道重镇。明代时已被誉为"河阳龙址""获泽名区"，村中的主要街道为龙街，街上店铺林立，东起大道坡，西到官桥院，是闻名泽州府的商业重镇。同时，上伏村是晋商走南闯北、东来西往的必经之路。这条繁华热闹的大街曾一度成为各地商客的中转驿站。现龙街保存完好，有各种店铺近50家，极具保护价值。上伏村现存赵家大院、李家大院、栗家大院等居住建筑院落，以及汤帝庙、四大王庙、魁星阁等庙宇建筑。上伏村的文化底蕴也非常深厚，如有赵氏广锡銮驾之说，现存 70 余个石碑等。值得一提的是，上伏村的官津渡在历史上是有名的官渡。

上伏村因商而兴，以商道作为全村经济发展的物质基础，形成独具特色的商道文化。其历史发展、选址格局、街巷形态等，都与商道文化密切相关，新村围绕古村四周而建，形成"新包旧"格局。

二、历史沿革

①形成：据村内现存碑文记载，在金泰和年间 (1201—1208 年)，村西北山崖之上就存有上伏古寨。上伏村先有寨，后在下河阳大地上建村，村子始建时间则不得而知。

②发展：上伏地区在秦汉时期属上党郡阳阿县，西晋秦始时并入濩泽县，唐玄宗天宝元年 (742 年)，濩泽改名阳城。上伏村东券外侧上的"濩泽名区"题字说明它在古时候就很有名了。

③兴盛：上伏村在西晋至明末都很繁华，最兴盛为唐宋时期。因是晋商古道交汇处的商道型古村镇，一直以来都是晋商走南闯北、东来西往的必经之路。

上伏村家族变迁如图 9-13 所示，其衍生过程决定了该村多姓氏混合的家族结构。

第一阶段：赵家最早来到村中，随着商业越做越大，赵家在上伏村范围极广，涵盖西至王家胡同到东内

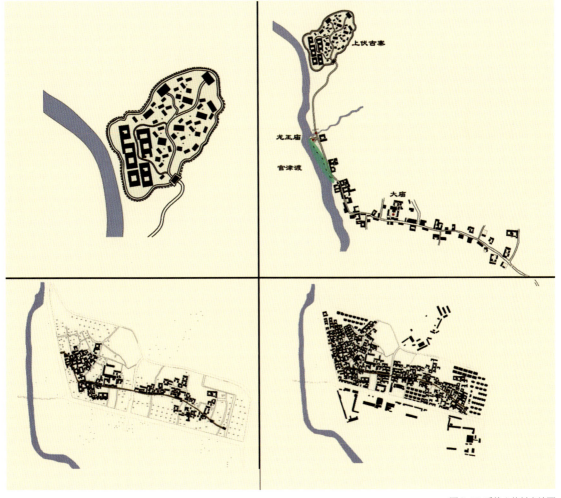

图 9-13 手绘上伏村古地图

券大半个村。

第二阶段：赵家被陷害，家族衰败，于家在明末清初逐渐兴盛，家族范围西到金龙四大王庙，西到东内券，发展为上伏大家族。

第三阶段：耕读为主的李家、经营药铺的栗家在明清变成大姓，上伏村呈现出栗、李、于、赵四大家族并立的态势。

第四阶段：随着外来姓氏的不断流入，全村逐渐以杂姓为主，仅在部分片区有于、栗、李、许等大家族聚居。

三、价值特色

商业大街与建筑形成特色景观。商业大街作为全村价值特色的集中体现，呈蜿蜒连续的线形布局，多样类型的商铺界面和地段标识建筑丰富了街道形态。古商道自村外进村后转为商业大街，街道两侧各类商铺林立，看家楼和巷道入口圪洞在街面参差起伏，形态丰富。

赵家的广锡銮驾。传说赵家历史上曾得过御赐的32件稀世珍宝——"天下仅有"的"广锡銮驾"。相传南宋时，赵家在杭州经商，赵家千金曾是绍熙帝的救命大恩人，被封为"仙妃娘娘"。

现存古代民居建筑群包括赵氏世德堂大院、李家大院、栗家大院等。上伏世德堂大院从古至今被人称为沁河畔上的第一大宅。从金大定年间到明末清初，赵家历经荣辱兴衰，建成上伏村的"世德堂大院"。其他大院也都有自身特色。

丰富多样的庙宇建筑。古时，上伏村人是多神崇拜，因而村内庙宇建筑种类较多，如上伏大庙、文庙、二郎庙、大王庙、山神庙等。

特殊的防御体系。上伏村村落空间由穿街而过的商业街发散形成，西南沁水相隔，东北依山，村东西各有两券，南北每条支巷出口均有券门，村四周建筑围合空间形成自然屏障，整个形成了非传统意义上的特殊城堡——上伏堡。

四、遗存现状

上伏村为山西省历史文化名村，如图9-14所示，村内古建遗存丰富，全村现存历史建筑面积约5.1万平方米。

街巷：龙街、栅栏则、杨家胡同、钱庄巷等。

院落：赵家大院、李家大院、栗家大院、郭家大院、杨家院、钱庄院、王家大院、许家大院、陈家院、延家院、金生院、福祥院、树堂院、兰忠院等。

寺庙：庙宇众多，村内有上伏大庙、金龙四大王庙、佛坡庙等。

公共建筑：阁（魁星阁、五瘟阁、吕祖阁、菩萨阁等），歌舞台，钟鼓楼，沿街商业建筑如天水院、钱庄院等。

其他：古井11处，古树4棵，城门券4个，该村历史遗迹众多，如上伏古寨、官津渡等，留有一些诗词匾额。

县级重点文物保护单位：上伏大庙。

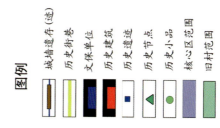
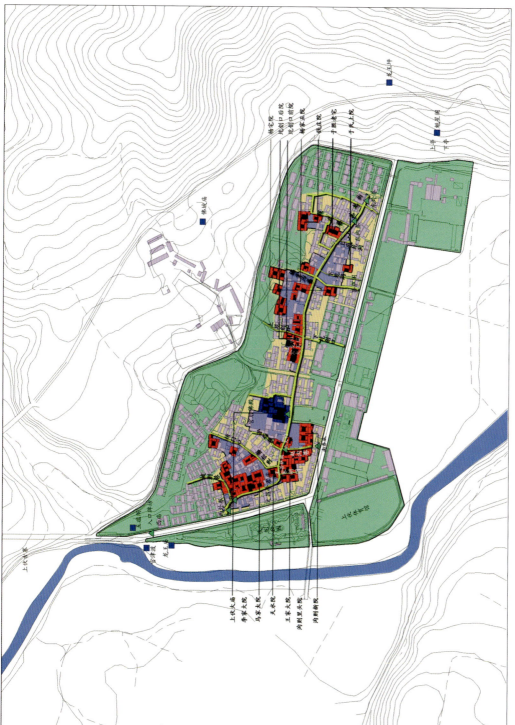

图9-14 上伏村遗存现状图

第七节 周村镇

一、村落概况

保护级别：一级古村镇。

主体特征：商道市镇型。

相关特征：堡寨防御型、家族院落型。

遗存规模：整体型历史村镇。

保护名录：山西省历史文化名村。

周村镇位于晋城市区以西 20 千米处，西与阳城县搭界，是泽州县的西大门。这里南带行山，西襟沁水，人杰地灵。数百年来，它延续着太行山的豪迈，秉承着长河水的激情，散发着晋人的质朴，闪烁着商家的睿智，以独特的魅力饮誉三晋，号称"行山重镇"。

周村镇的镇域面积约 142500 平方米，以古城墙范围为边界，如图 9-15 所示。镇中东西向穿行而过、长约 2 千米的商业街如今依然是周村的主街，其余各巷道以主街展开，镇中各处依然保留有各种民居院落和宗祠、寺庙建筑，镇内外还有历史遗迹留存，整个古镇格局保存情况较好，具有很高的历史价值，被评为第六批国家历史文化名镇。

图 9-15 手绘周村镇古地图

二、历史沿革

三国周瑜之后周鲂之子——西晋名将周处安葬于此,因而更名为周村镇。

①发展:周村镇城墙始建莫考,明隆庆四年(1570年)《泽州周村镇重修庙祀记》中有"岳武穆义旗北指,镇之梁兴筑寨响应"[1]的记载,此或为建城之始。至明朝末年,社会动荡,农民起义军由陕入晋,此时周村镇因有城墙的保障而得以幸免,极大地影响了当地的经济格局,为周村镇的发展赢得了机遇。

②兴盛:明清时期,由于周村镇通中原、接河东、抵秦陕的重要交通枢纽地位,古商道得到了重大发展,促进了文化的交流和经济的发展,古商道的发展成就了周村镇的辉煌,使其声名远播,周村镇进入兴盛时期。

三、价值特色

太行山中的兵家重地。在相当长的历史阶段,周村镇由于优越的交通地位,成为历代兵家必争之地。

古商道上的商贸名镇。周村镇是晋、陕、豫、皖等省际民间客流、货流、物流的集散地,商贾云集、贸易昌隆、繁华兴盛、名播四方,既是商贸巨镇,也是历史古镇,老店铺的青砖碧瓦也记录着古镇的繁华、兴旺,一扇扇板门尽显沧桑[2]。

古村落里的郭氏大宅。建于清末及民国时期的郭象升祖居,规模庞大,气势宏伟。该祖居旗杆院原有八院,现余六院,是郭家祖宅院落中保存完整的院落。院落依山就势,建筑高大宏伟,高度为两层至三层。

四、遗存现状

周村镇为第五批中国历史文化名镇,如图9-16所示,现存的文化遗产非常丰富,古村落面积约142500平方米,拥有国家级重点文物保护单位一个,保存较完整的院落50余个。

街巷:周村街、南门巷、卫家巷、青石巷、衙道巷、福星楼巷、李家巷、小南门巷,共长3210米。

院落:重要院落包括旗杆院、平顶院、鸿胪院、福星楼院、张桃喜院、古商铺等。

寺庙:东岳庙、大王庙、广福寺(遗址)。

祠堂:郭家祠堂。

公共建筑:魁星楼、眼光阁等。

商业建筑:周村镇自古为商业重镇,村中主要街道上分布有大量商铺,包括小布店、布料店、盐号、骡马店、当铺院、酒馆、小碾道等。

其他:古桥一座、阙两处、古碑一处。

国家重点文物保护单位:东岳庙。

---

[1] 乔欣.历史名人与泽州:太子将相卷[M].太原:山西人民出版社,2006.
[2] 丁卓明.山西古村落聚落文化研究[D].武汉:华中科技大学,2006.

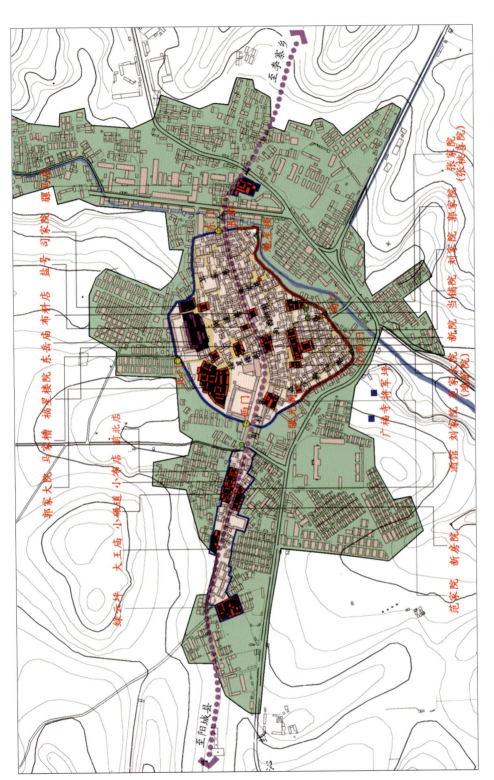

图 9-16 周村镇遗存现状图

第八节 皇城村

一、村落概况

保护级别：一级古村镇。

主体特征：堡寨防御型。

相关特征：家族院落型。

遗存规模：整体型历史村镇。

保护名录：中国历史文化名村。

皇城村位于晋东南沁河流域，属山西省阳城县北留镇。现在总人口为 680 余人，共 234 户，有建设用地 39.6 公顷。村内古建筑遗存丰富，两套城墙保存完好，2007 年被评为国家级历史文化名村。

二、历史沿革

①形成：据史料记载，皇城村最晚至明代初已经有一定规模的人居住。明朝初期，皇城村隶属郭峪里，称为黄城村。

②发展：明代中期至末期，农民军数次入侵北留一带。为了抵御外敌入侵，皇城村修建了双套城墙，村落整体空间结构初步形成。

③兴盛：清朝年间，在安定的社会环境下，皇城村人才辈出，大学士陈廷敬的出现使得皇城村发展至兴盛时期。

三、价值特色

等级制度下的建筑群景观。 皇城村的建筑形制遵循严格的等级制度，从下人住的管家院到小姐院，再到祠堂及相府，无论建筑规模、格局、形制还是建筑细部及位置，都服从严格的封建礼教"上下有等，内外有别，男尊女卑"的要求。

双城古堡构成的防御体系。 如图 9-17 所示，皇城村利用地形修建的双套城墙，既满足了封建礼教等级制度的要求，又巩固了防御体系，同时丰富了古城的景观体系。

不同风格、功能建筑的高度集中。 如图 9-18 所示，历经了不同朝代、不同家族背景的发展，使得皇城内的建筑群成为一个集古代民居、官宦宅第、祭祀神祠和防御工事为一体，皇家建筑工艺融官方规制与地方传统为一体的高度集合。

四、遗存现状

皇城村为国家级历史文化名村，如图 9-19 所示，村内古建遗存丰富，全村现存历史建筑面积约 5.1 万平方米。

街巷：龙街、棘针口圪洞、杨家胡同、钱庄巷等。

院落：南书院、小姐院、御书楼、管家院、东书院、樊家院、世德院等。

寺庙：庙宇众多，村内有上伏大庙、文庙、二郎庙、大王庙、山神庙等。

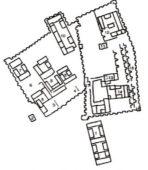

(1) 南书院　　(7) 小姐院　　(13) 祠堂
(2) 御书楼　　(8) 相府　　　(14) 世德院
(3) 大石牌坊　(9) 东书院　　(15) 关帝阁
(4) 小石牌坊　(10) 樊家院　 (16) 文昌阁
(5) 管家院　　(11) 河山楼　 (17) 温泉
(6) 花园　　　(12) 接瑞　　 (18) 城窑

图 9-17　皇城村空间模型图　　　　　图 9-18　皇城村平面示意图

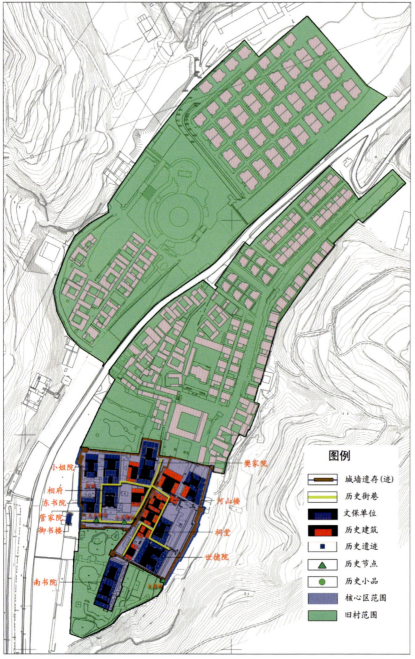

图 9-19　皇城村遗存现状图

公共建筑：阁（关帝阁、文昌阁）、河山楼等。

其他：大石牌坊、小石牌坊、温泉等，以及一些诗词匾额。

省级文物保护单位：陈廷敬故居。

县级文物保护单位：陈廷敬及其家族墓地。

第九节 洪上村

一、村落概况

保护级别：二级古村镇。
主体特征：家族院落型。
相关特征：山水景观型。
遗存规模：整体型历史村镇。
保护名录：山西省历史文化名村。

洪上村位于山西省晋城市阳城县白桑乡，东与炼上村相邻，北接凤城镇，距阳城县县城8千米。村域总面积为7.2平方千米，其中耕地有3305亩，均为水浇地。至2005年年底，全村共有830户，2200人。洪上村属土石丘陵山区，地形起伏较大。村落历史悠久，文化底蕴深厚。清朝文华殿大学士田从典洪上为婿的传说闻名遐迩，村中先贤范老威震武林的传奇载入县志。范家十三院为阳城县文物保护单位，洪上村被列为山西省第二批历史文化名镇名村。

二、历史沿革

①形成：据碑文记载，明万历二十五年（1597年）重修村东神庙，这是关于本村历史的最早文字记载。传说当地曾盛产硫黄，可能与村子的兴起与发展有关。

②历史事件：民国时期，村人潘富贵纠集一伙人强取富有人家的钱物粮食，全村人心惶惶。秀才范殿华和武林高手范老收，一文一武，在村里威望很高，两人出面，但潘富贵仍然不听劝告。二人商量后将潘富贵诱到村南的古寨，说是到关老爷面前禀心。随行围观者甚多。其中有个叫郭如生的，家境殷实，担心潘富贵下一次就抢到他家。郭如生躲在古寨南屋的门后。当潘富贵刚跨进南屋门，郭如生即抽出藏在袖中的剑，朝他头上一击，潘富贵当场毙命。潘富贵的同伙夺路逃跑。此事件死一人伤数人。

三、价值特色

大院众多，空间集聚度高。 村内有范家十三院、下院、后院、李家院、麻地院、后底院、潘家院、上泉院8个大院，大院的平均院落个数为11.8个。城内也有较完整的古院落群，共计13个院落。保存下来的大院数量多且空间集聚度高，是洪上村的主要特色。

一城一寨，防御特征明显。 旧村东部有一城，为明代所建，城里为居住院落，现西面和南面仍存两段城墙，由石材所造。旧村南面建有一寨，称寨上，四周有城墙，分为内外院，外院有清光绪年所建的舞台和文昌阁（年代不详），内院是清道光十三年（1833年）所建庙宇。一城一寨，表现了村落明显的防御特点。洪上村手绘古地图如图9-20所示。

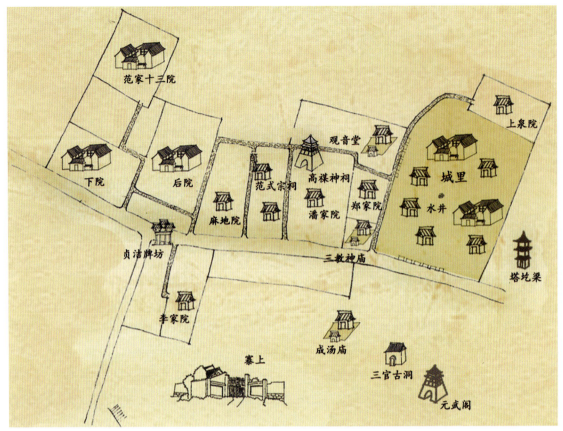

图 9-20 手绘洪上村古地图

古院古巷，空间结构完整。 洪上村旧村空间结构完整。旧村范围内的古院落空间、古巷道空间均保留得较为完好，少有新建建筑。洪上村周边的山水环境也没有明显的改变和破坏。

四、遗存现状

如图 9-21 所示，洪上村现存的文化遗产很丰富，其中有历史建筑 31200 平方米。

街巷：大街、北宫圪洞、潘家圪洞、麻地圪洞，共长 927 米。

院落：范家十三院、下院、后院、李家院、麻地院、后底院、潘家院、城里院和上泉院等，共 108 个。

寺庙：三教神庙、观音庙、成汤庙。

祠堂：范氏家祠、高禖祠堂。

公共建筑：三官古洞、后阁底、塔圪梁（遗迹）、元武阁（遗迹）、江树圪垴（遗迹）、神场（遗迹）、知死墓（遗迹）。

其他：古井 1 口，泉水遗迹 1 处，名井沟，村中随处可见匾额、碑文和题记。

市级文物保护单位：范家十三院。

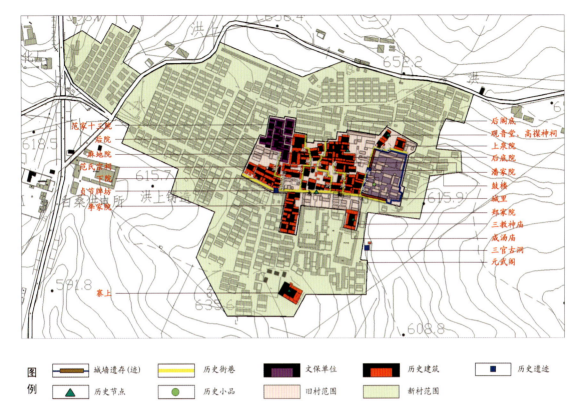

图 9-21 洪上村遗存现状图

第十节 南安阳村

一、村落概况

保护级别：二级古村镇。

主体特征：家族院落型。

相关特征：大型庙宇型。

遗存规模：整体型历史村镇。

保护名录：山西省历史文化名村。

南安阳村隶属阳城县凤城镇，凤城镇为阳城县县城驻地，南安阳村位于凤城镇东南部，距县城 6 千米。东与北安阳村仅一河之隔，西侧与白桑乡刘庄村、洽村相连，南侧与白桑乡涝泉村交界，北侧与后则腰村接壤。南安阳村总占地面积为 255 公顷，其中村庄建设面积为 21.48 公顷，因出产硫黄、臭矾，制造砂锅等产品远近闻名。阳济公路从村域东北侧通过，是其主要的对外交通道路。

南安阳村地处河谷地带，村域东北侧的获泽河自西北向东南绕村而过。

南安阳村古代北以河为界，南以山为界。现村中明清古建筑遗存较多，民居院落木雕十分精美[1]。村落历史上没有建过城墙，仅有居住与防御结合的高墙。2006 年 11 月 23 日，南安阳村被省政府批复为"历史文化名村"。2007 年 1 月 24 日，潘家大院被晋城市人民政府批复为"市级文物保护单位"。

现在该村有三条主要的街道。最早的中央街是明初形成的，之后逐渐形成了南大街及北大街。

---

1 闫书广. 晋城旅游[M]. 郑州：郑州大学出版社，2006.

二、历史沿革

①形成：明初，高平市移民安居阳城而建村，村名的由来亦取安居阳城之意[1]。早在明朝初年，潘氏家族由高平赤土坡（今店上村）迁往阳城的北安阳村。经 300 多年传至潘元圃后，因明末兵戈之动乱，潘元圃携妻儿迁至河伊利的南阳村居住，至此成为南安阳村的潘家始祖。在此之前，村内有刘、郎、焦、王等姓氏的人居住于此。

②发展：南安阳村涌现了一批以潘家为代表的晋商，他们经过几代人的艰苦创业，以财取天下之雄才大略，中克朱里（河南开封朱仙镇）、东走汉阳、南涉云南、西越长安、北闯苏俄。足迹遍布大江南北、长城内外，坚韧不拔，以赎卖朱红起家，后经营茶叶、丝绸、食盐、土产和百货等，促进了南安阳村的极大发展。

③兴盛：嘉庆、道光年间，潘家生意达到了顶峰，是本村最兴盛的时期。当时村内约有 300 户，人口约有 1000 人。

三、价值特色

潘家大院，风格罕见。 潘家大院又名潘家十三院，整个大院平面呈长方形，三合式（没有南房），院内面积足有两到三个篮球场之大，房屋一字排开，北方多达 30 间，东西厢房各有 10 间。这种建筑形式风格酷似福建的方形土楼，在北方实属罕见[1]。

南安阳砂锅，非物质文化遗产。 远在明清时期，南安阳村就已生产砂锅。产品除销售本地外，还远销到沁水、晋城、河南等地。1960 年是安阳砂锅的鼎盛时期。1994 年，安阳村又新建一座季节性生产砂锅炉，年产砂锅达一万套，后因某些原因，安阳砂锅厂停产至今。2007 年，南安阳砂锅被评为晋城市非物质文化遗产。

传统街道，连续完整。 南安阳村中央街为明初形成，之后又形成了南大街和北大街，总长度达 1100 米。其中中央街宽 1.5 米，空间连续完整，"L" 形的街道给人幽深的感受。北大街宽 3 米，右侧建筑均为两层，临潘家十三院三个花园的山墙。南大街宽 3 米，曲折而行，两侧建筑均为传统院落形式。

四、遗存现状

南安阳古村落选址讲究，环境优美，格局独特，建筑遗产较丰富，是一座以清代官宅为主的古村落[2]。如图 9-22 所示，村内现有大量保存较完好的官宅，建筑特色是我国北方清代少见的九间头四合院，有较高的历史、文化、艺术价值。

街巷：南大街、北大街、中央街。

院落：潘家大院、风圪洞 1 号院、风圪洞 3 号院等，历史上潘氏家族共建房 53 院，1600 余间，建筑总面积达 30000 多平方米。现潘家十三院占地总面积为 6000 余平方米，共有房屋 390 余间。

寺庙：佛爷庙、祖师庙、水草庙、成汤大庙、白龙庙。

祠堂：祠堂建筑有潘氏祠堂，宗祠现仅存主房一座，其他已改建。

---

1 闫书广. 晋城旅游[M]. 郑州：郑州大学出版社，2006.
2 薛林平. 上庄古村落的空间格局研究[C]//中国建筑学会建筑史学分会，河南大学土木建筑学院，河南省古代建筑保护研究所. 建筑历史与理论·第九辑：2008年学术研讨会论文选辑. 北京：中国科学技术出版社，2008.

第九章　沁河流域古村镇名录　229

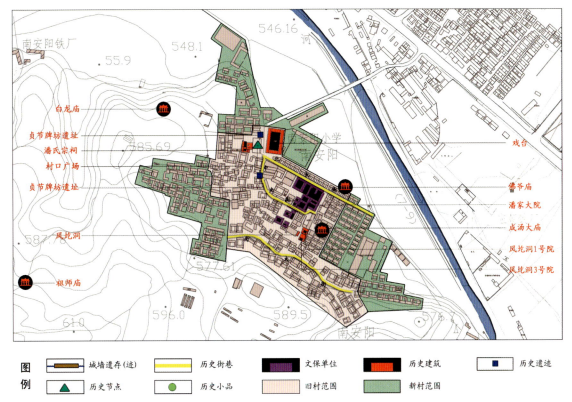

图9-22 南安阳村遗存现状图

公共建筑：村口一处戏台。

其他：贞节牌坊遗址2个，分别位于南安阳街心和村西北路口。

市级文物保护单位：崦山白龙庙。

县级文物保护单位：町店战役遗址。

第十一节　中庄村

一、村落概况

保护级别：二级古村镇。

主体特征：家族院落型。

相关特征：堡寨防御型。

遗存规模：整体型历史村镇。

保护名录：山西省历史文化名村。

中庄村位于北留镇北部的庄河沿岸，村落人文环境丰富，村东南有文笔塔，村北有山神庙，村北为小庙，村南为盘石寨，中庄的自然环境可以概括为村周十座山头，环绕村南、北、东三面，"十山九回头，辈辈出王侯"[1]。村内总人口为650人，共215户，常住人口为500人，建设用地为12.54公顷，规划用地为12.62公顷，中庄村共有历史建筑20700平方米，特色历史建筑共有7处，主要由李家和曹家修建。在修建

---

1 闫书广. 晋城旅游[M]. 郑州：郑州大学出版社，2006.

年代上，除土地庙外，其他建筑均为明清时期建造，土地庙可说明建村时间，但 1949 年后被拆。中庄村无城墙，基本保持了原来"依山为城"的建筑格局。

二、历史沿革

中庄村的建村历史可推至北宋末年，当时有李姓金火匠为避战乱迁居于此，凭借祖传的冶铁铸造手艺建村，至金末元初形成村落，明朝初年，中庄村有曹姓人士避战乱迁此定居，后子孙繁衍，发展壮大。从现在到处可寻的炉渣和坩埚可以看出村落形成的历史。

三、价值特色

井字街道，保存完好。村中现保留有四条主要街道，组成了中庄村井字形的道路结构，其中主街为河边街，依水成街，历史上是去上庄的必经之道；丁字巷、沟底巷和后圪洞为纵横交错的巷道，每个巷道口上都有过街楼，具有明显的防御性。

典型大院，具有防御特色。中庄村典型的大院有环宅大院和棋盘八院，且具有典型的防御特色，环宅大院院高墙厚，棋盘八院设有看家楼，院院独立且有甬道相连。

砖雕精美，阳城少有。中庄村砖雕特别精美，李家祠堂、棋盘八院等院落的门楼、照壁都是用砖雕斗拱，这在阳城地区少有。

四、遗存现状

中庄村古村面积为 3.5 万平方米，如图 9-23 所示，古村落独立存在，内部有少量改建后的建筑点缀其中，棋盘八院保存较好。

图 9-23 中庄村遗存现状图

街巷：河边街、丁字巷、沟底巷、后圪洞。

院落：棋盘八院、张家院、曹家院、卫家园等 20700 平方米历史建筑。

寺庙：汤帝庙、张公庙、佛堂庙、土地庙、山神庙。

公共建筑：戏台、凉亭。

其他：5 口古井。

市级文物保护单位：汤帝庙。

第十二节　石淙头村

一、村落概况

保护级别：二级古村镇。

主体特征：山水景观型。

相关特征：家族院落型。

遗存规模：整体型历史村镇。

保护名录：山西省历史文化名村。

石淙头村坐落于山西省晋城市泽州县周村镇东南部，是山西通向中原的重要门户，史称"河东屏翰""冀南雄镇"，村名源于村周围的十座小山都到此断头。现居住人口为 528 人，共 130 余户，有耕地 2080 亩。

石淙头古村落是沁河流域山地乡村聚落的典范，不仅继承了传统的人居环境建设理念，还具有独特的地域特征。

石淙头古村落处于晋东南晋商文化圈内一处典型的晋商家族聚居地，其建筑形态既有浓郁的地域特点，又别具一格。石淙头民居建筑群全局统一规范、结构讲究、选材精良，石刻砖雕、木栏橘扇历经数个世纪的洗礼，表现了传统文化的超时空性、穿透性、凝聚性，并体现了传统建筑工艺技术以及雕刻艺术的精细性、统一性。2010 年，该村入选省级历史文化名村。

二、价值特色

祥瑞的风水格局。村落的选址依山面水，负阴抱阳，村子的水口、长河、老龙汶、龙山、凤山、鸡山、猪山分布清晰：东有鱼山（象征年年有余），西有猪山（象征诸事顺利），北靠龙山，南临凤山（取龙凤呈祥之意），青山环抱。长河绕村东南而过，是我国传统人居环境理念中理想的吉祥地。

飞瀑流湍的自然景观。石淙头村三面环水，西南有一天然瀑布景观"老龙温"及巨石形成的"看河厅"。村南长河自东向西流淌，在此转而向东北方向流去，流水长期冲刷形成巨大深潭，传说有一苍龙隐潜于此，形成独特的自然景观。

堡寨式建筑风格。石淙头村中现存的老院落结构严谨，防御性强，以"四大八小"式一进或二进四合院为主，多为两层。四合院大多坐北朝南，天井方正，以聚天地之气，正方、倒座、过厅三者形成中轴线，园中铺有青石条。

三、遗存现状

石淙头村于 2010 年被评为山西省历史文化名村,如图 9-24 所示,现存文化遗产非常丰富,其中有历史建筑 72000 平方米,占地 79200 平方米,拥有保存较完整的院落十余处。

街巷:潘家街、王家街、影壁街、樊家街、下院街,共长 3420 米。

院落:重点院落包括下宫上院、上宫上院、影壁院、书房院、东头院、西头院、囫囵院、后头院、街花院、宫低院等。

寺庙:大庙、小庙、大王庙(遗址)、观音庙。

公共建筑:戏台等。

其他:古井一口、古桥一座、匾额二十余处。

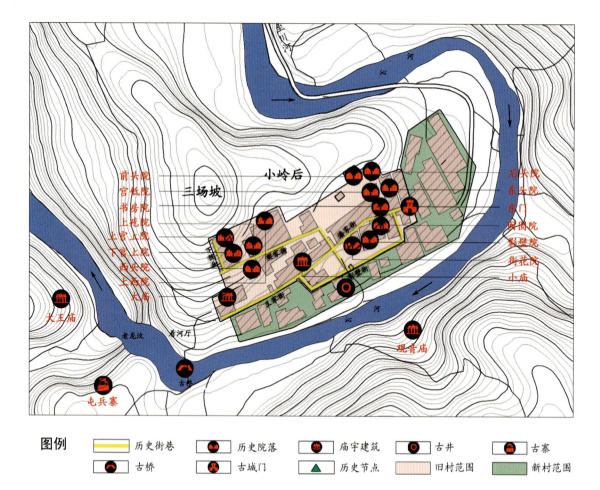

图 9-24 石淙头村遗存现状图

第十三节 陟椒村

一、村落概况

保护级别：二级古村镇。

主体特征：家族院落型。

相关特征：山水景观型、大型庙宇型。

遗存规模：整体型历史村镇。

陟椒村位于离太行山晋城西南约 30 千米的泽州李寨乡，是背靠阳阿九曲、南有连绵屏障、东有小山拱秀、西有沁水萦波的风水宝地。在这块宝地上的刘氏，有碑载是"汉裔一脉，本蓄于此"。地处清化古道，文化发达。

陟椒村最为有名的就是儒、道、佛三教合一的三教堂。整个三教堂布局合理、结构严谨、宏伟壮观，古称"晋城出南门第一大庙"，现为李寨乡旅游景区的主要旅游景点之一。

陟椒村为单姓村，全部为刘姓。全村的建筑都是刘家的，大约有 50 处，最有代表性的建筑是刘家大院，目前只剩一处祠堂。

陟椒村古村落保存较完整，如图 9-25 所示，村庄历史上和今天的边界均为道路和山坡，呈现南边面临道路，东、西、北三面环山的状态。村中道路结构较单一，历史上存在三条主要街道，分别为东西街、南街和北街。现存只有一条主要街道，其余街巷变化不大，基本保留了历史风貌。

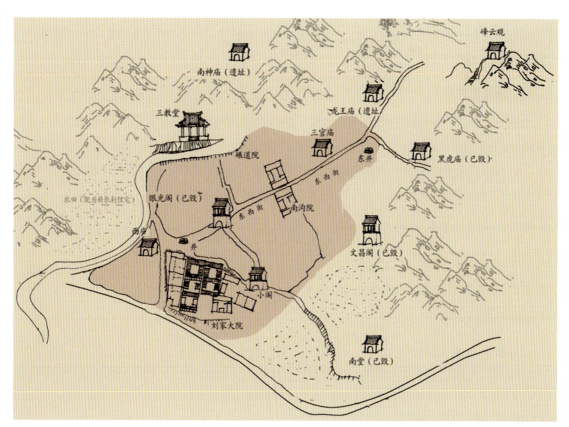

图 9-25 手绘陟椒村古地图

二、历史沿革

①形成：据三教堂碑文记载，陟椒人系"汉"裔一脉，本蓄刘氏之百邻，古村名曰"折家腰"，名贤寄寓灯窗，更名为"陟椒"，今发白秋矣。准确兴建时间不详，据口传古诗，有一刘姓之家四口经过此地，见此地是风水景秀之地，就在此定居。

②发展：清中叶，刘家经商起家，刘姓村民定居后在此繁衍壮大；最初是在现村东叫"窑背后"的位置之下挖窑定居，后逐步向东面及西面发展，修建房屋建村，现在村民还是用的建村时候的一口井。本村现在只有一条主要街道，东半街是古街，大约是明代形成。村内的古建都是古人按人头摊派钱，照社派丁兴建的。

三、价值特色

省级文物保护单位。三教堂建于明嘉靖年间，占地面积1500平方米，坐北朝南，庙门由刘家大院因避风水之邪出资斗金改南开为东开。三教堂的独特之处在于庙顶的琉璃瓦脊和北京用的琉璃瓦脊一样，由阳城后则窑的一家明代著名琉璃作坊乔家所制。再是拜殿舞楼上方的单檐歇山顶，斗拱五踩双下昂，把房角凌空挑起，气魄威严。整个木质结构运用了力学和美学的和谐组合，达到了艺术的巅峰。

城堡式建筑。刘家大院建筑模仿城堡式建筑，院院相连。高墙之内为四大四小的四合院、棋盘院、绣楼院、书香第院、药店等组成的刘家十八院，只有一个大门进出，十分安全，与乔家大院的建筑规模相仿。特别是大院、小院、走廊、胡同、台阶一色都是石头，全国罕见。

古时的躲兵洞。南山的峭壁有一天然大洞，洞内宽20余米，高7米，长100米，洞内土堆里埋藏着上万年的兽骨，人称"龙骨"。60年前，村人在此常抱龙骨做长药。抗战时作为躲兵洞，全村几百人在洞内做饭，洞外还有站台。

四、遗存现状

如图9-26所示，陟椒村古村落保存较完整，现有古村落面积为25万平方米，村中历史上和今天的边界均为道路和山坡，呈现南边面临道路，东、西、北三面环山的状态，现存古村落占原古村落比例约为80%，古村落逐步失修破落，有少数在原有基础上重建，大部分在古村落边新建房舍。村中道路结构较单一，历史上存有三条主要街道，分别为东西街、南街和北街，东西街现已被拓宽了。

街巷：东西街、南街、北街。

院落：刘家大院、碾道院。

寺庙：三教堂、三官庙、龙王庙、小阁。

祠堂：刘家祠堂。

公共建筑：峰云观（奶奶庙）。

其他：天然龙骨洞。

省级文物保护单位：三教堂。

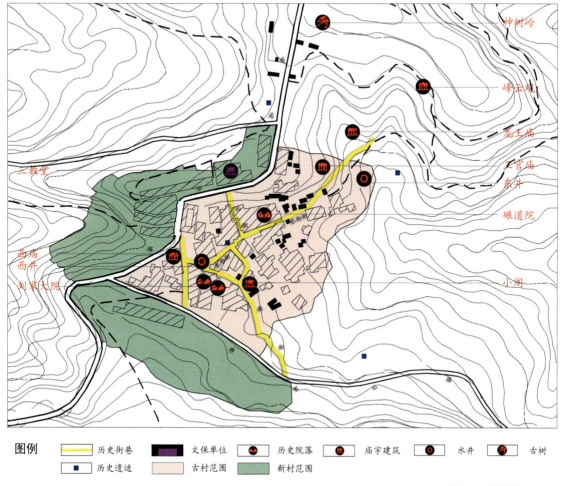

图 9-26 陕椒村遗存现状图

第十四节 屯城村

一、村落概况

保护级别：二级古村镇。

主体特征：堡寨防御型。

相关特征：家族院落型。

遗存规模：整体型历史村镇。

屯城村位于沁水县与阳城县的交界处，阳城县东部，沁河东岸，与沁水县尉迟村隔岸相对。原名虎谷村，因为村子的东面有山，其山形像一只卧着的猛虎，正面为虎脸，小坡头的西岭山脉为虎脊，虎尾即村北的虎尾沟，其形逼真，故称卧虎山[1]。又因与沁河西岸的山脉（俗称西岭）对峙，挟制了一条漫长的峡谷，故曰"虎谷"。相传因长平之战中秦将白起屯粮于此而得名，古堡遗址至今犹存。屯城村修建城墙时间不详，历史上共有 6 个城门，如今仅存北门，城墙基本毁坏，仅剩北门附近一段城墙；现存古村传统建筑面积约 2 万平方米，民居宅院约 20 座，特别是村中有近 10 座 3~7 层的防御性高楼及看家楼，特色鲜明。

---

1 闫书广. 晋城旅游[M]. 郑州：郑州大学出版社，2006.

二、历史沿革

①形成:根据《泽州府志》记载,公元前 262 年至公元前 260 年,秦赵两国于长平(今高平市西北)交战三年,史称长平之战。秦军屯粮及屯兵的虎谷村由此更名为屯城村,并一直沿用至今。

②发展:屯城村凭借此地煤矿丰富、交通便利,迅速发展冶炼和铸造业,屯城村为元代忠昌军节度使郑皋、潞国公郑鼎(郑皋之子)、泽国公郑制宣(郑鼎之子)的故里。

③兴盛:明清时期,屯城村经济发达、文化兴盛且名人辈出。其中最著名的是明末吏部尚书张慎言、清代浙江巡抚张泰交。同时村庄格局也逐步形成,城墙和主要街道以及大型院落等村落骨架逐步建成,组成了今日屯城村的基本空间结构。图 9-27 为手绘屯城村古地图。

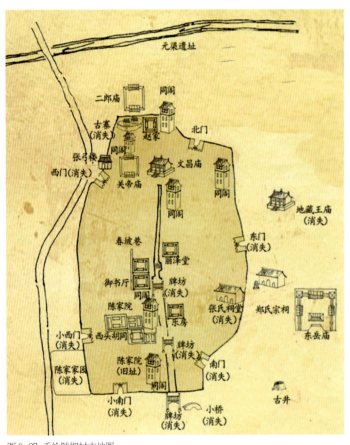

图 9-27 手绘陟椒村古地图

三、价值特色

代表性防御型看家楼。郭新所撰《虎谷先生至德碑》记录了"同阁"的建筑情况,"阁制高五丈,方十三丈有奇,其横左右翼,又各十有二尺而附益之一"[1]。此建筑具有完整的防御系统,并有一定的生活物资储备,是护财保命的设施和更进一步的安全保障。

村中最早的建筑。位于阳城县屯城村东卧虎山脚下的东岳庙建于金朝,明清时期均有修葺,是晋城市第二批省级重点文物保护单位。庙坐北朝南,为单进四合院落布局。庙内建筑现仅存中轴线上舞台、正殿,两侧存垛殿、西廊房、钟楼。

名人故居。张慎言是王国光的外孙,初任山东寿张知县,后调任曹县、清河县,都留有好名声[2]。他出生于世宦之家,为万历三十八年(1610 年)进士,历任明朝南京户部尚书、南明吏部尚书等职,因为性格耿直而几经沉浮。

长平之战文化遗迹。屯城村城北历史上有一小堡,额名"古寨",目前屯城堡已毁之殆尽,无迹可考,现仅存城门和寨上的残留宅院。元渠为春秋战国秦赵长平之战时期,秦军屯兵于此而挖掘,今渠尚存。

---

1 黄强. 山西堡寨式聚落的防御体系探析[D]. 武汉:华中科技大学,2006.
2 高增德. 中国文化世家·三晋卷[M]. 武汉:湖北教育出版社,2008.

四、遗存现状

屯城村由于村庄较富裕，快速的发展建设对村落格局存在一定破坏，如图 9-28 所示，古村落保存已不完整，现存古村落占原古村落比例约为 70%。城墙 90% 以上已遭毁坏，仅剩北门附近一段城墙。村中道路结构较单一，只有一条主要街道，其余街巷变化不大，基本保留了历史风貌。

街巷：村中历史街道呈三纵三横结构分布，只有一条主街，名为当街。主街为南北向贯穿村落，丁字形止于村北文昌庙，宽度变化从 2 米到 6 米不等。其余皆为巷道，其中一横向巷道名为西头胡同，宽度约为 1.5 米。另一条次要巷道为南北走向，名为春坡巷，宽度约为 1 米。

院落：院落有较多存留，如古寨巷 1、4、6 号院，陈府巷 3、4 号院，春坡巷 1、3 号院，张慎言宅院，大门口巷 1、3 号院等。

寺庙：屯城关帝庙、屯城东岳庙、屯城文昌庙。

祠堂：郑氏祠堂。

公共建筑：村中公共建筑包括东岳庙、同阁、二郎、文昌庙、关帝庙和张弓楼。

其他：潞国公碑、"启恩祖德"牌坊、屯城寨址、当街正中异形桧树等。

省级文物保护单位：屯城东岳庙。

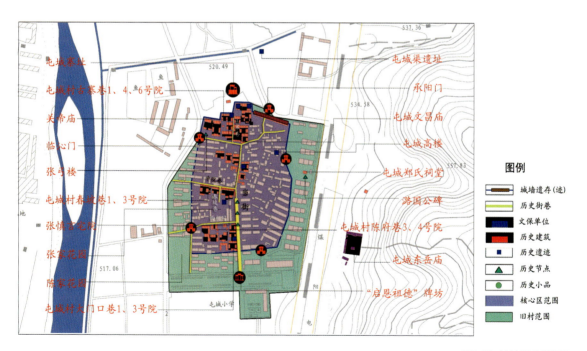

图 9-28 屯城村遗存现状图

第十五节 尧沟村

一、村落概况

保护级别：二级古村镇。

主体特征：家族院落型。

相关特征：堡寨防御型。

遗存规模：整体型历史村镇。

尧沟原名"窑沟"，属阳城县北留镇，东距晋城市区 30 千米，西距阳城县城 15 千米[1]。全村现有 350 户，人口为 1100 余人，以曹姓为主。古村落中龙山、虎山南北相望，凤山踞东。尧沟村始建于明嘉靖年间，创始人曹家两兄弟从山东曹州府迁至此。宛若宫阙的济渎神庙、文风鼎盛的帅府大院、古建丰富的明清村落，无不诠释着尧沟村曾经的辉煌和丰厚的文化积淀。

二、历史沿革

①形成：尧沟村始建于明嘉靖年间 (1522—1566 年)，创始人曹家两兄弟从山东曹州府迁至此。其中一人主要从事农业，另外一人则从事炼铁业和煤炭业。

②发展：明崇祯年间 (1628—1644 年)，尧沟村于曹家曹仁宇一代时发展兴盛。当时曹仁宇与其父同为侍郎，其三兄弟同在朝中为官。尧沟村现存的明代建筑多数建于这一时期。

③兴盛：清代时，尧沟村进一步发展。由于地处沁河沿岸，水路交通便利。便利的交通促进了商业发展，加之丰富的资源，更加速了经济的发展。清朝末年至民国年间，尧沟村从事商业者甚多，至少占全部人口的一半，繁盛的景象可见一斑。

三、价值特色

典型的空间序列"折龙"。折龙巷形成于明朝，从村口山神庙起，经春秋阁，曲折进村，经牌坊、院落、照壁，其空间序列非常丰富，平缓的坡道、幽深的巷道、分隔的门洞，连接恬适的院落、喧闹的练兵场、幽静的花园，对比强烈，独具匠心。

单姓主大的家族结构。尧沟村历史上一直是单姓主大，即曹姓。曹家四大院皆为三进院落，中有五间大庭房，五层豫楼，有东、西、南、北四门，现只剩东门。南北门有遗址保留。

非物质文化遗产的延续与重构。济渎庙位于村东山头，创建于明崇祯六年（1633 年），清朝中期重建。入口为三间戏台，供庙会进行祭祀、祈雨等活动，每年三月十八举办；药王庙会四月初八开始，在药王庙前祭祀，并进行物质交流。

四、遗存现状

尧沟村遗存较为丰富，特色明显，保存较为良好，如图 9-29 所示。

街巷：丫字巷、前街、长生巷、折龙巷等。

---

1 闫书广. 晋城旅游[M]. 郑州：郑州大学出版社，2006.

院落：帅府院、外墙院、崇德居、中心院、耕读传家院等。

寺庙：庙宇众多，其中以济渎庙规模最大。

公共建筑：春秋阁等。

其他：主要指一些诗词匾额。

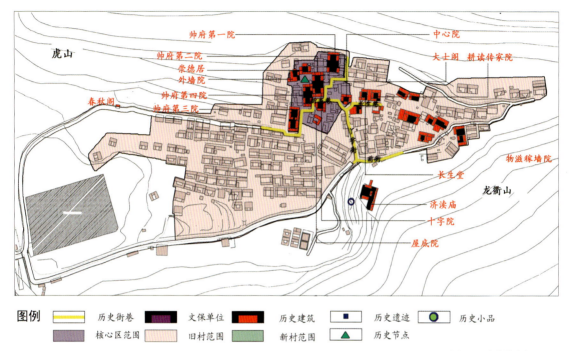

图 9-29 尧沟村遗存现状图

第十六节 町店镇（杨腰村）

一、村落概况

保护级别：二级古村镇。

主体特征：家族院落型。

相关特征：堡寨防御型。

遗存规模：片区型历史村镇。

町店镇地处芦苇河流域带，1992 年进入"明星乡镇"行列，1993 年跨入"亿元乡"行列，1995 年步入"小康乡镇"行列，是一个富裕、文明、宜居、和谐的优美乡镇。杨腰村为单姓村，村落结构比较简单，都姓杨。杨腰村由杨腰、吴家岭和柳沟三个自然村组成，地势山高陡坡，矿产丰富，古民居遗存丰富，因工业、经商起家；有冶铁、铸造用的煤矿、铁矿、石灰石等。

二、历史沿革

①形成：唐昭宗天佑年间，吴家岭的吴姓先祖自淮河流域迁徙至吴家岭，成村最早。明崇祯五年（1632年），吴家岭惨遭灭村之祸，自此屋舍凋敝、人烟稀少，繁华不再。

②发展：杨腰村建于明朝万历年间，由杨家始建；杨姓族员在吴家岭对面的岭上看守羊圈，名之羊窑，之后其子杨讳轩嗣其家业，定居羊窑，是为杨腰杨姓家族之十八世祖。

③兴盛：19世纪末，一户卫姓人家从尹家沟迁居柳沟，是为柳沟最早的居民。自此，形成了杨腰、吴家岭、柳沟三村并立的结构，并发展至今，如图9-30为手绘町店镇古地图。

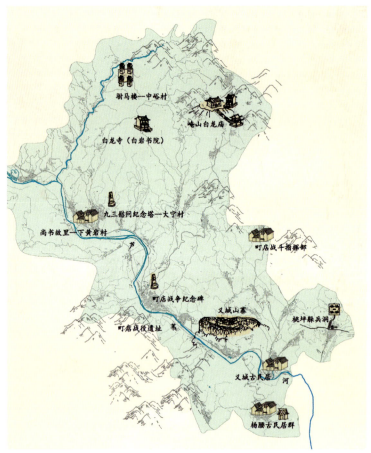

图9-30 手绘町店镇古地图

三、价值特色

风景秀丽的崦山景区。崦山白龙庙始建于唐武后长寿壬辰年，占地7000平方米，庙中碑记等附属之物保存比较完整。崦山柏林覆盖面积达13平方千米，有华北第一柏林之称，境内环境幽雅，风光旖旎，是理想的观光、避暑胜地。

闻名三晋的白岩书院。闻名三晋的町店镇白岩书院在阳城县的古代教育中占据着重要的地位。它是明成化年间"天下第一清官"杨继宗的读书之地，清初阳城历史上曾出现过的"十凤齐鸣"及"十凤重鸣"均与此有着不可分割的联系。

因地制宜的民居院落。杨腰村古民居群主要留下了顶节院、第一院等民居院落。这些民居院落依山就势，顺应地形，并采用当地河石等地方材料建设而成，极富地域特色。

四、遗存现状

杨腰村主要留下了顶节院、第一院等民居院落，如图9-31所示。

院落：沟底4号院、工上2号院、工上4号院、杨天枢院。

寺庙：吴家岭小庙、吴家岭三教堂。

其他：非物质文化遗产有町店镇每年四月初三的庙会；此外，町店镇出了两位历史名人，一个是工部尚书白所知，另一个是刑部尚书白胤谦，主张求仁复性，存诚主敬。

市级文物保护单位：崦山白龙庙。

县级文物保护单位：町店战役遗址。

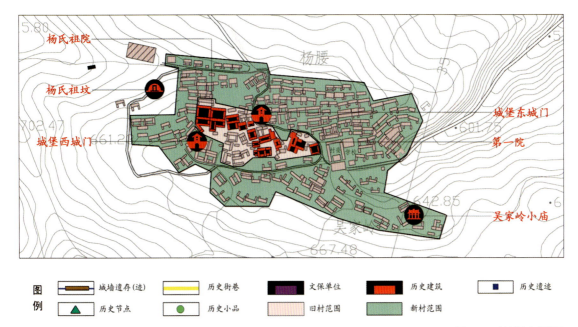

图 9-31 町店镇遗存现状图

第十七节 坪上村

一、村落概况

保护级别：三级古村镇。

主体特征：堡寨防御型。

相关特征：家族院落型。

遗存规模：整体型历史村镇。

坪上古村落位于山西省晋城市沁水县城东部地区，磕山脚下，沁河西岸，侯月铁路端氏火车站坐落村中央地带，坪上村现有 6 个自然庄，总人口为 976 人，总户数为 234 户。

二、历史沿革

①形成：坪上村最早成村时间已不可考，最初，以铁匠刘汉鼎为家主的刘姓家族搬迁至现坪上行政村的西北部安居，即最初的"坪上村"。其后修建了刘家大宅。

②发展：刘东星于明万历六年（1578 年）在原坪上村以东（现坪上行政村东半部）建立新城，并根据东面的曲递村将新城命名为"西曲"。新城设南北堡门各有一座，城内规划"两纵四横"六条主要道路，城墙围合呈"金龟探水"之势，独具特色。

③兴盛：除主持规划新城"西曲"之外，又在原刘家大宅所在的"坪上村"北出入口处建祖师阁（玄帝阁），并在西曲城北建刘氏祠堂（即今天的刘东星祠堂）。西曲城建立之后，刘氏各支均搬迁至新城，在清朝年间规模达到鼎盛。

三、价值特色

西曲悠久院落。西曲以西原坪上村留有张家大宅，大宅保存完好，为市级文物保护单位，张家大宅采用当地民居常用的"四大八小"规制，入口有木刻垂花门，门上刻有"彤管流徽"匾额。

西曲古堡遗迹。 西曲城南北堡门保存完整。北堡门中间有拱形门洞，外侧顶部开有三个方形窗，其下为实墙；内侧则分为四层，第四层开两窗，二、三层三窗，一层为门洞，南堡门与北堡门形制相似，外侧拱形门洞上方嵌有石匾额"西曲"两字。

坪上自然奇观。 坪上村西南有三棵柏树从石间长出，曲曲虬龙，宛若飞天之势，柏下有两处泉眼并列，清澈隽永，泉眼前立有清朝石柱一根，用以支撑柏树从石壁间伸出的枝干。

四、遗存现状

坪上村为古商道上的自然村，其遗存现状如图 9-32 所示。

街巷：西曲城内规划"两纵四横"六条主要街道。"两纵"即南北向的两条主要街道，其中靠西的一条正对南北两座堡门，是城内最主要的街道，共长 600 米。

院落：张家大宅。

寺庙：玄帝阁、圣王庙。

祠堂：刘东星祠堂。

其他："福"字影壁、北堡门、石牌坊、西曲古寨。坪上村的妇女擅长用彩纸制作鲜花，每当正月十五灯会以及九月庆丰收之时，村中女子便会用彩纸制作各种惟妙惟肖的花卉，并扎成花篮、花灯等，别具特色。

县级文物保护单位：刘东星墓、坪上水井、贾氏家族墓地。

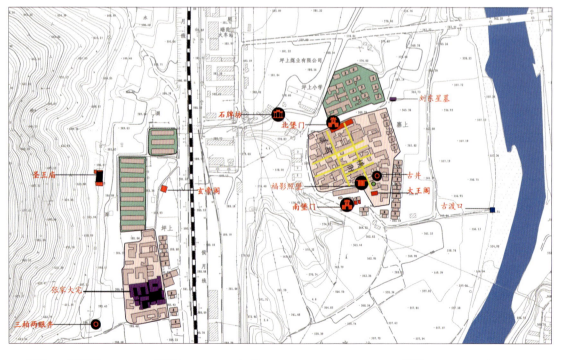

图 9-32 坪上村遗存现状图

第十八节 端氏镇

一、村落概况

保护级别：三级古村镇。

主体特征：商道市镇型。

相关特征：家族院落型、堡寨防御型。

遗存规模：片区型历史村镇。

端氏村位于沁水县城东 45 千米处的沁河岸边，坪曲、阳端公路交汇于此，沁河、固县河绕镇而过。该镇东以巍山为依，西有植山为屏，从北至南是千年流淌的沁河水。这里自古土地肥沃，气候温和，商贸繁荣交通发达，被称为沁东地区的旱码头。全镇辖 26 个行政村，172 个自然庄，152 个村民小组，7513 户，总面积 256 平方公里，总人口 3 万余人。

二、历史沿革

①形成：据村中所给资料显示，远在夏商之前，就有先民居住于此。春秋时期韩、赵、魏三家分晋，曾迁晋君于端氏聚，西汉开始设县，隶属河东郡。西汉开始设县，隶属河东郡。隋开皇三年 (583 年)，端氏县治由西城村迁至端氏村，隶属长平郡[1]。

②发展：端氏村的手工业、商贸业起步较早，其中养蚕和缫丝历史最为悠久，据说早在唐代，在古老的东街就集中着众多的缫丝、织绢等手工业作坊。

③兴盛：到明清时期，端氏村已是店铺林立、商贾云集，出现了"复兴楼""源顺祥""同兴和""育合昌"等较大的商号，成为沁河流域远近闻名的繁华古村。

三、价值特色

历史悠久的庙宇建筑。 俗称大庙，位于山西沁水县城东 23 千米端氏村东，地形高凸、壁垒环周、居高临下、气势雄伟。创建年代不详，宋代已有。后几经重修，主要建筑有山门、正殿、献殿、左右配殿等。殿宇形制壮观，结构规整，构件衔接牢固有力，唯宽深比例悬殊，为现存古建筑中所仅见。

近代名人故居院落。 贾景德故居坐落在端氏村东西老街之北隅。故居坐北朝南，原建为三进院，由于战争及历史原因，现仅存一院三排古式砖木结构的房子，以及人称"贾谷洞"以北的一座阁楼。房子均面阔五间，进深两间，青砖砌墙，屋顶复素板瓦，从外表看显得古朴大方。院东南仅存的门楼为歇山式屋顶，上置琉璃青瓦，斗拱相叠，美观精致。

四、遗存现状

端氏村现存的文化遗产非常丰富，如图 9-33 所示，其中历史建筑的类型比较集中，有居住、商业等建筑类型。

街巷：南街、北街、东街、西街，共长 600 米。

---

1 颜伟.山西高平市神庙剧场调查与研究[D].太原：山西师范大学,2015.

院落：贾景德故居、贾景德府第东院、贾景德府第西院、张家大院、郭家大院。

寺庙：汤王庙、寨上关帝庙、文庙、城隍庙、黑虎庙、南佛堂、铁佛寺。

其他：古井 2 口，端氏的手工业、商贸业起步较早，其中养蚕和缫丝历史最为悠久，是沁河流域远近闻名的繁华古镇。

县级文物保护单位：贾景德故居、端氏汤王庙。

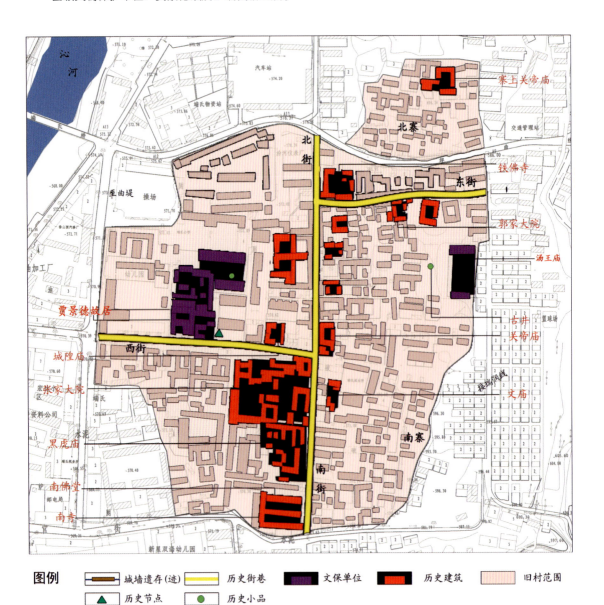

图 9-33 端氏村遗存现状图

第十九节 曲堤村

一、村落概况

保护级别：三级古村镇。

主体特征：家族院落型。

相关特征：堡寨防御型。

遗存规模：片区型历史村镇。

曲堤村位于沁河流域，端氏镇南段，依山傍水。由于历史原因，曲堤村分为曲堤村和寨上村两个部分，寨上村由于位于山坡上，较多古建筑均保存下来，院落格局也无较多变化，仅有几处由于年久失修而坍塌。村落现存 4 处文物级历史建筑、构筑物，分别为曲堤牌楼（明代）、曲堤水井（明代）、霍惟准府第门楼（明代）、曲堤文昌阁（清代）。

二、历史沿革

①形成：该村建成时间在 400~500 年之前，最早的村落在现曲堤村的中部，沿河布局。村内现存最古老的历史遗存为明代万历三十八年（1610 年）的曲堤牌楼，可见曲堤村村落格局于此之前就已成型。

②发展：曲堤经过长期的发展，人口逐渐增多，格局也有所变化。后随着生产力的发展，向中央集中，随后又向外扩散发展，形成今天的格局。

③兴盛：到了清代，村中霍氏家族兴起。此家族以做官为主，代表人物为霍明高，人称"福建布政使司都事霍传萼"。现存的古建筑大多都是当时所建，且当时形成的村落格局如今依然清晰可辨。

三、价值特色

曲堤牌楼，村落历史的见证物。该楼坐西朝东，占地面积为 8.6 平方米，为仿木构石牌楼，双柱一门式，上施斗拱、石瓦坡。额板字牌两层，上层楷书"恩光骈锡"四字，下层书"敕赠文林郎山东济南府齐河县霍以官儒人刘氏敕赠山东济南府齐河县知县霍以宴儒人张氏"，年纪题款为"万历三十八年夏吉旦"。

霍明高府第，兴盛的历史印记。修建年代为清代，为二进院落布局，占地面积为 525 平方米。现大部分院落格局已被改造或坍塌。其中旧制门楼坐北朝南，占地面积为 4.74 平方米，明代风格。此楼为牌楼式门，两柱一门一楼式。石柱两侧设有夹杆石，石狮、抱鼓石雕刻精细。其中一座门楼上部屋面、柱间斗拱、额板字牌等构件均已毁坏无存。

文昌阁，寨上历史时间见证物。文昌阁坐南朝北，修建年代为清代，位于寨上村，占地面积为 26 平方米。南面匾额在清康熙十五年（1676 年）题款，阁内花梁记载为清道光三年（1823 年）创建，现存建筑为清代风格。

四、遗存现状

曲堤村现在总人口为 988 人，共 435 户，常住人口为 988 人。现人口就业去向主要为运输业及煤炭业，如图 9-34 所示，现存的文化遗产比较丰富，其中有历史建筑 571.3 平方米。

街巷：主街宽 1.2 米左右，空间连续、完整，虽然不长，但"L"形的街道给人幽深的感受。

院落：霍明高府第、康熙年间建筑群。

公共建筑：文昌阁、戏台。

其他：曲堤牌楼、曲堤水井，曲堤古村大多数是原住民，村中民风淳朴，目前仍然以血缘为联系，保持着传统的风俗。

县级文物保护单位：贾景德故居、端氏汤王庙。

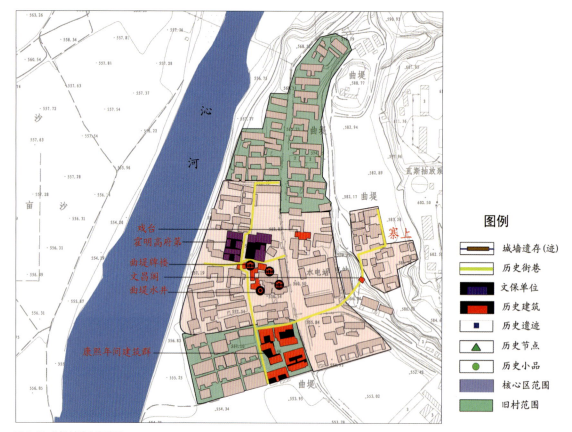

图9-34 曲堤村遗存现状图

第二十节 半峪村

一、村落概况

保护级别：三级古村镇。

主体特征：家族院落型。

相关特征：山水景观型。

遗存规模：片区型历史村镇。

半峪村位于沁水县城东南约60千米处，距郑村乡10千米。东与湘峪村相连，西和侯村相接，南与阳城的西尧、屯城为邻，北和南闵毗连，总面积为7.99平方千米，隶属山西省沁水县郑村乡（镇），由胡家掌、上半峪、下半峪、反后四个自然村组成。半峪河自东向西从村中流过，四个自然村沿半峪河岸自西向东排开，依次为下半峪、反后、上半峪，而胡家掌位于上半峪的北面山坡之上。半峪村遗留的古建筑主要为宗教建筑和民间宅院，其中宗教建筑大多分布在上下半峪之间的半峪河沿岸，而保留较为完整的民宅全部位于胡家掌村。

二、历史沿革

①形成：如图9-35所示，半峪村历史久远，据明嘉靖二十三年（1544年）武安碑记有半峪村石匠张守库同男张世。明万历五年（1577年）胡家掌村，上庙碑记有半峪村胡进恩、下半峪村张合等文字记载。

②胡家掌村：胡家掌在明朝时叫林家掌，其时村中以林姓人家为主。胡家掌村上庙明万历五年（1577年）碑文记载有"大明国山西泽州沁水县广平乡道仁都武安东里林家掌"。林家掌的村名一直延续到清乾隆年间。乾隆四十六年（1781年），村前小庙圪堆菩萨庙碑记首次记为"掌村"。后到清嘉庆八年（1803年），上半峪村庙碑始记载为如今的"胡家掌"村名，沿用至今已有200年之久。

③反后村：反后村建村距今约350年。那时民间常有起义，兵荒马乱，老百姓为了躲避战乱，常到此处的山上查看反乱的动静，于是就把此处的山头叫作"反后"。

三、价值特色

摊云奇景，半峪村标志性自然景观。每逢夏秋河流涨水，洪水像下山猛兽涌入湖中，随即出湖又像祥云漫散，缓缓穿过石林，绵绵无声向下游摊开，故名摊云。站在三观庙旁闭目听之，上耳似翻江倒海，下耳却绵绵无声。古志云："摊云亦洞阳之一胜景也。"又以此景得名，半峪古称"摊云大社"。

胡家掌佛庙，壁画艺术遗存完整。胡家掌佛庙建于何时无从考察，据记载，明万历五年（1577年），顺治十五年（1658年），乾隆十年（1745年）均有重修。庙宇系明清风格，四大八小。大门上方有"万象通明"四字匾额，下方左右有二石兽，庙供佛爷及列神。庙内塑像曾于20世纪40年代被毁，"文化大革命"期间二次被毁，房坡上五脊六兽及大门外石狮均被毁。但壁画尚存，其形各异，栩栩如生。

张泰交墓，名人之墓。张泰交字公孚，号泊谷，屯城人，生于顺治八年（1651年），卒于

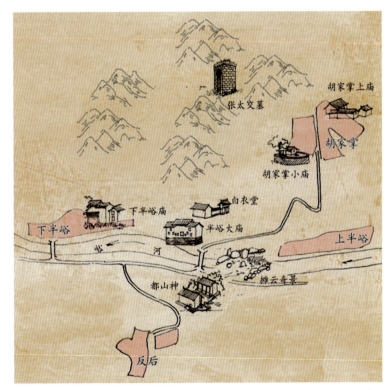

图9-35 手绘陟椒村古地图

康熙四十五年（1706年）。是贡生张慎思孙，进士张慎言堂孙，庠生张履祥之子[1]。张泰交20岁考县试，31岁中举人，后升浙江巡抚、刑部右侍郎，并得康熙御书。张泰交后葬于胡家掌村后山上，是为半峪村地界。

半峪山神庙， 三自然村公共区域。该庙位于半峪河南岸，其势独特，背水面山，一路两分，骑于路中岩石之上，其貌非常，一庙一台，初建无考，重修于清乾隆二十六年（1761年），由半峪、下半峪、胡家掌三社合修，庙内塑山神娘娘正身站像，狼、虎二尊。

四、遗存现状

半峪村遗留的古建筑主要为宗教建筑和民间宅院，如图9-36所示，其中宗教建筑大多分布在上半峪与下半峪之间的半峪河沿岸，而保留较为完整的民宅全部位于胡家掌村。

院落：胡家掌村位于半峪河北山坡之上，中间有一条洞沟将它分为东西两片。沟左有卧侯院、前街院、后街院、马家院；沟东有东坡院；沟底有沟底院。

寺庙：胡家掌佛庙、胡家掌下庙、上半峪三官庙、上半峪关帝庙、下半峪大庙、半峪山神庙。

其他：张泰交墓、摊云奇景等。

县级文物保护单位：贾景德故居、端氏汤王庙。

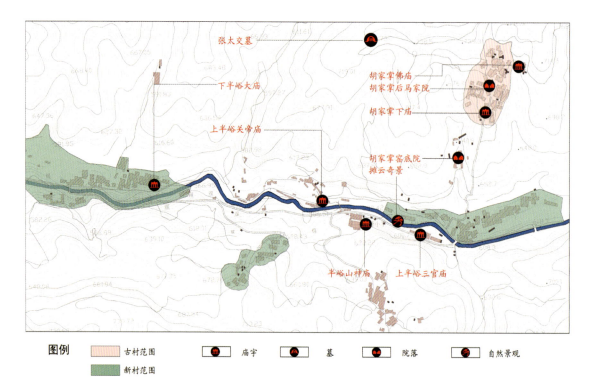

图9-36 半裕村遗存现状图

---

1 闫书广.悠悠沁水[M].郑州大学出版社，2006.

第二十一节 尉迟村

一、村落概况

保护级别：三级古村镇。

主体特征：家族院落型。

相关特征：商道市镇型。

遗存规模：整体型历史村镇。

尉迟村地处沁水县东部，东临阳城县屯城村，南依阳城县望川村，西靠沁水县嘉峰镇，北望沁水县武安古寨。尉迟村原名吕窑村，西接牛岭之巅，东对虎谷之麓，沁河水由北向南从村子东边流过。古村落布局与规划是沿着沁河岸边、南北规划、东西布局的[1]。何时设村建制已无从可考，但可以确定秦将白起在武安屯兵之前本村落就已成型。该村在古代曾是北去端氏县，南到白巷（进润城镇）至泽州和阳城的重要商贾要道。

尉迟村1949年前仅300人，现在为其最兴盛的时期，有700人，共210户。尉迟村西面靠牛岭，东边有泌水流过，依山傍水，交通便利，为商贾要道必经之地。现存历史建筑面积规模较小，约为5864平方米。村西牛岭上存有窑洞，为建村的见证物。

现存的大型公共建筑有来翠阁、尉迟庙。来翠阁位于村东北，修建年代不详，是进入村子的门户。楼阁的石拱门洞据说是当年尉迟敬德传授编簸箕技艺的地方，当地称其为地窨。

二、历史沿革

①形成：尉迟村为吕家所建，开始建村处在西边的牛岭上。现在在山上能够找到地洞，应为建村时所留，是当时居民所建的窑洞。

②发展：尉迟村的名字由来与唐代大将尉迟敬德有着深刻的渊源。相传，在唐太宗时，被李世民封为右武侯大将军，赐爵吴国公的尉迟敬德为人耿直，执法严明。因不满朝廷迫害忠良，便杀了贪官，于贞观八年（公元634年）逃离长安，隐居在吕窑村。村民的热情相待，使尉迟敬德深受感动。住了不久，这位心地善良的大将军看到村中百姓生活十分艰苦，就把自己在做官前从事过的编簸箕手艺传授给了吕窑村民，从此该村的簸箕闻名遐迩，成了沁水地区的簸箕之乡。后来唐太宗得知尉迟敬德杀官逃匿后，不但没有怪罪他，反而更加思念这位忠臣，于是诏令文武大臣寻找其下落。经过探访，终于在吕窑村找到了他。但尉迟敬德坚持不愿再回朝做官，坚持回乡为民。唐太宗只好降旨，封其为开国公，准许他回老家朔州颐养天年。尉迟敬德走后，村人感其恩德，改吕窑村为尉迟村，并修尉迟庙，代代祭祀。

三、价值特色

赵家西院——赵树理故居。1906年9月24日，赵树理出生于赵家西院西楼[2]。赵家西院由赵氏先祖赵钟恩于乾隆十年（1745年）建造，该院为二进院，前院已毁。所有建筑均为砖木结构，二层为阁楼，建造极为隽秀雅致。

县级文物保护建筑——赵树理墓。为迎接赵树理百年诞辰，村集体投资300万元修缮了赵树理陵墓。其为现代建筑，依山坡建。建有台阶65级，以纪念他的生辰。陵墓总占地面积为1公顷，墓茔以石砌边，

---

1 朱向东,赵志芳.谈赵树理故居古村落的保护与利用[J].山西建筑,2004(13):13-14.
2 李平.《中国现当代文学专题研究》自学指导[M].北京：北京大学出版社,2003.

约 1.5 米高。正前方 2 米高的铜像占据全村的最高处。

县级文物保护建筑——敬德庙。 敬德庙始建约在明代，在清康熙至清嘉庆年间多次重修。庙宇一进两院，中开门，朱栏黄瓦，琉璃屋脊。院内有钟鼓楼各一座，高三层，悬山顶，琉璃剪边，下层有门洞，可作为庙的侧门。中门上面为戏台，石砌基座，石柱广开。以献殿为参照，前为前院，有东西厢房四间，均为两层。

四、遗存现状

尉迟村为山西省第一批历史文化名村，如图 9-37 所示，现存的古建筑规模较小，面积约为 5864 平方米。

街巷：南北为道，东西为街，为典型的井子形布局。

院落：民居院落多为四合院，建筑多为两层，主要包括赵树理故居、赵家东院、南院、吕氏南院、小东院、马坊院、窑院。

寺庙：尉迟恭庙（敬德庙）。

祠堂：赵家祠堂。

公共建筑：来翠阁。

其他：赵树理墓、建村的山上窑洞、4 个地道口。

省级文物保护单位：赵树理故居。

县级文物保护单位：敬德庙、赵树理墓。

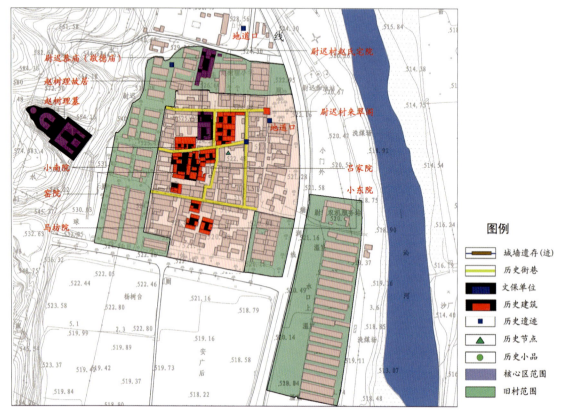

图 9-37 尉迟村遗存现状图

第二十二节 武安村

一、村落概况

保护级别：三级古村镇。

主体特征：堡寨防御型。

相关特征：家族院落型。

遗存规模：片区型历史村镇。

武安村属沁水县嘉丰镇，位于沁水东岸，战国时期形成，为长平之战白起屯兵之地。

武安村地处"沁水煤田"腹地，南与阳城县屯城村接壤，东与郑村镇毗邻，西距侯月铁路嘉峰编组站一箭之地，阳电铁路专用线从村中穿过，周边厂矿企业星罗棋布，地理位置得天独厚。水电充足，交通、通信十分便捷。全村共有360户，1160口人，980亩耕地。现有煤矿、煤炭集运站、医院、宾馆、加油站、建材厂等中小型企业10个，拥有固定资产6700万元，2004年全村已实现工农业总产值8000万元，农民人均纯收入达每年4800元。2000年已率先跨入全市富裕型小康村行列。

村中主要公共建筑有关帝庙、惠济寺、南庙，建筑年代均无详细记载。村子原有城墙，共三个城门，现都已不存在，只有东阁还完好。

二、历史沿革

①形成：建立武安村的人名为赵大伦，村子的牌坊上有记载。古村落中的建筑多为明清时所建。

②发展·命名：光绪《沁水县志》载："武安城，即今武安村。白起侵赵，屯兵于此，故垒尚存，又村外石刻'古越州'，未详。"[1] 白起为秦国的将军，素以深通韬略而著称。秦昭王二十八年（公元前279年），白起攻楚，拔鄢、邓等五座城池。次年攻陷楚国的都城郢（今湖北江陵西北），焚毁夷陵（今湖北宜昌），向东进兵至竟陵，楚王逃离都城，避难于陈[2]。秦国以郢为南郡，白起受封为武安君。封号武安是由于白起言能抚养军士，战必克，得百姓安集。秦昭王四十七年（公元前260年）的长平之战，白起在此屯兵扎寨。白起战后离开，村子以其封号命名为武安村。

③发展·辞赋：作为白起屯兵的地方，武安村中的武安寨在多首古诗中被提及。明朝张秦《武安城》有诗云："当时谁筑武安城？世代如今几变更。可是将军轻赵括，忍令降卒陷长平？千秋故垒苔应没，百里废墟草自生。汉侵唐陵千古恨，行人过此岂胜情。"明朝郭新《独登秦白起城》有诗云："吊古谁同我，高呼只有天。山来秦带晋，水去赵归燕。鸟叫黄云垄，斗耕白骨田。屯军人已没，遗恨尚年年。"辞赋如此亦可枚举。

三、价值特色

武安惠济寺，县级文保建筑。惠济寺位于武安村北，创建年代不详，明嘉靖二十六年（1547年）曾重修。惠济寺有前后两进院落，保存基本完整，中轴线上有山门、中殿、正殿，两侧有东西配殿。山门宽三间，中殿建于高台上，石砌台阶，面宽三间，进深六椽，单歇山顶，柱头斗拱五踩重翘。正殿又称大佛殿，砖砌台基，面宽五间，进深六椽，单檐歇山顶，柱头斗拱五踩重翘。正殿内东西墙上原有清代工笔重彩佛教壁画，画有文武官僚、女冠贤士八十余幅，有较高的艺术价值，但现在已经遭到破坏。

---

1 李平.沁水县志[M].北京：北京大学出版社,2003.

2 秦丙煋.历代军事家谋略故事（上册）[M].出版社不详,清光绪七年（1881年）.

秋闱高捷牌楼，武安村内重要地标。 武安村的特色历史建筑为村中的牌坊，称秋闱高捷牌楼，建成年份不详。牌坊不大但较为精细，石刻比较生动。牌楼作为村中正街节点以及地标式建筑物，是村民日常集会的场所，也是为外来人士指引方向的重要节点。同时，在地理位置上，牌楼也是各条主街的交汇之处，在交通上占据了重要位置。

四、遗存现状

武安村原古村落面积较大，约占新村面积的二分之一，但现存历史建筑面积小，古建筑零星分布，如图 9-38 所示。主要有县级文物保护单位惠济寺、武安寨，寨门遗址、地下道口尚存。

街巷：明清时期街巷格局基本保留。

院落：赵氏院落（山河楼）、牛氏院落。

寺庙：惠济寺、汤帝庙（南庙）。

公共建筑：武安秋闱高捷牌楼、东阁。

其他：无迹可寻的地道。

县级文物保护单位：武安寨、武安惠济寺。

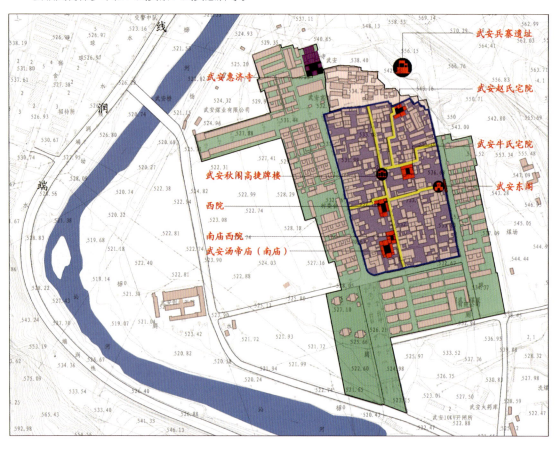

图 9-38 武安村遗存现状图

第二十三节 下伏村

一、村落概况

保护级别：三级古村镇。

主体特征：堡寨防御型。

相关特征：大型寺庙型、家族院落型。

遗存规模：文物型历史村镇。

古村镇东临沁水，与上伏村隔水相望，西南面接高山。村落没有城墙，但马家、刘家分别建防御设施马家城、刘家寨，各家族之间没有明显的地域界线。全村总人口为1500人，共500多户。下伏村现存的历史文化遗产分布相对分散，其中大庙被列为阳城县县级文物保护单位。下伏村历史建筑的类型非常丰富，有居住、宗教、祭祀、防御等建筑类型。

二、历史沿革

该村建成时间不详，唐代时期已经十分兴盛。最早的村落在现村落的东面和西北面，沿河布局，如图9-39所示，后随着生产力的发展，向中央集中，随后又向外扩散发展，形成今天的格局。

三、价值特色

县级文物保护单位：下伏大庙。下伏大庙位于下伏村村中。坐北朝南，南北长53.6米，东西宽32米，占地面积为1715平方米。创建年代不详，现存建筑过殿、舞台及山檐柱柱础具有明代风格，其余建筑皆为清代风格。1982年，下伏大庙被阳城县人民政府公布为县级文物保护单位。

马家城。马家城建于明代，有特色的家族城墙、三个角楼和北门都保存至今。

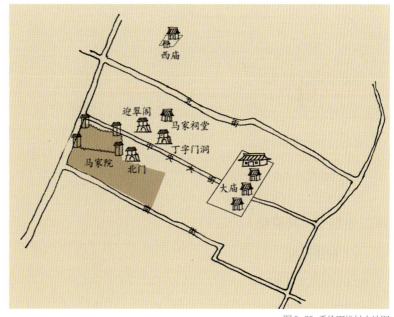

图9-39 手绘下伏村古地图

扦乐寨。扦乐寨(刘家寨)坐南朝北，呈不规则椭圆形，东西长约200米，南北宽约100米，占地面积约20000平方米。寨内现无任何建筑物，正中存水井1口，已废弃。

四、遗存现状

下伏村古村面积约为68000平方米，其遗存现状如图9-40所示。

图 9-40 下伏村遗存现状图

街巷：中央大街、北大街、南大街等。

院落：马家院、后街 11 号院、后街 20 号院等。

寺庙：大庙、西庙等。

公共建筑：书院、戏台、祠堂、迎翠阁等。

其他：无迹可寻的地道。

县级文物保护单位：下伏大庙。

第二十四节　刘善堡

一、村落概况

保护级别：三级古村镇。

主体特征：商道市镇型。

相关特征：堡寨防御型、家族院落型。

遗存规模：整体型历史村镇。

刘善堡位于沁水河西岸，与润城镇隔岸相对。现有总人口 1936 人，共 730 户，常住人口为 1836 人。刘善堡现存古村落面积 300 余亩，由于当初刘善堡并未修建城墙，因此并没有明显的边界特征，发展至今，村落边界已十分模糊，但刘善古村落的保存相对较完整。刘善堡历史上没有显赫的家族，因此院落的规模和形制等都相对较低，也没有形成民居院落群，有价值的院落较少，且由于保存不利，现存历史建筑仅 3~4 个院子。

二、历史沿革

①形成与发展：刘善堡在约三千年前因开采铁矿建村，最初是在本村现址上建村的，如图9-41所示。现有五条街，即上街、南街、当街、后街和圪石坡。刘善村的历史与冶炼业紧密结合在一起，阳城铁矿的开采历史很早，据鲁迅与顾琅合著的《中国矿业志》中介绍："本生铁矿以平定州孟县至泽州阳城县者最著，其开采始于二千五百年前，迄唐弥盛。"因此可以推测刘善村的建村历史可能早至2500年前。

②兴盛：刘善堡的历史与冶炼业紧密结合在一起，受益于炼铁业的发展，最兴盛的时候是明朝中期，当时有田地三百余亩，户数有三百余户，人口有一千二百余人。

图9-41 手绘刘善村古地图

三、价值特色

依山而建的建筑院落，参差不齐。刘善堡依山而建，建筑、院落依照山地走势布局，层层叠叠，高低错落，整体看具有丰富的层次，极富韵律感。

天坛山轩辕庙，晋东南民间祭祀场所。天坛山是有文化历史的山，民间传说很多。轩辕庙始建于唐代，位于村西北面天坛山上，1992年庙被翻修扩建，沿山势而建，逶迤向上，漫长陡峭的石梯把数座殿堂连在一起，红墙绿瓦，巍峨壮观，至峰顶庙又折下坡去。每年农历三月十五的庙会异常热闹。

就地取材的坩埚墙。刘善堡历史与冶炼业紧密结合，当地民居有部分以坩埚（坩埚是一种古代冶铁用的耐火容器）制墙，既体现了当地冶铁的发达，也充分体现了因地制宜、变废为宝的民间智慧。

吴王寨，历史的记忆。元代建造的吴王寨如今仅存遗址，遗址包括堡寨的城墙和内部建筑的一些基础，历史上内有戏台等，起到宗教祭祀和防御的作用，如今已被废弃。

四、遗存现状

刘善堡虽村落边界较为模糊，但历史上刘善古村落保存较为完好，图9-42为刘善堡遗存现状图。

街巷：上街、下街、当街、后街等。

院落：郭家院、贾家院、通天院、延家院等。

寺庙：玉泉寺、大王庙、老君庙、天坛山轩辕庙等。

其他：村内有古井1口，古树1株。

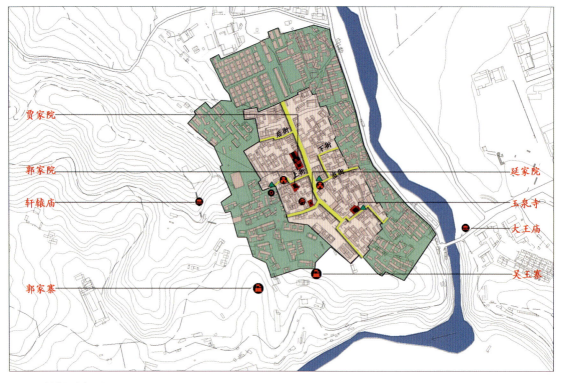

图 9-42 刘善堡遗存现状图

第二十五节 王村堡

一、村落概况

保护级别：三级古村镇。

主体特征：家族院落型。

相关特征：山水景观型、堡寨防御型。

遗存规模：整体型历史村镇。

王村位于阳城县东乡，润城镇沁河北岸，是润城镇较大规模的村子之一。王村被群山环绕，西侧为老龙腰，北侧为虎山和龙山，南面村前有东沁河流过，是一个因农业发展而形成的自然村落。王村现有 850 户，共 2310 人，建设用地约 290 亩。王村依山傍水，是一个历史悠久、环境优美的古村落。自建村以来的三条主要街道、边界及公共建筑等要素构成村落空间结构，且均保存完好。

二、历史沿革

①形成：有史册记载的关于王村最早的记录始于元朝，距今已有 500 多年的历史。王村便由来此务农的农户建成，并逐渐发展到现在的规模，但最早的建村时间现已无从考证。

②发展：明万历年间的著名诗人天官王国光，曾写下诗句"瑞合三山走玉龙"来赞叹王村优美的自然环境，可见此时王村的发展已初具规模。清嘉庆年间，王村设"王村里"，属章训都管辖。

③兴盛：同治六年（1867 年），王村全村有不下 500 户，总计约 2400 人。至此王村发展至历史上的

鼎盛时期。

三、价值特色

整体空间布局："瑞合三山走玉龙""五行八卦"。三面环山、南面邻水的独特地理环境为王村赢得了明天官王国光的赞美："瑞合三山走玉龙。""五行八卦"符合五行八卦的村落整体空间格局。(村北——永宁寨；村东——灵泉观；村南——南岩寺；村西——天竺寺；当中——三教堂)。

道路骨骼："三纵一横"。"三横"指前街、当街、后街三条主要街道；"一纵"指中央南北向的水街。前街为古村边最南端道路，为古村南部边界，通往二龙沟，亦是古时商道的一部分；当街位于前街以北，是村中最主要的道路，西入口处设有大王券，通往村落中央水街；后街位于当街以北，通往狮院。水街原为村中排水渠，最南端设有青石桥。而后排水渠逐渐干涸，演化成为村中的一条道路。

四、遗存现状

王村古村落自建村以来，街道、边界及公共建筑等构成村落空间结构的要素均保存完好，如图9-43所示，现存的物质文化遗产非常丰富。

街巷：前街、当街、后街、水街等，总长度为927米。

院落：王家院、馆前院、书方院、狮院为代表的民居院落。

寺庙：灵泉观、天竺寺、三教堂、二郎殿等。

公共建筑：书院、戏台。

其他：村内古井一口，并有下马石、牌坊等遗迹；村口有青石桥一座。

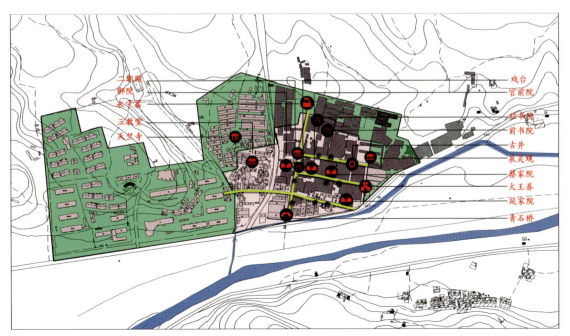

图9-43 王村堡遗存现状图

第二十六节 蒿峪村

一、村落概况

保护级别：三级古村镇。

主体特征：家族院落型。

相关特征：堡寨防御型。

遗存规模：片区型历史村镇。

蒿峪村位于阳城县东北10千米，九泉山下芦苇河东岸的一块河谷盆地内。据村内碑文记载，早在隋唐时期就有先民在这里居住栖息。这片河谷曾经蒿草繁茂，因此得名蒿谷，村子遂称蒿谷里，但因为"谷"有"进退维谷、困境"的含义，于是清乾隆十七年（1752年）改称蒿峪村。村落四面环山，村后层层梯田，环境优美，安静恬然，村西临芦苇河，现在的八芹公路沿河而过，交通便捷。

二、历史沿革

①形成：蒿峪村始建年代已经无从查考，据村内大庙碑文记载，古成汤圣帝大庙始建于元至顺元年（1330年），那时蒿峪村已经相当繁盛，而此片地区在隋唐时期就有先民栖息，以此推算村子至少应在宋金时就已经形成。

②发展：《蒿峪村志》记载，在明代一郑氏人家从洪洞来到蒿峪后，蒿峪村的蒸笼铸造业才兴盛起来。村中最盛时期共有大小近百张生铁方炉，规模宏大。图9-44为蒿峪村姓氏分布图，图9-45为蒿峪村手绘古地图。

③兴盛：明清时期，村中大量铁货煤炭通过官道坡运往晋南以及河南山东各省，极大地促进了蒿峪村落的发展。涌现了一批成功的商业大家族，以及以马芳为代表的边陲名将。

三、价值特色

丰富多彩的寺庙建筑。从元代至明清，村里曾建有成汤庙、东岭庙、祖师庙、灵关庙、三官庙、山神庙、东寺、广兹庵等十余处庙宇。其中最庞大的建筑是建在村中的成汤庙和屹立在山巅之上的东岭庙。成汤庙建

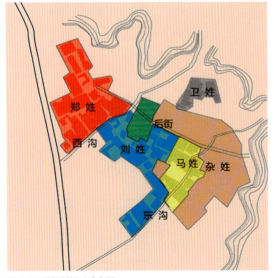

图9-44 蒿峪村姓氏分布图

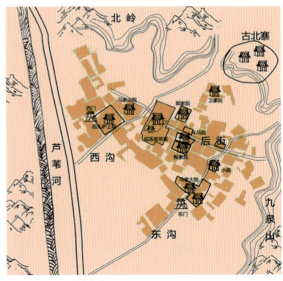

图9-45 手绘蒿峪村古地图

于元至顺元年（1330年），至今已有近700年历史。

北方坩埚民俗村。 蒿峪村的普通老百姓大都就地取材，使用河石、鹅卵石或炼铁坩埚筒砌筑的院墙和住房。这些形态多姿的坩埚筒院落紧密相依、高低错落，不仅给人以苍朴厚实之感，而且还有一种别样的壮美。

镇守边陲的传奇名将。 马芳，字德馨，明代著名边陲名将，素有"勇不过马芳"之说，为国鞠躬尽瘁。其长子马栋、次子马林分别为宁武和辽东挂印总兵，孙子马燃、马熠皆战死沙场，可谓满门忠烈。

四、遗存现状

如图9-46所示，蒿峪村现存的历史文化遗产分布比较集中存在于古村落中，历史建筑的类型主要以居住、宗教为主。

街巷：东沟、西沟、后街、十字街；就地取材，形成独特的"坩埚村"风景线。

院落：郭家院、后头炉上院、甄家院、马芳故居、马家新院。

寺庙：山神庙、东岭庙、东寺、东头小庙、梯上、灵关庙、祖师庙、广兹庵、三官庙、成汤庙。

其他：有古树一株，蒿峪村人崇尚文化，喜诗书，流传下大量匾额、诗词题咏。

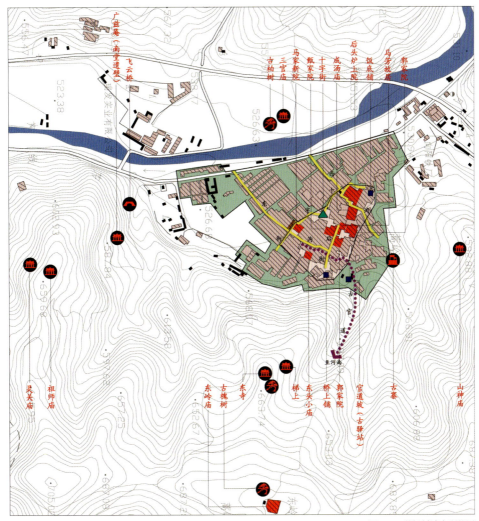

图9-46 蒿峪村遗存现状图

第二十七节 崇上村

一、村落概况

保护级别：三级古村镇。
主体特征：家族院落型。
遗存规模：文物型历史村镇。

崇上村位于阳城县东端，北留镇东南角，是一个因农业发展而形成的自然村落。关于崇上村最早的有史册记载的记录始于清朝，距今已有百余年的历史。由于被山川与河流所包围，此地的土壤肥沃，水源充足，拥有良好的农业生产条件。

崇上村由北向南地势逐渐降低，仅在东南方向有一沁河支流——圪涝河经过，古村面积为6公顷，由于崇上村是一个因务农形成的自然村落，史上受外敌入侵较少，故历史上无城墙，只由村边小路、沟壑和谷地等形成主要边界。

如图9-47所示，崇上村历史上曾形成"两纵两横"的空间结构，但随着历史的发展，一些道路已无迹可寻。

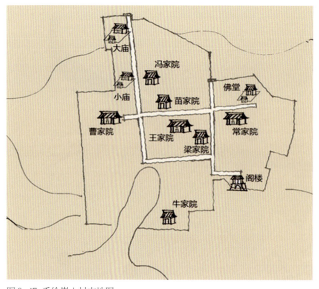

图9-47 手绘崇上村古地图

作为一个众多杂姓共存的多姓主大型村落，崇上村内的建筑自最早的建于清朝道光年间的肖家大院起，逐渐发展成为由宗教类和民居类两种功能综合的建筑群体。

改革开放以来，崇上村的建设进入了新的阶段，新农村建设亦在村中如火如荼地开展起来。新村的建设主要以古村落为基础，向南侧扩进，与此同时更新修缮古村中的建筑。

总体来说，崇上村具有一定规模和质量的历史建筑，典型的家族院落集聚是其主要特征，具有一定的历史价值。

二、价值特色

多姓氏杂居为特征的院落群。崇上村内的民居类建筑主要指各大家族留存的，以常家院、王家院、王家院、冯家院等为代表的民居院落，是崇上村历史遗存最重要的组成部分。随着时间的推移，众多院落的保存状况参差不齐，部分由于无人居住已经衰败不堪。其中保存较好，比较有特色的为常家院与王家院。

"两横两纵"的街巷结构。据记载，崇上村最早的建筑为肖家院，位于古村东部，之后村落范围逐渐扩大，形成了"两纵两横"的空间结构，"两纵"指中南北向的主要街道前街和当街，在道路左侧布置有崇上村主要的公共建筑——大庙和小庙；当街位于村子东侧，连接南入口。"两横"指两条连接前街和当街之间的街道，同时连接村中各大家族院落。

三、遗存现状

崇上村现存的文化遗产较为丰富，如图 9-48 所示，保存较完整的院落有十余个。

街巷：当街、前街，共长 450 米。

院落：重要院落包括常家大院、王家院、曹家院、冯家院、苗家院、梁家院、牛家院等。

寺庙：大庙、小庙。

公共建筑：佛堂、阁楼等。

其他：古碑两处。

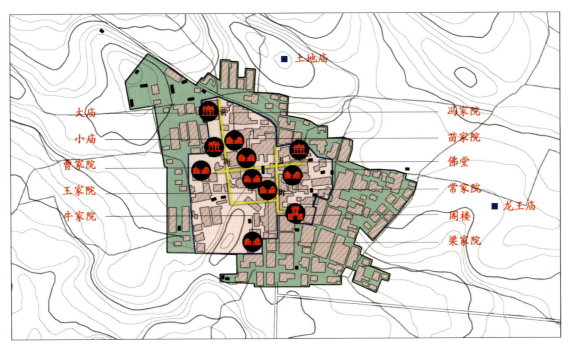

图 9-48 崇上村遗存现状图

后 记

本书是在"沁河流域古村镇保护与发展规划"基础上完成的,该规划项目由山西省晋城市规划局委托,武汉华中科大城市规划设计研究院与晋城市规划设计院联合编制,项目负责人何依教授,规划项目曾获教育部 2013 年度优秀城乡规划设计一等奖。时隔多年出版,基本保留了规划项目的整体结构,主要调整内容:第三章的乡村遗产增补了部分照片;第七章的集群规划由于社会经济环境的变更,仅以保护规划为主,删减了发展规划;第八章增加了一个研究案例,其中部分内容以"明代堡寨聚落砥洎城保护研究"为题,发表在《城市规划》杂志的 2008 年 8 月刊;第九章的保护名录突出历史文化遗存,删减了相对雷同的保护控制要求。

"沁河流域古村镇保护与发展规划"的相关项目,先后有华中科技大学建筑与城市规划学院何依教授工作室的多名硕士及博士参加,包括邓巍、曹宇、王慧、孔惟洁、张奕、严山艾、陶茂峰、陈可欣、李瑞、李励、孙亮、周浪浪、杜星莹、王牧青等;同时,刘斌、邱永谦、吴暇、张冉、涂放参加了"润城历史文化名镇保护规划";各项工作始终得到了时任山西省住房和城乡建设厅总规划师李锦生的大力支持。

本书是以规划实践为线索,对地域城乡村历史文化聚落所进行的研究探索:一方面,汇集了大量的田野调查及案例分析,既有系统的历史脉络演化和专业的聚落空间分析,其中主要的专业性图配用图框,以示城乡文化遗产保护规划参考;另一方面,也注重图文印证,适合大众阅读,其中的照片除署名外均为何依拍摄,在此特别感谢东北大学赵琛教授提供的航拍照片,手绘古地图由陈可欣、曹宇、孔惟洁、王慧、陶茂峰、刘娇阳等同学完成。

以本项目为起点,我们完成了一系列的地域城乡文化遗产保护研究,包括"山西省域历史城市保护要素研究""山西省域历史村镇集群保护研究""宁波市域历史文化名村保护与利用模式研究""宁波市东钱湖域传统村庄特色研究""宁波市石浦港域海防体系保护规划研究",并进一步形成了丰硕的学术研究成果。

最后,感谢华中科技大学出版社对本书出版的大力支持,特别感谢易彩萍编辑对本书所付出的所有工作。

何 依

2020 年 11 月于喻园